# 201 SPANISH VERBS

## FULLY CONJUGATED
## IN ALL THE TENSES
### Alphabetically arranged

*Christopher Kendris*, PH.D.

B.S., M.S.L.S., Columbia University
M.A., Ph.D., Northwestern University
Diplôme, Faculté des Lettres, Sorbonne

Humanities Bibliographer/Assistant Professor,
   Foreign Languages & Culture
ST. MARY'S COLLEGE OF MARYLAND
A Four Year State Liberal Arts College
St. Mary's City, Maryland 20686

BARRON'S EDUCATIONAL SERIES,
Woodbury, N. Y.

*All inquiries should be addressed to*
Barron's Educational Series, Inc.
113 Crossways Park Drive
Woodbury, New York 11797

PRINTED IN THE UNITED STATES OF AMERICA
28 29 30  M  6 5 4
*Library of Congress Catalog Card No. 62–18769*

**To all my students** — past, present, and future
but most especially to my wife *Yolanda*
and my two sons, *Alex* and *Ted*

# CONTENTS

# FOREWORD

AN EVERYDAY DICTIONARY such as this one for students in colleges and high schools and for travelers should assist the user in learning Spanish verbs.

Verb conjugations are usually found in the back pages of Spanish books and, as you know, Spanish grammar books generally present a limited number of verbs fully conjugated. The verbs which grammar books give are usually the most common regular and irregular ones and only a few of them are conjugated fully. Verbs have always been a major problem for students no matter what system or approach the teacher uses. This everyday dictionary will give you the verb form you need to use. If you study this book, you should master verbs.

There is no doubt that it is frustrating to the student when he does not find in a book the conjugation of a verb he needs to use. It is also somewhat annoying to the average student when he is told in many grammar books that one verb is conjugated the same way as another. This means nothing to some students and very little to others. Although this may seem difficult to believe, it is nevertheless true. Furthermore, verbs conjugated in the same way as other verbs are often difficult to find because they are buried somewhere either in footnotes or in some other obscure place in a grammar book. As a student of Spanish, you undoubtedly have had difficulty in finding the verb form you wish to use. At other times, you probably did not find it at all and tossed the book aside in despair.

For reasons stated above, this everyday dictionary has been compiled in order to help you make your task easier and at the same time to teach you how to learn Spanish verbs systematically.

It is a useful dictionary which can always be at your fingertips because it provides a quick and easy way to find the full conjugation of many Spanish verbs. The two hundred and one verbs included in this dictionary are arranged alphabetically. Naturally, this book does not include all the verbs in the Spanish language. It includes an enormous number of common verbs of high frequency, both reflexive and non-reflexive. It also contains a great many others which are irregular in some way and also used frequently.

The student can also use this dictionary as a method of self-instruction. *On one single page you will find the verb forms of all the tenses you need to know.* The subject pronouns have been omitted. The first three verb forms before the semicolon are the first, second and third persons of the singular. The three verb forms after the semicolon are the plural forms of the verbs. After a while, you will gain skill in verb use and you will not have to keep referring to the sample English verb.

At the end of this foreword, you will find a sample English verb conjugated in all the tenses. The purpose of this is to give you an idea of the way the verb is expressed in the same tenses in English. Many people do not know one tense from another because they have never learned the use of verbs in a systematic and organized way. How can you, for instance, know that you need the Future Tense when you want to translate "I shall go" or "I will go" into Spanish? The sample verb in English will help you to distinguish one tense from another so that you will know where to find the desired verb form.

Following the sample English verb page, you will find a table showing the formation of regular verbs, both simple and compound, in all the tenses. I have included this for those who wish to observe and memorize the regular endings. Also, at the end of this book, you will find an English-Spanish Verb Index. If you do not know the Spanish equivalent of the English verb you have in mind, look it up in the English-Spanish Verb Index at the end of this dictionary. If it is not listed, remember that this book contains two hundred and one Spanish verbs of high frequency and it does not contain all the verbs in the Spanish language. If it did, the book would be encyclopedic.

As you know, the new way to teach modern languages is with an audio-lingual approach, that is to say, conversational. This means that the language is *used*. In this approach, the student's main difficulty is his search for the form of the verb in a particular tense which he wants to use. He will not stop and read *about* Spanish verbs; rather, he will stop to look up the verb in a dictionary, such as this one, in order to find the form he wants quickly and easily.

At the end of this book there is an index of irregular, changing or unusual verb forms identified by infinitive. In your readings, perhaps you have had difficulty in recognizing such verb forms. Some are slightly different from their infinitives, others are very different. The purpose of the index is to help you recall infinitives. Once you have the infinitive, you can look it up in this book, where they are all arranged alphabetically, and identify the verb forms.

In conclusion, this dictionary provides students of Spanish in colleges and high schools, and travelers, with the needed information quickly and easily. It is useful, handy and practical. I sincerely hope that it will be of some help to you in learning and using Spanish verbs.

**Christopher Kendris,** Ph.D.

ST. MARY'S COLLEGE OF MARYLAND
ST. MARY'S CITY, MARYLAND 20686

# SAMPLE ENGLISH VERB CONJUGATION

INFINITIVE **eat**

PRESENT PARTICIPLE    eating      PAST PARTICIPLE     eaten

| | |
|---|---|
| *Present Indicative* | I eat, you eat, he (she, it) eats; we eat, you eat, they eat |
| | or: I do eat, you do eat, he (she, it) does eat; we do eat, you do eat, they do eat |
| | or: I am eating, you are eating, he (she, it) is eating; we are eating, you are eating, they are eating |
| *Imperfect Indicative* | I was eating, you were eating, he (she, it) was eating; we were eating, you were eating, they were eating |
| | or: I ate, you ate, he (she, it) ate; we ate, you ate, they ate |
| | or: I used to eat, you used to eat, he (she, it) used to eat; we used to eat, you used to eat, they used to eat |
| *Preterit* | I ate, you ate, he (she, it) ate; we ate, you ate, they ate |
| | or: I did eat, you did eat, he (she, it) did eat; we did eat, you did eat, they did eat |
| *Future* | I shall eat, you will eat, he (she, it) will eat; we shall eat, you will eat, they will eat |
| *Conditional* | I should eat, you would eat, he (she, it) would eat; we should eat, you would eat, they would eat |
| *Present Subjunctive* | that I may eat, that you may eat, that he (she, it) may eat; that we may eat, that you may eat, that they may eat |
| *Imperfect or Past Subjunctive* | that I might eat, that you might eat, that he (she, it) might eat; that we might eat, that you might eat, that they might eat |
| *Present Perfect or Past Indefinite* | I have eaten, you have eaten, he (she, it) has eaten; we have eaten, you have eaten, they have eaten |

| | |
|---|---|
| *Pluperfect Indic.*<br>*or Past Perfect* | I had eaten, you had eaten, he (she, it) had eaten;<br>we had eaten, you had eaten, they had eaten |
| *Past Anterior or*<br>*Preterit Perfect* | I had eaten, you had eaten, he (she, it) had eaten;<br>we had eaten, you had eaten, they had eaten |
| *Future Perfect or*<br>*Future Anterior* | I shall have eaten, you will have eaten,<br>he (she, it) will have eaten; we shall have eaten,<br>you will have eaten, they will have eaten |
| *Conditional*<br>*Perfect* | I should have eaten, you would have eaten,<br>he (she, it) would have eaten; we should have eaten,<br>you would have eaten, they would have eaten |
| *Present Perfect or*<br>*Past Subjunctive* | that I may have eaten, that you may have eaten,<br>that he (she, it) may have eaten; that we may have eaten,<br>that you may have eaten, that they may have eaten |
| *Pluperfect or Past*<br>*Perfect Subjunctive* | that I might have eaten, that you might have eaten,<br>that he (she, it) might have eaten; that we might have eaten,<br>that you might have eaten, that they might have eaten |
| *Imperative or*<br>*Command* | —— eat, let him (her) eat;<br>let us eat, eat, let them eat |

# VERB TENSES

| Spanish | English |
|---------|---------|
| *Presente del Indicativo* | Present Indicative |
| *Imperfecto del Indicativo* | Imperfect Indicative |
| *Pretérito del Indicativo* | Preterit |
| *Futuro del Indicativo* | Future |
| *Potencial Simple* | Conditional |
| *Presente del Subjuntivo* | Present Subjunctive |
| *Imperfecto del Subjuntivo* | Imperfect Subjunctive |
| *Pretérito Perfecto del Indicativo* | Present Perfect Indicative or Past Indefinite |
| *Pluscuamperfecto del Indicativo* | Pluperfect or Past Perfect Indicative |
| *Pretérito Anterior* | Past Anterior or Preterit Perfect |
| *Futuro Perfecto del Indicativo* | Future Perfect or Future Anterior |
| *Potencial Perfecto* | Conditional Perfect |
| *Pretérito Perfecto del Subjuntivo* | Present Perfect or Past Subjunctive |
| *Pluscuamperfecto del Subjuntivo* | Pluperfect or Past Perfect Subjunctive |
| *Imperativo* | Imperative or Command |

NOTE: The Future Subjunctive and the Future Perfect Subjunctive are rarely used and for that reason they are not included. Nowadays instead of using the Future Subjunctive, one uses the Present Subjunctive or the Present Indicative. Similarly, instead of using the Future Perfect Subjunctive, one uses the Future Perfect Indicative or the Present Perfect Subjunctive.

# FORMATION OF REGULAR VERBS

## I — Simple Tenses

### 1 — AR ending

#### ganar — *to win, earn, gain*

| | | |
|---|---|---|
| *Pres. Part.* | gan | ando |
| *Past Part.* | gan | ado |

| | | SINGULAR | | | PLURAL | |
|---|---|---|---|---|---|---|
| *Present* | gan | o | as | a | amos | áis | an |
| *Imperfect* | gan | aba | abas | aba | ábamos | abais | aban |
| *Preterit* | gan | é | aste | ó | amos | asteis | aron |
| *Future* | ganar | é | ás | á | emos | éis | án |
| *Conditional* | ganar | ía | ías | ía | íamos | íais | ían |
| *Pres. Subj.* | gan | e | es | e | emos | éis | en |
| *Imp. Subj.* | gan | ara | aras | ara | áramos | arais | aran |
| | | ase | ases | ase | ásemos | aseis | asen |
| *Imperative* (Command) | gan | | a | e | emos | ad | en |

### 2 — ER ending

#### beber — *to drink*

| | | |
|---|---|---|
| *Pres. Part.* | beb | iendo |
| *Past Part.* | beb | ido |

| | | SINGULAR | | | PLURAL | |
|---|---|---|---|---|---|---|
| *Present* | beb | o | es | e | emos | éis | en |
| *Imperfect* | beb | ía | ías | ía | íamos | íais | ían |
| *Preterit* | beb | í | iste | ió | imos | isteis | ieron |

| | | SINGULAR | | | PLURAL | |
|---|---|---|---|---|---|---|
| *Future* | beber | é | ás | á | emos | éis | án |
| *Conditional* | beber | ía | ías | ía | íamos | íais | ían |
| *Pres. Subj.* | beb | a | as | a | amos | áis | an |
| *Imp. Subj.* | beb | iera | ieras | iera | iéramos | ierais | ieran |
| | | iese | ieses | iese | iésemos | ieseis | iesen |
| *Imperative* (*Command*) | beb | | e | a | amos | ed | an |

## 3 — IR ending

### **recibir** — *to receive*

| | | |
|---|---|---|
| *Pres. Part.* | recib | iendo |
| *Past Part.* | recib | ido |

| | | SINGULAR | | | PLURAL | |
|---|---|---|---|---|---|---|
| | | | SINGULAR | | PLURAL | |
| *Present* | recib | o | es | e | imos | ís | en |
| *Imperfect* | recib | ía | ías | ía | íamos | íais | ían |
| *Preterit* | recib | í | iste | ió | imos | isteis | ieron |
| *Future* | recibir | é | ás | á | emos | éis | án |
| *Conditional* | recibir | ía | ías | ía | íamos | íais | ían |
| *Pres. Subj.* | recib | a | as | a | amos | áis | an |
| *Imp. Subj.* | recib | iera | ieras | iera | iéramos | ierais | ieran |
| | | iese | ieses | iese | iésemos | ieseis | iesen |
| *Imperative* (*Command*) | recib | | e | a | amos | id | an |

## II — Compound Tenses

(1) — **AR** ending: See **hablar** herein.

(2) — **ER** ending: See **aprender** herein.

(3) — **IR** ending: See **vivir** herein.

# Spanish Verbs Fully Conjugated
## ALPHABETICALLY ARRANGED

### Subject Pronouns

*The subject pronouns for all the verbs that follow have been omitted in order to emphasize the verb forms. The subject pronouns are, as you know, as follows:*

SINGULAR: yo, tú, Vd. (él, ella);

PLURAL: nosotros (nosotras), vosotros (vosotras), Vds. (ellos, ellas)

| | |
|---|---|
| *Pres. Ind.* | abro, abres, abre;<br>abrimos, abrís, abren |
| *Imp. Ind.* | abría, abrías, abría;<br>abríamos, abríais, abrían |
| *Pret. Ind.* | abrí, abriste, abrió;<br>abrimos, abristeis, abrieron |
| *Fut. Ind.* | abriré, abrirás, abrirá;<br>abriremos, abriréis, abrirán |
| *Condit.* | abriría, abrirías, abriría;<br>abriríamos, abriríais, abrirían |
| *Pres. Subj.* | abra, abras, abra;<br>abramos, abráis, abran |
| *Imp. Subj.* | abriera, abrieras, abriera;<br>abriéramos, abrierais, abrieran |
| | abriese, abrieses, abriese;<br>abriésemos, abrieseis, abriesen |
| *Pres. Perf.* | he abierto, has abierto, ha abierto;<br>hemos abierto, habéis abierto, han abierto |
| *Pluperf.* | había abierto, habías abierto, había abierto;<br>habíamos abierto, habíais abierto, habían abierto |
| *Past Ant.* | hube abierto, hubiste abierto, hubo abierto;<br>hubimos abierto, hubisteis abierto, hubieron abierto |
| *Fut. Perf.* | habré abierto, habrás abierto, habrá abierto;<br>habremos abierto, habréis abierto, habrán abierto |
| *Cond.*<br>*Perf.* | habría abierto, habrías abierto, habría abierto;<br>habríamos abierto, habríais abierto, habrían abierto |
| *Pres. Perf.*<br>*Subj.* | haya abierto, hayas abierto, haya abierto;<br>hayamos abierto, hayáis abierto, hayan abierto |
| *Plup. Subj.* | hubiera abierto, hubieras abierto, hubiera abierto;<br>hubiéramos abierto, hubierais abierto, hubieran abierto |
| | hubiese abierto, hubieses abierto, hubiese abierto;<br>hubiésemos abierto, hubieseis abierto, hubiesen abierto |
| *Imperative* | —— abre, abra;<br>abramos, abrid, abran |

*to open*

1

| | | |
|---|---|---|
| *Pres. Ind.* | acabo, acabas, acaba;<br>acabamos, acabáis, acaban | *to finish, end,* |
| *Imp. Ind.* | acababa, acababas, acababa;<br>acabábamos, acababais, acababan | *complete* |
| *Pret. Ind.* | acabé, acabaste, acabó;<br>acabamos, acabasteis, acabaron | |
| *Fut. Ind.* | acabaré, acabarás, acabará;<br>acabaremos, acabaréis, acabarán | |
| *Condit.* | acabaría, acabarías, acabaría;<br>acabaríamos, acabaríais, acabarían | |
| *Pres. Subj.* | acabe, acabes, acabe;<br>acabemos, acabéis, acaben | |
| *Imp. Subj.* | acabara, acabaras, acabara;<br>acabáramos, acabarais, acabaran | |
| | acabase, acabases, acabase;<br>acabásemos, acabaseis, acabasen | |
| *Pres. Perf.* | he acabado, has acabado, ha acabado;<br>hemos acabado, habéis acabado, han acabado | |
| *Pluperf.* | había acabado, habías acabado, había acabado;<br>habíamos acabado, habíais acabado, habían acabado | |
| *Past Ant.* | hube acabado, hubiste acabado, hubo acabado;<br>hubimos acabado, hubisteis acabado, hubieron acabado | |
| *Fut. Perf.* | habré acabado, habrás acabado, habrá acabado;<br>habremos acabado, habréis acabado, habrán acabado | |
| *Cond.*<br>*Perf.* | habría acabado, habrías acabado, habría acabado;<br>habríamos acabado, habríais acabado, habrían acabado | |
| *Pres. Perf.*<br>*Subj.* | haya acabado, hayas acabado, haya acabado;<br>hayamos acabado, hayáis acabado, hayan acabado | |
| *Plup. Subj.* | hubiera acabado, hubieras acabado, hubiera acabado;<br>hubiéramos acabado hubierais acabado, hubieran acabado | |
| | hubiese acabado, hubieses acabado, hubiese acabado;<br>hubiésemos acabado, hubieseis acabado, hubiesen acabado | |
| *Imperative* | —— acaba, acabe;<br>acabemos, acabad, acaben | |

| | | |
|---|---|---|
| *Pres. Ind.* | me acerco, te acercas, se acerca;<br>nos acercamos, os acercáis, se acercan | *to approach,* |
| *Imp. Ind.* | me acercaba, te acercabas, se acercaba;<br>nos acercábamos, os acercabais, se acercaban | *draw near* |
| *Pret. Ind.* | me acerqué, te acercaste, se acercó;<br>nos acercamos, os acercasteis, se acercaron | |
| *Fut. Ind.* | me acercaré, te acercarás, se acercará;<br>nos acercaremos, os acercaréis, se acercarán | |
| *Condit.* | me acercaría, te acercarías, se acercaría;<br>nos acercaríamos, os acercaríais, se acercarían | |
| *Pres. Subj.* | me acerque, te acerques, se acerque;<br>nos acerquemos, os acerquéis, se acerquen | |
| *Imp. Subj.* | me acercara, te acercaras, se acercara;<br>nos acercáramos, os acercarais, se acercaran | |
| | me acercase, te acercases, se acercase;<br>nos acercásemos, os acercaseis, se acercasen | |
| *Pres. Perf.* | me he acercado, te has acercado, se ha acercado;<br>nos hemos acercado, os habéis acercado, se han acercado | |
| *Pluperf.* | me había acercado, te habías acercado, se había acercado;<br>nos habíamos acercado, os habíais acercado, se habían acercado | |
| *Past Ant.* | me hube acercado, te hubiste acercado, se hubo acercado;<br>nos hubimos acercado, os hubisteis acercado, se hubieron acercado | |
| *Fut. Perf.* | me habré acercado, te habrás acercado, se habrá acercado;<br>nos habremos acercado, os habréis acercado, se habrán acercado | |
| *Cond.*<br>*Perf.* | me habría acercado, te habrías acercado, se habría acercado;<br>nos habríamos acercado, os habríais acercado, se habrían acercado | |
| *Pres. Perf.*<br>*Subj.* | me haya acercado, te hayas acercado, se haya acercado;<br>nos hayamos acercado, os hayáis acercado, se hayan acercado | |
| *Plup. Subj.* | me hubiera acercado, te hubieras acercado, se hubiera acercado;<br>nos hubiéramos acercado, os hubierais acercado, se hubieran acercado | |
| | me hubiese acercado, te hubieses acercado, se hubiese acercado;<br>nos hubiésemos acercado, os hubieseis acercado, se hubiesen acercado | |
| *Imperative* | —— acércate, acérquese;<br>acerquémonos, acercaos, acérquense | |

3

| | | |
|---|---|---|
| *Pres. Ind.* | me acuerdo, te acuerdas, se acuerda;<br>nos acordamos, os acordáis, se acuerdan | *to remember* |
| *Imp. Ind.* | me acordaba, te acordabas, se acordaba;<br>nos acordábamos, os acordabais, se acordaban | |
| *Pret. Ind.* | me acordé, te acordaste, se acordó;<br>nos acordamos, os acordasteis, se acordaron | |
| *Fut. Ind.* | me acordaré, te acordarás, se acordará;<br>nos acordaremos, os acordaréis, se acordarán | |
| *Condit.* | me acordaría, te acordarías, se acordaría;<br>nos acordaríamos, os acordaríais, se acordarían | |
| *Pres. Subj.* | me acuerde, te acuerdes, se acuerde;<br>nos acordemos, os acordéis, se acuerden | |
| *Imp. Subj.* | me acordara, te acordaras, se acordara;<br>nos acordáramos, os acordarais, se acordaran | |
| | me acordase, te acordases, se acordase;<br>nos acordásemos, os acordaseis, se acordasen | |
| *Pres. Perf.* | me he acordado, te has acordado, se ha acordado;<br>nos hemos acordado, os habéis acordado, se han acordado | |
| *Pluperf.* | me había acordado, te habías acordado, se había acordado;<br>nos habíamos acordado, os habíais acordado, se habían acordado | |
| *Past Ant.* | me hube acordado, te hubiste acordado, se hubo acordado;<br>nos hubimos acordado, os hubisteis acordado, se hubieron acordado | |
| *Fut. Perf.* | me habré acordado, te habrás acordado, se habrá acordado;<br>nos habremos acordado, os habréis acordado, se habrán acordado | |
| *Cond.*<br>*Perf.* | me habría acordado, te habrías acordado, se habría acordado;<br>nos habríamos acordado, os habríais acordado, se habrían acordado | |
| *Pres. Perf.*<br>*Subj.* | me haya acordado, te hayas acordado, se haya acordado;<br>nos hayamos acordado, os hayáis acordado, se hayan acordado | |
| *Plup. Subj.* | me hubiera acordado, te hubieras acordado, se hubiera acordado;<br>nos hubiéramos acordado, os hubierais acordado, se hubieran acordado | |
| | me hubiese acordado, te hubieses acordado, se hubiese acordado;<br>nos hubiésemos acordado, os hubieseis acordado, se hubiesen acordado | |
| *Imperative* | —— acuérdate, acuérdese;<br>acordémonos, acordaos, acuérdense | |

| | | |
|---|---|---|
| *Pres. Ind.* | me acuesto, te acuestas, se acuesta;<br>nos acostamos, os acostáis, se acuestan | *to go to bed,* |
| *Imp. Ind.* | me acostaba, te acostabas, se acostaba;<br>nos acostábamos, os acostabais, se acostaban | *lie down* |
| *Pret. Ind.* | me acosté, te acostaste, se acostó;<br>nos acostamos, os acostasteis, se acostaron | |
| *Fut. Ind.* | me acostaré, te acostarás, se acostará;<br>nos acostaremos, os acostaréis, se acostarán | |
| *Condit.* | me acostaría, te acostarías, se acostaría;<br>nos acostaríamos, os acostaríais, se acostarían | |
| *Pres. Subj.* | me acueste, te acuestes, se acueste;<br>nos acostemos, os acostéis, se acuesten | |
| *Imp. Subj.* | me acostara, te acostaras, se acostara;<br>nos acostáramos, os acostarais, se acostaran | |
| | me acostase, te acostases, se acostase;<br>nos acostásemos, os acostaseis, se acostasen | |
| *Pres. Perf.* | me he acostado, te has acostado, se ha acostado;<br>nos hemos acostado, os habéis acostado, se han acostado | |
| *Pluperf.* | me había acostado, te habías acostado, se había acostado;<br>nos habíamos acostado, os habíais acostado, se habían acostado | |
| *Past Ant.* | me hube acostado, te hubiste acostado, se hubo acostado;<br>nos hubimos acostado, os hubisteis acostado, se hubieron acostado | |
| *Fut. Perf.* | me habré acostado, te habrás acostado, se habrá acostado;<br>nos habremos acostado, os habréis acostado, se habrán acostado | |
| *Cond.*<br>*Perf.* | me habría acostado, te habrías acostado, se habría acostado;<br>nos habríamos acostado, os habríais acostado, se habrían acostado | |
| *Pres. Perf.*<br>*Subj.* | me haya acostado, te hayas acostado, se haya acostado;<br>nos hayamos acostado, os hayáis acostado, se hayan acostado | |
| *Plup. Subj.* | me hubiera acostado, te hubieras acostado, se hubiera acostado;<br>nos hubiéramos acostado, os hubierais acostado, se hubieran acostado | |
| | me hubiese acostado, te hubieses acostado, se hubiese acostado;<br>nos hubiésemos acostado, os hubieseis acostado, se hubiesen acostado | |
| *Imperative* | —— acuéstate, acuéstese;<br>acostémonos, acostaos, acuéstense | |

5

| | | |
|---|---|---|
| *Pres. Ind.* | agradezco, agradeces, agradece;<br>agradecemos, agradecéis, agradecen | *to thank* |
| *Imp. Ind.* | agradecía, agradecías, agradecía;<br>agradecíamos, agradecíais, agradecían | |
| *Pret. Ind.* | agradecí, agradeciste, agradeció;<br>agradecimos, agradecisteis, agradecieron | |
| *Fut. Ind.* | agradeceré, agradecerás, agradecerá;<br>agradeceremos, agradeceréis, agradecerán | |
| *Condit.* | agradecería, agradecerías, agradecería;<br>agradeceríamos, agradeceríais, agradecerían | |
| *Pres. Subj.* | agradezca, agradezcas, agradezca;<br>agradezcamos, agradezcáis, agradezcan | |
| *Imp. Subj.* | agradeciera, agradecieras, agradeciera;<br>agradeciéramos, agradecierais, agradecieran | |
| | agradeciese, agradecieses, agradeciese;<br>agradeciésemos, agradecieseis, agradeciesen | |
| *Pres. Perf.* | he agradecido, has agradecido, ha agradecido;<br>hemos agradecido, habéis agradecido, han agradecido | |
| *Pluperf.* | había agradecido, habías agradecido, había agradecido;<br>habíamos agradecido, habíais agradecido, habían agradecido | |
| *Past Ant.* | hube agradecido, hubiste agradecido, hubo agradecido;<br>hubimos agradecido, hubisteis agradecido, hubieron agradecido | |
| *Fut. Perf.* | habré agradecido, habrás agradecido, habrá agradecido;<br>habremos agradecido, habréis agradecido, habrán agradecido | |
| *Cond.*<br>*Perf.* | habría agradecido, habrías agradecido, habría agradecido;<br>habríamos agradecido, habríais agradecido, habrían agradecido | |
| *Pres. Perf.*<br>*Subj.* | haya agradecido, hayas agradecido, haya agradecido;<br>hayamos agradecido, hayáis agradecido, hayan agradecido | |
| *Plup. Subj.* | hubiera agradecido, hubieras agradecido, hubiera agradecido;<br>hubiéramos agradecido, hubierais agradecido, hubieran agradecido | |
| | hubiese agradecido, hubieses agradecido, hubiese agradecido;<br>hubiésemos agradecido, hubieseis agradecido, hubiesen agradecido | |
| *Imperative* | —— agradece, agradezca;<br>agradezcamos, agradeced, agradezcan | |

| | | |
|---|---|---|
| *Pres. Ind.* | alcanzo, alcanzas, alcanza; alcanzamos, alcanzáis, alcanzan | *to reach,* |
| *Imp. Ind.* | alcanzaba, alcanzabas, alcanzaba; alcanzábamos, alcanzabais, alcanzaban | *overtake* |
| *Pret. Ind.* | alcancé, alcanzaste, alcanzó; alcanzamos, alcanzasteis, alcanzaron | |
| *Fut. Ind.* | alcanzaré, alcanzarás, alcanzará; alcanzaremos, alcanzaréis, alcanzarán | |
| *Condit.* | alcanzaría, alcanzarías, alcanzaría; alcanzaríamos, alcanzaríais, alcanzarían | |
| *Pres. Subj.* | alcance, alcances, alcance; alcancemos, alcancéis, alcancen | |
| *Imp. Subj.* | alcanzara, alcanzaras, alcanzara; alcanzáramos, alcanzarais, alcanzaran | |
| | alcanzase, alcanzases, alcanzase; alcanzásemos, alcanzaseis, alcanzasen | |
| *Pres. Perf.* | he alcanzado, has alcanzado, ha alcanzado; hemos alcanzado, habéis alcanzado, han alcanzado | |
| *Pluperf.* | había alcanzado, habías alcanzado, había alcanzado; habíamos alcanzado, habíais alcanzado, habían alcanzado | |
| *Past Ant.* | hube alcanzado, hubiste alcanzado, hubo alcanzado; hubimos alcanzado, hubisteis alcanzado, hubieron alcanzado | |
| *Fut. Perf.* | habré alcanzado, habrás alcanzado, habrá alcanzado; habremos alcanzado, habréis alcanzado, habrán alcanzado | |
| *Cond. Perf.* | habría alcanzado, habrías alcanzado, habría alcanzado; habríamos alcanzado, habríais alcanzado, habrían alcanzado | |
| *Pres. Perf. Subj.* | haya alcanzado, hayas alcanzado, haya alcanzado; hayamos alcanzado, hayáis alcanzado, hayan alcanzado | |
| *Plup. Subj.* | hubiera alcanzado, hubieras alcanzado, hubiera alcanzado; hubiéramos alcanzado, hubierais alcanzado, hubieran alcanzado | |
| | hubiese alcanzado, hubieses alcanzado, hubiese alcanzado; hubiésemos alcanzado, hubieseis alcanzado, hubiesen alcanzado | |
| *Imperative* | —— alcanza, alcance; alcancemos, alcanzad, alcancen | |

7

| | | |
|---|---|---|
| *Pres. Ind.* | me alegro, te alegras, se alegra;<br>nos alegramos, os alegráis, se alegran | *to be glad,* |
| *Imp. Ind.* | me alegraba, te alegrabas, se alegraba;<br>nos alegrábamos, os alegrabais, se alegraban | *rejoice* |
| *Pret. Ind.* | me alegré, te alegraste, se alegró;<br>nos alegramos, os alegrasteis, se alegraron | |
| *Fut. Ind.* | me alegraré, te alegrarás, se alegrará;<br>nos alegraremos, os alegraréis, se alegrarán | |
| *Condit.* | me alegraría, te alegrarías, se alegraría;<br>nos alegraríamos, os alegraríais, se alegrarían | |
| *Pres. Subj.* | me alegre, te alegres, se alegre;<br>nos alegremos, os alegréis, se alegren | |
| *Imp. Subj.* | me alegrara, te alegraras, se alegrara;<br>nos alegráramos, os alegrarais, se alegraran | |
| | me alegrase, te alegrases, se alegrase;<br>nos alegrásemos, os alegraseis, se alegrasen | |
| *Pres. Perf.* | me he alegrado, te has alegrado, se ha alegrado;<br>nos hemos alegrado, os habéis alegrado, se han alegrado | |
| *Pluperf.* | me había alegrado, te habías alegrado, se había alegrado;<br>nos habíamos alegrado, os habíais alegrado, se habían alegrado | |
| *Past Ant.* | me hube alegrado, te hubiste alegrado, se hubo alegrado;<br>nos hubimos alegrado, os hubisteis alegrado, se hubieron alegrado | |
| *Fut. Perf.* | me habré alegrado, te habrás alegrado, se habrá alegrado;<br>nos habremos alegrado, os habréis alegrado, se habrán alegrado | |
| *Cond.*<br>*Perf.* | me habría alegrado, te habrías alegrado, se habría alegrado;<br>nos habríamos alegrado, os habríais alegrado, se habrían alegrado | |
| *Pres. Perf.*<br>*Subj.* | me haya alegrado, te hayas alegrado, se haya alegrado;<br>nos hayamos alegrado, os hayáis alegrado, se hayan alegrado | |
| *Plup. Subj.* | me hubiera alegrado, te hubieras alegrado, se hubiera alegrado;<br>nos hubiéramos alegrado, os hubierais alegrado, se hubieran alegrado | |
| | me hubiese alegrado, te hubieses alegrado, se hubiese alegrado;<br>nos hubiésemos alegrado, os hubieseis alegrado, se hubiesen alegrado | |
| *Imperative* | —— alégrate, alégrese;<br>alegrémonos, alegraos, alégrense | |

| | |
|---|---|
| *Pres. Ind.* | almuerzo, almuerzas, almuerza;<br>almorzamos, almorzáis, almuerzan |
| *Imp. Ind.* | almorzaba, almorzabas, almorzaba;<br>almorzábamos, almorzabais, almorzaban |
| *Pret. Ind.* | almorcé, almorzaste, almorzó;<br>almorzamos, almorzasteis, almorzaron |
| *Fut. Ind.* | almorzaré, almorzarás, almorzará;<br>almorzaremos, almorzaréis, almorzarán |
| *Condit.* | almorzaría, almorzarías, almorzaría;<br>almorzaríamos, almorzaríais, almorzarían |
| *Pres. Subj.* | almuerce, almuerces, almuerce;<br>almorcemos, almorcéis, almuercen |
| *Imp. Subj.* | almorzara, almorzaras, almorzara;<br>almorzáramos, almorzarais, almorzaran |
| | almorzase, almorzases, almorzase;<br>almorzásemos, almorzaseis, almorzasen |
| *Pres. Perf.* | he almorzado, has almorzado, ha almorzado;<br>hemos almorzado, habéis almorzado, han almorzado |
| *Pluperf.* | había almorzado, habías almorzado, había almorzado;<br>habíamos almorzado, habíais almorzado, habían almorzado |
| *Past Ant.* | hube almorzado, hubiste almorzado, hubo almorzado;<br>hubimos almorzado, hubisteis almorzado, hubieron almorzado |
| *Fut. Perf.* | habré almorzado, habrás almorzado, habrá almorzado;<br>habremos almorzado, habréis almorzado, habrán almorzado |
| *Cond. Perf.* | habría almorzado, habrías almorzado, habría almorzado;<br>habríamos almorzado, habríais almorzado, habrían almorzado |
| *Pres. Perf. Subj.* | haya almorzado, hayas almorzado, haya almorzado;<br>hayamos almorzado, hayáis almorzado, hayan almorzado |
| *Plup. Subj.* | hubiera almorzado, hubieras almorzado, hubiera almorzado;<br>hubiéramos almorzado, hubierais almorzado, hubieran almorzado |
| | hubiese almorzado, hubieses almorzado, hubiese almorzado;<br>hubiésemos almorzado, hubieseis almorzado, hubiesen almorzado |
| *Imperative* | —— almuerza, almuerce;<br>almorcemos, almorzad, almuercen |

*to lunch,*
*have lunch*

9

| | | |
|---|---|---|
| *Pres. Ind.* | ando, andas, anda;<br>andamos, andáis, andan | *to walk* |
| *Imp. Ind.* | andaba, andabas, andaba;<br>andábamos, andabais, andaban | |
| *Pret. Ind.* | anduve, anduviste, anduvo;<br>anduvimos, anduvisteis, anduvieron | |
| *Fut. Ind.* | andaré, andarás, andará;<br>andaremos, andaréis, andarán | |
| *Condit.* | andaría, andarías, andaría;<br>andaríamos, andaríais, andarían | |
| *Pres. Subj.* | ande, andes, ande;<br>andemos, andéis, anden | |
| *Imp. Subj.* | anduviera, anduvieras, anduviera;<br>anduviéramos, anduvierais, anduvieran | |
| | anduviese, anduvieses, anduviese;<br>anduviésemos, anduvieseis, anduviesen | |
| *Pres. Perf.* | he andado, has andado, ha andado;<br>hemos andado, habéis andado, han andado | |
| *Pluperf.* | había andado, habías andado, había andado;<br>habíamos andado, habíais andado, habían andado | |
| *Past Ant.* | hube andado, hubiste andado, hubo andado;<br>hubimos andado, hubisteis andado, hubieron andado | |
| *Fut. Perf.* | habré andado, habrás andado, habrá andado;<br>habremos andado, habréis andado, habrán andado | |
| *Cond.*<br>*Perf.* | habría andado, habrías andado, habría andado;<br>habríamos andado, habríais andado, habrían andado | |
| *Pres. Perf.*<br>*Subj.* | haya andado, hayas andado, haya andado;<br>hayamos andado, hayáis andado, hayan andado | |
| *Plup. Subj.* | hubiera andado, hubieras andado, hubiera andado;<br>hubiéramos andado, hubierais andado, hubieran andado | |
| | hubiese andado, hubieses andado, hubiese andado;<br>hubiésemos andado, hubieseis andado, hubiesen andado | |
| *Imperative* | —— anda, ande;<br>andemos, andad, anden | |

| | |
|---|---|
| *Pres. Ind.* | añado, añades, añade;<br>añadimos, añadís, añaden |
| *Imp. Ind.* | añadía, añadías, añadía;<br>añadíamos, añadíais, añadían |
| *Pret. Ind.* | añadí, añadiste, añadió;<br>añadimos, añadisteis, añadieron |
| *Fut. Ind.* | añadiré, añadirás, añadirá;<br>añadiremos, añadiréis, añadirán |
| *Condit.* | añadiría, añadirías, añadiría;<br>añadiríamos, añadiríais, añadirían |
| *Pres. Subj.* | añada, añadas, añada;<br>añadamos, añadáis, añadan |
| *Imp. Subj.* | añadiera, añadieras, añadiera;<br>añadiéramos, añadierais, añadieran |
| | añadiese, añadieses, añadiese;<br>añadiésemos, añadieseis, añadiesen |
| *Pres. Perf.* | he añadido, has añadido, ha añadido;<br>hemos añadido, habéis añadido, han añadido |
| *Pluperf.* | había añadido, habías añadido, había añadido;<br>habíamos añadido, habíais añadido, habían añadido |
| *Past Ant.* | hube añadido, hubiste añadido, hubo añadido;<br>hubimos añadido, hubisteis añadido, hubieron añadido |
| *Fut. Perf.* | habré añadido, habrás añadido, habrá añadido;<br>habremos añadido, habréis añadido, habrán añadido |
| *Cond.*<br>*Perf.* | habría añadido, habrías añadido, habría añadido;<br>habríamos añadido, habríais añadido, habrían añadido |
| *Pres. Perf.*<br>*Subj.* | haya añadido, hayas añadido, haya añadido;<br>hayamos añadido, hayáis añadido, hayan añadido |
| *Plup. Subj.* | hubiera añadido, hubieras añadido, hubiera añadido;<br>hubiéramos añadido, hubierais añadido, hubieran añadido |
| | hubiese añadido, hubieses añadido, hubiese añadido;<br>hubiésemos añadido, hubieseis añadido, hubiesen añadido |
| *Imperative* | —— añade, añada;<br>añadamos, añadid, añadan |

*to add*

11

| | |
|---|---|
| *Pres. Ind.* | aparezco, apareces, aparece;<br>aparecemos, aparecéis, aparecen |
| *Imp. Ind.* | aparecía, aparecías, aparecía;<br>aparecíamos, aparecíais, aparecían |
| *Pret. Ind.* | aparecí, apareciste, apareció;<br>aparecimos, aparecisteis, aparecieron |
| *Fut. Ind.* | apareceré, aparecerás, aparecerá;<br>apareceremos, apareceréis, aparecerán |
| *Condit.* | aparecería, aparecerías, aparecería;<br>apareceríamos, apareceríais, aparecerían |
| *Pres. Subj.* | aparezca, aparezcas, aparezca;<br>aparezcamos, aparezcáis, aparezcan |
| *Imp. Subj.* | apareciera, aparecieras, apareciera;<br>apareciéramos, aparecierais, aparecieran |
| | apareciese, aparecieses, apareciese;<br>apareciésemos, aparecieseis, apareciesen |
| *Pres. Perf.* | he aparecido, has aparecido, ha aparecido;<br>hemos aparecido, habéis aparecido, han aparecido |
| *Pluperf.* | había aparecido, habías aparecido, había aparecido;<br>habíamos aparecido, habíais aparecido, habían aparecido |
| *Past Ant.* | hube aparecido, hubiste aparecido, hubo aparecido;<br>hubimos aparecido, hubisteis aparecido, hubieron aparecido |
| *Fut. Perf.* | habré aparecido, habrás aparecido, habrá aparecido;<br>habremos aparecido, habréis aparecido, habrán aparecido |
| *Cond.*<br>*Perf.* | habría aparecido, habrías aparecido, habría aparecido;<br>habríamos aparecido, habríais aparecido, habrían aparecido |
| *Pres. Perf.*<br>*Subj.* | haya aparecido, hayas aparecido, haya aparecido;<br>hayamos aparecido, hayáis aparecido, hayan aparecido |
| *Plup. Subj.* | hubiera aparecido, hubieras aparecido, hubiera aparecido;<br>hubiéramos aparecido, hubierais aparecido, hubieran aparecido |
| | hubiese aparecido, hubieses aparecido, hubiese aparecido;<br>hubiésemos aparecido, hubieseis aparecido, hubiesen aparecido |
| *Imperative* | —— aparece, aparezca;<br>aparezcamos, apareced, aparezcan |

*to appear, show up*

| | | |
|---|---|---|
| *Pres. Ind.* | me apodero, te apoderas, se apodera;<br>nos apoderamos, os apoderáis, se apoderan | *to take power,* |
| *Imp. Ind.* | me apoderaba, te apoderabas, se apoderaba;<br>nos apoderábamos, os apoderabais, se apoderaban | *take possession* |
| *Pret. Ind.* | me apoderé, te apoderaste, se apoderó;<br>nos apoderamos, os apoderasteis, se apoderaron | |
| *Fut. Ind.* | me apoderaré, te apoderarás, se apoderará;<br>nos apoderaremos, os apoderaréis, se apoderarán | |
| *Condit.* | me apoderaría, te apoderarías, se apoderaría;<br>nos apoderaríamos, os apoderaríais, se apoderarían | |
| *Pres. Subj.* | me apodere, te apoderes, se apodere;<br>nos apoderemos, os apoderéis, se apoderen | |
| *Imp. Subj.* | me apoderara, te apoderaras, se apoderara;<br>nos apoderáramos, os apoderarais, se apoderaran | |
| | me apoderase, te apoderases, se apoderase;<br>nos apoderásemos, os apoderaseis, se apoderasen | |
| *Pres. Perf.* | me he apoderado, te has apoderado, se ha apoderado;<br>nos hemos apoderado, os habéis apoderado, se han apoderado | |
| *Pluperf.* | me había apoderado, te habías apoderado, se había apoderado;<br>nos habíamos apoderado, os habíais apoderado, se habían apoderado | |
| *Past Ant.* | me hube apoderado, te hubiste apoderado, se hubo apoderado;<br>nos hubimos apoderado, os hubisteis apoderado, se hubieron apoderado | |
| *Fut. Perf.* | me habré apoderado, te habrás apoderado, se habrá apoderado;<br>nos habremos apoderado, os habréis apoderado, se habrán apoderado | |
| *Cond.*<br>*Perf.* | me habría apoderado, te habrías apoderado, se habría apoderado;<br>nos habríamos apoderado, os habríais apoderado, se habrían apoderado | |
| *Pres. Perf.*<br>*Subj.* | me haya apoderado, te hayas apoderado, se haya apoderado;<br>nos hayamos apoderado, os hayáis apoderado, se hayan apoderado | |
| *Plup. Subj.* | me hubiera apoderado, te hubieras apoderado, se hubiera apoderado;<br>nos hubiéramos apoderado, os hubierais apoderado, se hubieran apoderado | |
| | me hubiese apoderado, te hubieses apoderado, se hubiese apoderado;<br>nos hubiésemos apoderado, os hubieseis apoderado, se hubiesen apoderado | |
| *Imperative* | —— apodérate, apodérese;<br>apoderémonos, apoderaos, apodérense | |

**13**

| | | |
|---|---|---|
| *Pres. Ind.* | aprendo, aprendes, aprende;<br>aprendemos, aprendéis, aprenden | *to learn* |
| *Imp. Ind.* | aprendía, aprendías, aprendía;<br>aprendíamos, aprendíais, aprendían | |
| *Pret. Ind.* | aprendí, aprendiste, aprendió;<br>aprendimos, aprendisteis, aprendieron | |
| *Fut. Ind.* | aprenderé, aprenderás, aprenderá;<br>aprenderemos, aprenderéis, aprenderán | |
| *Condit.* | aprendería, aprenderías, aprendería;<br>aprenderíamos, aprenderíais, aprenderían | |
| *Pres. Subj.* | aprenda, aprendas, aprenda;<br>aprendamos, aprendáis, aprendan | |
| *Imp. Subj.* | aprendiera, aprendieras, aprendiera;<br>aprendiéramos, aprendierais, aprendieran | |
| | aprendiese, aprendieses, aprendiese;<br>aprendiésemos, aprendieseis, aprendiesen | |
| *Pres. Perf.* | he aprendido, has aprendido, ha aprendido;<br>hemos aprendido, habéis aprendido, han aprendido | |
| *Pluperf.* | había aprendido, habías aprendido, había aprendido;<br>habíamos aprendido, habíais aprendido, habían aprendido | |
| *Past Ant.* | hube aprendido, hubiste aprendido, hubo aprendido;<br>hubimos aprendido, hubisteis aprendido, hubieron aprendido | |
| *Fut. Perf.* | habré aprendido, habrás aprendido, habrá aprendido;<br>habremos aprendido, habréis aprendido, habrán aprendido | |
| *Cond.*<br>*Perf.* | habría aprendido, habrías aprendido, habría aprendido;<br>habríamos aprendido, habríais aprendido, habrían aprendido | |
| *Pres. Perf.*<br>*Subj.* | haya aprendido, hayas aprendido, haya aprendido;<br>hayamos aprendido, hayáis aprendido, hayan aprendido | |
| *Plup. Subj.* | hubiera aprendido, hubieras aprendido, hubiera aprendido;<br>hubiéramos aprendido, hubierais aprendido, hubieran aprendido | |
| | hubiese aprendido, hubieses aprendido, hubiese aprendido;<br>hubiésemos aprendido, hubieseis aprendido, hubiesen aprendido | |
| *Imperative* | —— aprende, aprenda;<br>aprendamos, aprended, aprendan | |

**14**

| | | |
|---|---|---|
| *Pres. Ind.* | me aprovecho, te aprovechas, se aprovecha; <br> nos aprovechamos, os aprovecháis, se aprovechan | *to take* |
| *Imp. Ind.* | me aprovechaba, te aprovechabas, se aprovechaba; <br> nos aprovechábamos, os aprovechabais, se aprovechaban | *advantage,* <br> *avail* |
| *Pret. Ind.* | me aproveché, te aprovechaste, se aprovechó; <br> nos aprovechamos, os aprovechasteis, se aprovecharon | *oneself* |
| *Fut. Ind.* | me aprovecharé, te aprovecharás, se aprovechará; <br> nos aprovecharemos, os aprovecharéis, se aprovecharán | |
| *Condit.* | me aprovecharía, te aprovecharías, se aprovecharía; <br> nos aprovecharíamos, os aprovecharíais, se aprovecharían | |
| *Pres. Subj.* | me aproveche, te aproveches, se aproveche; <br> nos aprovechemos, os aprovechéis, se aprovechen | |
| *Imp. Subj.* | me aprovechara, te aprovecharas, se aprovechara; <br> nos aprovecháramos, os aprovecharais, se aprovecharan | |
| | me aprovechase, te aprovechases, se aprovechase; <br> nos aprovechásemos, os aprovechaseis, se aprovechasen | |
| *Pres. Perf.* | me he aprovechado, te has aprovechado, se ha aprovechado; <br> nos hemos aprovechado, os habéis aprovechado, se han aprovechado | |
| *Pluperf.* | me había aprovechado, te habías aprovechado, se había aprovechado; <br> nos habíamos aprovechado, os habíais aprovechado, se habían aprovechado | |
| *Past Ant.* | me hube aprovechado, te hubiste aprovechado, se hubo aprovechado; <br> nos hubimos aprovechado, os hubisteis aprovechado, se hubieron aprovechado | |
| *Fut. Perf.* | me habré aprovechado, te habrás aprovechado, se habrá aprovechado; <br> nos habremos aprovechado, os habréis aprovechado, se habrán aprovechado | |
| *Cond.* <br> *Perf.* | me habría aprovechado, te habrías aprovechado, se habría aprovechado; <br> nos habríamos aprovechado, os habríais aprovechado, se habrían aprovechado | |
| *Pres. Perf.* <br> *Subj.* | me haya aprovechado, te hayas aprovechado, se haya aprovechado; <br> nos hayamos aprovechado, os hayáis aprovechado, se hayan aprovechado | |
| *Plup. Subj.* | me hubiera aprovechado, te hubieras aprovechado, se hubiera aprovechado; <br> nos hubiéramos aprovechado, os hubierais aprovechado, se hubieran aprovechado | |
| | me hubiese aprovechado, te hubieses aprovechado, se hubiese aprovechado; <br> nos hubiésemos aprovechado, os hubieseis aprovechado, se hubiesen aprovechado | |
| *Imperative* | —— aprovéchate, aprovéchese; <br> aprovechémonos, aprovechaos, aprovéchense | |

**15**

| | | |
|---|---|---|
| *Pres. Ind.* | asgo, ases, ase; <br> asimos, asís, asen | *to seize,* |
| *Imp. Ind.* | asía, asías, asía; <br> asíamos, asíais, asían | *grasp* |
| *Pret. Ind.* | así, asiste, asió; <br> asimos, asisteis, asieron | |
| *Fut. Ind.* | asiré, asirás, asirá; <br> asiremos, asiréis, asirán | |
| *Condit.* | asiría, asirías, asiría; <br> asiríamos, asiríais, asirían | |
| *Pres. Subj.* | asga, asgas, asga; <br> asgamos, asgáis, asgan | |
| *Imp. Subj.* | asiera, asieras, asiera; <br> asiéramos, asierais, asieran | |
| | asiese, asieses, asiese; <br> asiésemos, asieseis, asiesen | |
| *Pres. Perf.* | he asido, has asido, ha asido; <br> hemos asido, habéis asido, han asido | |
| *Pluperf.* | había asido, habías asido, había asido; <br> habíamos asido, habíais asido, habían asido | |
| *Past Ant.* | hube asido, hubiste asido, hubo asido; <br> hubimos asido, hubisteis asido, hubieron asido | |
| *Fut. Perf.* | habré asido, habrás asido, habrá asido; <br> habremos asido, habréis asido, habrán asido | |
| *Cond. Perf.* | habría asido, habrías asido, habría asido; <br> habríamos asido, habríais asido, habrían asido | |
| *Pres. Perf. Subj.* | haya asido, hayas asido, haya asido; <br> hayamos asido, hayáis asido, hayan asido | |
| *Plup. Subj.* | hubiera asido, hubieras asido, hubiera asido; <br> hubiéramos asido, hubierais asido, hubieran asido | |
| | hubiese asido, hubieses asido, hubiese asido; <br> hubiésemos asido, hubieseis asido, hubiesen asido | |
| *Imperative* | —— ase, asga; <br> asgamos, asid, asgan | |

16

| | | |
|---|---|---|
| *Pres. Ind.* | asisto, asistes, asiste; asistimos, asistís, asisten | *to attend* |
| *Imp. Ind.* | asistía, asistías, asistía; asistíamos, asistíais, asistían | |
| *Pret. Ind.* | asistí, asististe, asistió; asistimos, asististeis, asistieron | |
| *Fut. Ind.* | asistiré, asistirás, asistirá; asistiremos, asistiréis, asistirán | |
| *Condit.* | asistiría, asistirías, asistiría; asistiríamos, asistiríais, asistirían | |
| *Pres. Subj.* | asista, asistas, asista; asistamos, asistáis, asistan | |
| *Imp. Subj.* | asistiera, asistieras, asistiera; asistiéramos, asistierais, asistieran | |
| | asistiese, asistieses, asistiese; asistiésemos, asistieseis, asistiesen | |
| *Pres. Perf.* | he asistido, has asistido, ha asistido; hemos asistido, habéis asistido, han asistido | |
| *Pluperf.* | había asistido, habías asistido, había asistido; habíamos asistido, habíais asistido, habían asistido | |
| *Past Ant.* | hube asistido, hubiste asistido, hubo asistido; hubimos asistido, hubisteis asistido, hubieron asistido | |
| *Fut. Perf.* | habré asistido, habrás asistido, habrá asistido; habremos asistido, habréis asistido, habrán asistido | |
| *Cond. Perf.* | habría asistido, habrías asistido, habría asistido; habríamos asistido, habríais asistido, habrían asistido | |
| *Pres. Perf. Subj.* | haya asistido, hayas asistido, haya asistido; hayamos asistido, hayáis asistido, hayan asistido | |
| *Plup. Subj.* | hubiera asistido, hubieras asistido, hubiera asistido; hubiéramos asistido, hubierais asistido, hubieran asistido | |
| | hubiese asistido, hubieses asistido, hubiese asistido; hubiésemos asistido, hubieseis asistido, hubiesen asistido | |
| *Imperative* | —— asiste, asista; asistamos, asistid, asistan | |

17

| | | |
|---|---|---|
| *Pres. Ind.* | ataco, atacas, ataca; <br> atacamos, atacáis, atacan | *to attack* |
| *Imp. Ind.* | atacaba, atacabas, atacaba; <br> atacábamos, atacabais, atacaban | |
| *Pret. Ind.* | ataqué, atacaste, atacó; <br> atacamos, atacasteis, atacaron | |
| *Fut. Ind.* | atacaré, atacarás, atacará; <br> atacaremos, atacaréis, atacarán | |
| *Condit.* | atacaría, atacarías, atacaría; <br> atacaríamos, atacaríais, atacarían | |
| *Pres. Subj.* | ataque, ataques, ataque; <br> ataquemos, ataquéis, ataquen | |
| *Imp. Subj.* | atacara, atacaras, atacara; <br> atacáramos, atacarais, atacaran | |
| | atacase, atacases, atacase; <br> atacásemos, atacaseis, atacasen | |
| *Pres. Perf.* | he atacado, has atacado, ha atacado; <br> hemos atacado, habéis atacado, han atacado | |
| *Pluperf.* | había atacado, habías atacado, había atacado; <br> habíamos atacado, habíais atacado, habían atacado | |
| *Past Ant.* | hube atacado, hubiste atacado, hubo atacado; <br> hubimos atacado, hubisteis atacado, hubieron atacado | |
| *Fut. Perf.* | habré atacado, habrás atacado, habrá atacado; <br> habremos atacado, habréis atacado, habrán atacado | |
| *Cond. Perf.* | habría atacado, habrías atacado, habría atacado; <br> habríamos atacado, habríais atacado, habrían atacado | |
| *Pres. Perf. Subj.* | haya atacado, hayas atacado, haya atacado; <br> hayamos atacado, hayáis atacado, hayan atacado | |
| *Plup. Subj.* | hubiera atacado, hubieras atacado, hubiera atacado; <br> hubiéramos atacado, hubierais atacado, hubieran atacado | |
| | hubiese atacado, hubieses atacado, hubiese atacado; <br> hubiésemos atacado, hubieseis atacado, hubiesen atacado | |
| *Imperative* | —— ataca, ataque; <br> ataquemos, atacad, ataquen | |

| | | |
|---|---|---|
| *Pres. Ind.* | me atengo, te atienes, se atiene;<br>nos atenemos, os atenéis, se atienen | *to rely on,* |
| *Imp. Ind.* | me atenía, te atenías, se atenía;<br>nos ateníamos, os ateníais, se atenían | *depend on* |
| *Pret. Ind.* | me atuve, te atuviste, se atuvo;<br>nos atuvimos, os atuvisteis, se atuvieron | |
| *Fut. Ind.* | me atendré, te atendrás, se atendrá;<br>nos atendremos, os atendréis, se atendrán | |
| *Condit.* | me atendría, te atendrías, se atendría;<br>nos atendríamos, os atendríais, se atendrían | |
| *Pres. Subj.* | me atenga, te atengas, se atenga;<br>nos atengamos, os atengáis, se atengan | |
| *Imp. Subj.* | me atuviera, te atuvieras, se atuviera;<br>nos atuviéramos, os atuvierais, se atuvieran | |
| | me atuviese, te atuvieses, se atuviese;<br>nos atuviésemos, os atuvieseis, se atuviesen | |
| *Pres. Perf.* | me he atenido, te has atenido, se ha atenido;<br>nos hemos atenido, os habéis atenido, se han atenido | |
| *Pluperf.* | me había atenido, te habías atenido, se había atenido;<br>nos habíamos atenido, os habíais atenido, se habían atenido | |
| *Past Ant.* | me hube atenido, te hubiste atenido, se hubo atenido;<br>nos hubimos atenido, os hubisteis atenido, se hubieron atenido | |
| *Fut. Perf.* | me habré atenido, te habrás atenido, se habrá atenido;<br>nos habremos atenido, os habréis atenido, se habrán atenido | |
| *Cond. Perf.* | me habría atenido, te habrías atenido, se habría atenido;<br>nos habríamos atenido, os habríais atenido, se habrían atenido | |
| *Pres. Perf. Subj.* | me haya atenido, te hayas atenido, se haya atenido;<br>nos hayamous atenido, os hayáis atenido, se hayan atenido | |
| *Plup. Subj.* | me hubiera atenido, te hubieras atenido, se hubiera atenido;<br>nos hubiéramos atenido, os hubierais atenido, se hubieran atenido | |
| | me hubiese atenido, te hubieses atenido, se hubiese atenido;<br>nos hubiésemos atenido, os hubieseis atenido, se hubiesen atenido | |
| *Imperative* | —— atente, aténgase;<br>atengámonos, ateneos, aténganse | |

| | |
|---|---|
| *Pres. Ind.* | atraigo, atraes, atrae;<br>atraemos, atraéis, atraen |
| *Imp. Ind.* | atraía, atraías, atraía;<br>atraíamos, atraíais, atraían |
| *Pret. Ind.* | atraje, atrajiste, atrajo;<br>atrajimos, atrajisteis, atrajeron |
| *Fut. Ind.* | atraeré, atraerás, atraerá;<br>atraeremos, atraeréis, atraerán |
| *Condit.* | atraería, atraerías, atraería;<br>atraeríamos, atraeríais, atraerían |
| *Pres. Subj.* | atraiga, atraigas, atraiga;<br>atraigamos, atraigáis, atraigan |
| *Imp. Subj.* | atrajera, atrajeras, atrajera;<br>atrajéramos, atrajerais, atrajeran |
| | atrajese, atrajeses, atrajese;<br>atrajésemos, atrajeseis, atrajesen |
| *Pres. Perf.* | he atraído, has atraído, ha atraído;<br>hemos atraído, habéis atraído, han atraído |
| *Pluperf.* | había atraído, habías atraído, había atraído;<br>habíamos atraído, habíais atraído, habían atraído |
| *Past Ant.* | hube atraído, hubiste atraído, hubo atraído;<br>hubimos atraído, hubisteis atraído, hubieron atraído |
| *Fut. Perf.* | habré atraído, habrás atraído, habrá atraído;<br>habremos atraído, habréis atraído, habrán atraído |
| *Cond.*<br>*Perf.* | habría atraído, habrías atraído, habría atraído;<br>habríamos atraído, habríais atraído, habrían atraído |
| *Pres. Perf.*<br>*Subj.* | haya atraído, hayas atraído, haya atraído;<br>hayamos atraído, hayáis atraído, hayan atraído |
| *Plup. Subj.* | hubiera atraído, hubieras atraído, hubiera atraído;<br>hubiéramos atraído, hubierais atraído, hubieran atraído |
| | hubiese atraído, hubieses atraído, hubiese atraído;<br>hubiésemos atraído, hubieseis atraído, hubiesen atraído |
| *Imperative* | —— atrae, atraiga;<br>atraigamos, atraed, atraigan |

*to attract,*
*allure, charm*

| | | |
|---|---|---|
| *Pres. Ind.* | atravieso, atraviesas, atraviesa; <br> atravesamos, atravesáis, atraviesan | *to cross,* |
| *Imp. Ind.* | atravesaba, atravesabas, atravesaba; <br> atravesábamos, atravesabais, atravesaban | *to go through,* <br> *run through* |
| *Pret. Ind.* | atravesé, atravesaste, atravesó; <br> atravesamos, atravesasteis, atravesaron | |
| *Fut. Ind.* | atravesaré, atravesarás, atravesará; <br> atravesaremos, atravesaréis, atravesarán | |
| *Condit.* | atravesaría, atravesarías, atravesaría; <br> atravesaríamos, atravesaríais, atravesarían | |
| *Pres. Subj.* | atraviese, atravieses, atraviese; <br> atravesemos, atraveséis, atraviesen | |
| *Imp. Subj.* | atravesara, atravesaras, atravesara; <br> atravesáramos, atravesarais, atravesaran | |
| | atravesase, atravesases, atravesase; <br> atravesásemos, atravesaseis, atravesasen | |
| *Pres. Perf.* | he atravesado, has atravesado, ha atravesado; <br> hemos atravesado, habéis atravesado, han atravesado | |
| *Pluperf.* | había atravesado, habías atravesado, había atravesado; <br> habíamos atravesado, habíais atravesado, habían atravesado | |
| *Past Ant.* | hube atravesado, hubiste atravesado, hubo atravesado; <br> hubimos atravesado, hubisteis atravesado, hubieron atravesado | |
| *Fut. Perf.* | habré atravesado, habrás atravesado, habrá atravesado; <br> habremos atravesado, habréis atravesado, habrán atravesado | |
| *Cond.* <br> *Perf.* | habría atravesado, habrías atravesado, habría atravesado; <br> habríamos atravesado, habríais atravesado, habrían atravesado | |
| *Pres. Perf.* <br> *Subj.* | haya atravesado, hayas atravesado, haya atravesado; <br> hayamos atravesado, hayáis atravesado, hayan atravesado | |
| *Plup. Subj.* | hubiera atravesado, hubieras atravesado, hubiera atravesado; <br> hubiéramos atravesado, hubierais atravesado, hubieran atravesado | |
| | hubiese atravesado, hubieses atravesado, hubiese atravesado; <br> hubiésemos atravesado, hubieseis atravesado, hubiesen atravesado | |
| *Imperative* | —— atraviesa, atraviese; <br> atravesemos, atravesad, atraviesen | |

| | |
|---|---|
| *Pres. Ind.* | me atrevo, te atreves, se atreve;<br>nos atrevemos, os atrevéis, se atreven |
| *Imp. Ind.* | me atrevía, te atrevías, se atrevía;<br>nos atrevíamos, os atrevíais, se atrevían |
| *Pret. Ind.* | me atreví, te atreviste, se atrevió;<br>nos atrevimos, os atrevisteis, se atrevieron |
| *Fut. Ind.* | me atreveré, te atreverás, se atreverá;<br>nos atreveremos, os atreveréis, se atreverán |
| *Condit.* | me atrevería, te atreverías, se atrevería;<br>nos atreveríamos, os atreveríais, se atreverían |
| *Pres. Subj.* | me atreva, te atrevas, se atreva;<br>nos atrevamos, os atreváis, se atrevan |
| *Imp. Subj.* | me atreviera, te atrevieras, se atreviera;<br>nos atreviéramos, os atrevierais, se atrevieran |
| | me atreviese, te atrevieses, se atreviese;<br>nos atreviésemos, os atrevieseis, se atreviesen |
| *Pres. Perf.* | me he atrevido, te has atrevido, se ha atrevido;<br>nos hemos atrevido, os habéis atrevido, se han atrevido |
| *Pluperf.* | me había atrevido, te habías atrevido, se había atrevido;<br>nos habíamos atrevido, os habíais atrevido, se habían atrevido |
| *Past Ant.* | me hube atrevido, te hubiste atrevido, se hubo atrevido;<br>nos hubimos atrevido, os hubisteis atrevido, se hubieron atrevido |
| *Fut. Perf.* | me habré atrevido, te habrás atrevido, se habrá atrevido;<br>nos habremos atrevido, os habréis atrevido, se habrán atrevido |
| *Cond.*<br>*Perf.* | me habría atrevido, te habrías atrevido, se habría atrevido;<br>nos habríamos atrevido, os habríais atrevido, se habrían atrevido |
| *Pres. Perf.*<br>*Subj.* | me haya atrevido, te hayas atrevido, se haya atrevido;<br>nos hayamos atrevido, os hayáis atrevido, se hayan atrevido |
| *Plup. Subj.* | me hubiera atrevido, te hubieras atrevido, se hubiera atrevido;<br>nos hubiéramos atrevido, os hubierais atrevido, se hubieran atrevido |
| | me hubiese atrevido, te hubieses atrevido, se hubiese atrevido;<br>nos hubiésemos atrevido, os hubieseis atrevido, se hubiesen atrevido |
| *Imperative* | —— atrévete, atrévase;<br>atrevámonos, atreveos, atrévanse |

*to dare*

| | | |
|---|---|---|
| *Pres. Ind.* | averiguo, averiguas, averigua;<br>averiguamos, averiguáis, averiguan | *to find out,* |
| *Imp. Ind.* | averiguaba, averiguabas, averiguaba;<br>averiguábamos, averiguabais, averiguaban | *inquire,* |
| *Pret. Ind.* | averigüé, averiguaste, averiguó;<br>averiguamos, averiguasteis, averiguaron | *investigate* |
| *Fut. Ind.* | averiguaré, averiguarás, averiguará;<br>averiguaremos, averiguaréis, averiguarán | |
| *Condit.* | averiguaría, averiguarías, averiguaría;<br>averiguaríamos, averiguaríais, averiguarían | |
| *Pres. Subj.* | averigüe, averigües, averigüe;<br>averigüemos, averigüéis, averigüen | |
| *Imp. Subj.* | averiguara, averiguaras, averiguara;<br>averiguáramos, averiguarais, averiguaran | |
| | averiguase, averiguases, averiguase;<br>averiguásemos, averiguaseis, averiguasen | |
| *Pres. Perf.* | he averiguado, has averiguado, ha averiguado;<br>hemos averiguado, habéis averiguado, han averiguado | |
| *Pluperf.* | había averiguado, habías averiguado, había averiguado;<br>habíamos averiguado, habíais averiguado, habían averiguado | |
| *Past Ant.* | hube averiguado, hubiste averiguado, hubo averiguado;<br>hubimos averiguado, hubisteis averiguado, hubieron averiguado | |
| *Fut. Perf.* | habré averiguado, habrás averiguado, habrá averiguado;<br>habremos averiguado, habréis averiguado, habrán averiguado | |
| *Cond.*<br>*Perf.* | habría averiguado, habrías averiguado, habría averiguado;<br>habríamos averiguado, habríais averiguado, habrían averiguado | |
| *Pres. Perf.*<br>*Subj.* | haya averiguado, hayas averiguado, haya averiguado;<br>hayamos averiguado, hayáis averiguado, hayan averiguado | |
| *Plup. Subj.* | hubiera averiguado, hubieras averiguado, hubiera averiguado;<br>hubiéramos averiguado, hubierais averiguado, hubieran averiguado | |
| | hubiese averiguado, hubieses averiguado, hubiese averiguado;<br>hubiésemos averiguado, hubieseis averiguado, hubiesen averiguado | |
| *Imperative* | —— averigua, averigüe;<br>averigüemos, averiguad, averigüen | |

23

| | | |
|---|---|---|
| *Pres. Ind.* | ayudo, ayudas, ayuda; ayudamos, ayudáis, ayudan | *to help, aid,* |
| *Imp. Ind.* | ayudaba, ayudabas, ayudaba; ayudábamos, ayudabais, ayudaban | *assist* |
| *Pret. Ind.* | ayudé, ayudaste, ayudó; ayudamos, ayudasteis, ayudaron | |
| *Fut. Ind.* | ayudaré, ayudarás, ayudará; ayudaremos, ayudaréis, ayudarán | |
| *Condit.* | ayudaría, ayudarías, ayudaría; ayudaríamos, ayudaríais, ayudarían | |
| *Pres. Subj.* | ayude, ayudes, ayude; ayudemos, ayudéis, ayuden | |
| *Imp. Subj.* | ayudara, ayudaras, ayudara; ayudáramos, ayudarais, ayudaran | |
| | ayudase, ayudases, ayudase; ayudásemos, ayudaseis, ayudasen | |
| *Pres. Perf.* | he ayudado, has ayudado, ha ayudado; hemos ayudado, habéis ayudado, han ayudado | |
| *Pluperf.* | había ayudado, habías ayudado, había ayudado; habíamos ayudado, habíais ayudado, habían ayudado | |
| *Past Ant.* | hube ayudado, hubiste ayudado, hubo ayudado; hubimos ayudado, hubisteis ayudado, hubieron ayudado | |
| *Fut. Perf.* | habré ayudado, habrás ayudado, habrá ayudado; habremos ayudado, habréis ayudado, habrán ayudado | |
| *Cond. Perf.* | habría ayudado, habrías ayudado, habría ayudado; habríamos ayudado, habríais ayudado, habrían ayudado | |
| *Pres. Perf. Subj.* | haya ayudado, hayas ayudado, haya ayudado; hayamos ayudado, hayáis ayudado, hayan ayudado | |
| *Plup. Subj.* | hubiera ayudado, hubieras ayudado, hubiera ayudado; hubiéramos ayudado, hubierais ayudado, hubieran ayudado | |
| | hubiese ayudado, hubieses ayudado, hubiese ayudado; hubiésemos ayudado, hubieseis ayudado, hubiesen ayudado | |
| *Imperative* | —— ayuda, ayude; ayudemos, ayudad, ayuden | |

| | | |
|---|---|---|
| *Pres. Ind.* | me baño, te bañas, se baña; <br> nos bañamos, os bañáis, se bañan | *to bathe,* |
| *Imp. Ind.* | me bañaba, te bañabas, se bañaba; <br> nos bañábamos, os bañabais, se bañaban | *take a bath* |
| *Pret. Ind.* | me bañé, te bañaste, se bañó; <br> nos bañamos, os bañasteis, se bañaron | |
| *Fut. Ind.* | me bañaré, te bañarás, se bañará; <br> nos bañaremos, os bañaréis, se bañarán | |
| *Condit.* | me bañaría, te bañarías, se bañaría; <br> nos bañaríamos, os bañaríais, se bañarían | |
| *Pres. Subj.* | me bañe, te bañes, se bañe; <br> nos bañemos, os bañéis, se bañen | |
| *Imp. Subj.* | me bañara, te bañaras, se bañara; <br> nos bañáramos, os bañarais, se bañaran | |
| | me bañase, te bañases, se bañase; <br> nos bañásemos, os bañaseis, se bañasen | |
| *Pres. Perf.* | me he bañado, te has bañado, se ha bañado; <br> nos hemos bañado, os habéis bañado, se han bañado | |
| *Pluperf.* | me había bañado, te habías bañado, se había bañado; <br> nos habíamos bañado, os habíais bañado, se habían bañado | |
| *Past Ant.* | me hube bañado, te hubiste bañado, se hubo bañado; <br> nos hubimos bañado, os hubisteis bañado, se hubieron bañado | |
| *Fut. Perf.* | me habré bañado, te habrás bañado, se habrá bañado; <br> nos habremos bañado, os habréis bañado, se habrán bañado | |
| *Cond. Perf.* | me habría bañado, te habrías bañado, se habría bañado; <br> nos habríamos bañado, os habríais bañado, se habrían bañado | |
| *Pres. Perf. Subj.* | me haya bañado, te hayas bañado, se haya bañado; <br> nos hayamos bañado, os hayáis bañado, se hayan bañado | |
| *Plup. Subj.* | me hubiera bañado, te hubieras bañado, se hubiera bañado; <br> nos hubiéramos bañado, os hubierais bañado, se hubieran bañado | |
| | me hubiese bañado, te hubieses bañado, se hubiese bañado; <br> nos hubiésemos bañado, os hubieseis bañado, se hubiesen bañado | |
| *Imperative* | —— báñate, báñese; <br> bañémonos, bañaos, báñense | |

| | |
|---|---|
| *Pres. Ind.* | bendigo, bendices, bendice; <br> bendecimos, bendecís, bendicen |
| *Imp. Ind.* | bendecía, bendecías, bendecía; <br> bendecíamos, bendecíais, bendecían |
| *Pret. Ind.* | bendije, bendijiste, bendijo; <br> bendijimos, bendijisteis, bendijeron |
| *Fut. Ind.* | bendeciré, bendecirás, bendecirá; <br> bendeciremos, bendeciréis, bendecirán |
| *Condit.* | bendeciría, bendecirías, bendeciría; <br> bendeciríamos, bendeciríais, bendecirían |
| *Pres. Subj.* | bendiga, bendigas, bendiga; <br> bendigamos, bendigáis, bendigan |
| *Imp. Subj.* | bendijera, bendijeras, bendijera; <br> bendijéramos, bendijerais, bendijeran |
| | bendijese, bendijeses, bendijese; <br> bendijésemos, bendijeseis, bendijesen |
| *Pres. Perf.* | he bendecido, has bendecido, ha bendecido; <br> hemos bendecido, habéis bendecido, han bendecido |
| *Pluperf.* | había bendecido, habías bendecido, había bendecido; <br> habíamos bendecido, habíais bendecido, habían bendecido |
| *Past Ant.* | hube bendecido, hubiste bendecido, hubo bendecido; <br> hubimos bendecido, hubisteis bendecido, hubieron bendecido |
| *Fut. Perf.* | habré bendecido, habrás bendecido, habrá bendecido; <br> habremos bendecido, habréis bendecido, habrán bendecido |
| *Cond. Perf.* | habría bendecido, habrías bendecido, habría bendecido; <br> habríamos bendecido, habríais bendecido, habrían bendecido |
| *Pres. Perf. Subj.* | haya bendecido, hayas bendecido, haya bendecido; <br> hayamos bendecido, hayáis bendecido, hayan bendecido |
| *Plup. Subj.* | hubiera bendecido, hubieras bendecido, hubiera bendecido; <br> hubiéramos bendecido, hubierais bendecido, hubieran bendecido |
| | hubiese bendecido, hubieses bendecido, hubiese bendecido; <br> hubiésemos bendecido, hubieseis bendecido, hubiesen bendecido |
| *Imperative* | —— bendice, bendiga; <br> bendigamos, bendecid, bendigan |

*to bless*

| | |
|---|---|
| *Pres. Ind.* | bullo, bulles, bulle;<br>bullimos, bullís, bullen |
| *Imp. Ind.* | bullía, bullías, bullía;<br>bullíamos, bullíais, bullían |
| *Pret. Ind.* | bullí, bulliste, bulló;<br>bullimos, bullisteis, bulleron |
| *Fut. Ind.* | bulliré, bullirás, bullirá;<br>bulliremos, bulliréis, bullirán |
| *Condit.* | bulliría, bullirías, bulliría;<br>bulliríamos, bulliríais, bullirían |
| *Pres. Subj.* | bulla, bullas, bulla;<br>bullamos, bulláis, bullan |
| *Imp. Subj.* | bullera, bulleras, bullera;<br>bulléramos, bullerais, bulleran |
| | bullese, bulleses, bullese;<br>bullésemos, bulleseis, bullesen |
| *Pres. Perf.* | he bullido, has bullido, ha bullido;<br>hemos bullido, habéis bullido, han bullido |
| *Pluperf.* | había bullido, habías bullido, había bullido;<br>habíamos bullido, habíais bullido, habían bullido |
| *Past Ant.* | hube bullido, hubiste bullido, hubo bullido;<br>hubimos bullido, hubisteis bullido, hubieron bullido |
| *Fut. Perf.* | habré bullido, habrás bullido, habrá bullido;<br>habremos bullido, habréis bullido, habrán bullido |
| *Cond.*<br>*Perf.* | habría bullido, habrías bullido, habría bullido;<br>habríamos bullido, habríais bullido, habrían bullido |
| *Pres. Perf.*<br>*Subj.* | haya bullido, hayas bullido, haya bullido;<br>hayamos bullido, hayáis bullido, hayan bullido |
| *Plup. Subj.* | hubiera bullido, hubieras bullido, hubiera bullido;<br>hubiéramos bullido, hubierais bullido, hubieran bullido |
| | hubiese bullido, hubieses bullido, hubiese bullido;<br>hubiésemos bullido, hubieseis bullido, hubiesen bullido |
| *Imperative* | —— bulle, bulla;<br>bullamos, bullid, bullan |

*to boil*

| | | |
|---|---|---|
| *Pres. Ind.* | me burlo, te burlas, se burla;<br>nos burlamos, os burláis, se burlan | *to make fun of,* |
| *Imp. Ind.* | me burlaba, te burlabas, se burlaba;<br>nos burlábamos, os burlabais, se burlaban | *poke fun at,* |
| *Pret. Ind.* | me burlé, te burlaste, se burló;<br>nos burlamos, os burlasteis, se burlaron | *ridicule* |
| *Fut. Ind.* | me burlaré, te burlarás, se burlará;<br>nos burlaremos, os burlaréis, se burlarán | |
| *Condit.* | me burlaría, te burlarías, se burlaría;<br>nos burlaríamos, os burlaríais, se burlarían | |
| *Pres. Subj.* | me burle, te burles, se burle;<br>nos burlemos, os burléis, se burlen | |
| *Imp. Subj.* | me burlara, te burlaras, se burlara;<br>nos burláramos, os burlarais, se burlaran | |
| | me burlase, te burlases, se burlase;<br>nos burlásemos, os burlaseis, se burlasen | |
| *Pres. Perf.* | me he burlado, te has burlado, se ha burlado;<br>nos hemos burlado, os habéis burlado, se han burlado | |
| *Pluperf.* | me había burlado, te habías burlado, se había burlado;<br>nos habíamos burlado, os habíais burlado, se habían burlado | |
| *Past Ant.* | me hube burlado, te hubiste burlado, se hubo burlado;<br>nos hubimos burlado, os hubisteis burlado, se hubieron burlado | |
| *Fut. Perf.* | me habré burlado, te habrás burlado, se habrá burlado;<br>nos habremos burlado, os habréis burlado, se habrán burlado | |
| *Cond.*<br>*Perf.* | me habría burlado, te habrías burlado, se habría burlado;<br>nos habríamos burlado, os habríais burlado, se habrían burlado | |
| *Pres. Perf.*<br>*Subj.* | me haya burlado, te hayas burlado, se haya burlado;<br>nos hayamos burlado, os hayáis burlado, se hayan burlado | |
| *Plup. Subj.* | me hubiera burlado, te hubieras burlado, se hubiera burlado;<br>nos hubiéramos burlado, os hubierais burlado, se hubieran burlado | |
| | me hubiese burlado, te hubieses burlado, se hubiese burlado;<br>nos hubiésemos burlado, os hubieseis burlado, se hubiesen burlado | |
| *Imperative* | —— búrlate, búrlese;<br>burlémonos, burlaos, búrlense | |

| | | |
|---|---|---|
| *Pres. Ind.* | busco, buscas, busca;<br>buscamos, buscáis, buscan | *to look for,* |
| *Imp. Ind.* | buscaba, buscabas, buscaba;<br>buscábamos, buscabais, buscaban | *seek* |
| *Pret. Ind.* | busqué, buscaste, buscó;<br>buscamos, buscasteis, buscaron | |
| *Fut. Ind.* | buscaré, buscarás, buscará;<br>buscaremos, buscaréis, buscarán | |
| *Condit.* | buscaría, buscarías, buscaría;<br>buscaríamos, buscaríais, buscarían | |
| *Pres. Subj.* | busque, busques, busque;<br>busquemos, busquéis, busquen | |
| *Imp. Subj.* | buscara, buscaras, buscara;<br>buscáramos, buscarais, buscaran | |
| | buscase, buscases, buscase;<br>buscásemos, buscaseis, buscasen | |
| *Pres. Perf.* | he buscado, has buscado, ha buscado;<br>hemos buscado, habéis buscado, han buscado | |
| *Pluperf.* | había buscado, habías buscado, había buscado;<br>habíamos buscado, habíais buscado, habían buscado | |
| *Past Ant.* | hube buscado, hubiste buscado, hubo buscado;<br>hubimos buscado, hubisteis buscado, hubieron buscado | |
| *Fut. Perf.* | habré buscado, habrás buscado, habrá buscado;<br>habremos buscado, habréis buscado, habrán buscado | |
| *Cond.*<br>*Perf.* | habría buscado, habrías buscado, habría buscado;<br>habríamos buscado, habríais buscado, habrían buscado | |
| *Pres. Perf.*<br>*Subj.* | haya buscado, hayas buscado, haya buscado;<br>hayamos buscado, hayáis buscado, hayan buscado | |
| *Plup. Subj.* | hubiera buscado, hubieras buscado, hubiera buscado;<br>hubiéramos buscado, hubierais buscado, hubieran buscado | |
| | hubiese buscado, hubieses buscado, hubiese buscado;<br>hubiésemos buscado, hubieseis buscado, hubiesen buscado | |
| *Imperative* | —— busca, busque;<br>busquemos, buscad, busquen | |

| | | |
|---|---|---|
| *Pres. Ind.* | quepo, cabes, cabe;<br>cabemos, cabéis, caben | *to be contained,* |
| *Imp. Ind.* | cabía, cabías, cabía;<br>cabíamos, cabíais, cabían | *fit into* |
| *Pret. Ind.* | cupe, cupiste, cupo;<br>cupimos, cupisteis, cupieron | |
| *Fut. Ind.* | cabré, cabrás, cabrá;<br>cabremos, cabréis, cabrán | |
| *Condit.* | cabría, cabrías, cabría;<br>cabríamos, cabríais, cabrían | |
| *Pres. Subj.* | quepa, quepas, quepa;<br>quepamos, quepáis, quepan | |
| *Imp. Subj.* | cupiera, cupieras, cupiera;<br>cupiéramos, cupierais, cupieran | |
| | cupiese, cupieses, cupiese;<br>cupiésemos, cupieseis, cupiesen | |
| *Pres. Perf.* | he cabido, has cabido, ha cabido;<br>hemos cabido, habéis cabido, han cabido | |
| *Pluperf.* | había cabido, habías cabido, había cabido;<br>habíamos cabido, habíais cabido, habían cabido | |
| *Past Ant.* | hube cabido, hubiste cabido, hubo cabido;<br>hubimos cabido, hubisteis cabido, hubieron cabido | |
| *Fut. Perf.* | habré cabido, habrás cabido, habrá cabido;<br>habremos cabido, habréis cabido, habrán cabido | |
| *Cond.*<br>*Perf.* | habría cabido, habrías cabido, habría cabido;<br>habríamos cabido, habríais cabido, habrían cabido | |
| *Pres. Perf.*<br>*Subj.* | haya cabido, hayas cabido, haya cabido;<br>hayamos cabido, hayáis cabido, hayan cabido | |
| *Plup. Subj.* | hubiera cabido, hubieras cabido, hubiera cabido;<br>hubiéramos cabido, hubierais cabido, hubieran cabido | |
| | hubiese cabido, hubieses cabido, hubiese cabido;<br>hubiésemos cabido, hubieseis cabido, hubiesen cabido | |
| *Imperative* | —— cabe, quepa;<br>quepamos, cabed, quepan | |

| | |
|---|---|
| *Pres. Ind.* | caigo, caes, cae; |
| | caemos, caéis, caen |

*to fall*

*Imp. Ind.* caía, caías, caía;
caíamos, caíais, caían

*Pret. Ind.* caí, caíste, cayó;
caímos, caísteis, cayeron

*Fut. Ind.* caeré, caerás, caerá;
caeremos, caeréis, caerán

*Condit.* caería, caerías, caería;
caeríamos, caeríais, caerían

*Pres. Subj.* caiga, caigas, caiga;
caigamos, caigáis, caigan

*Imp. Subj.* cayera, cayeras, cayera;
cayéramos, cayerais, cayeran

cayese, cayeses, cayese;
cayésemos, cayeseis, cayesen

*Pres. Perf.* he caído, has caído, ha caído;
hemos caído, habéis caído, han caído

*Pluperf.* había caído, habías caído, había caído;
habíamos caído, habíais caído, habían caído

*Past Ant.* hube caído, hubiste caído, hubo caído;
hubimos caído, hubisteis caído, hubieron caído

*Fut. Perf.* habré caído, habrás caído, habrá caído;
habremos caído, habréis caído, habrán caído

*Cond.* habría caído, habrías caído, habría caído;
*Perf.* habríamos caído, habríais caído, habrían caído

*Pres. Perf.* haya caído, hayas caído, haya caído;
*Subj.* hayamos caído, hayáis caído, hayan caído

*Plup. Subj.* hubiera caído, hubieras caído, hubiera caído;
hubiéramos caído, hubierais caído, hubieran caído

hubiese caído, hubieses caído, hubiese caído;
hubiésemos caído, hubieseis caído, hubiesen caído

*Imperative* —— cae, caiga;
caigamos, caed, caigan

31

| | | |
|---|---|---|
| *Pres. Ind.* | me callo, te callas, se calla;<br>nos callamos, os calláis, se callan | |
| *Imp. Ind.* | me callaba, te callabas, se callaba;<br>nos callábamos, os callabais, se callaban | *to be silent,*<br>*keep quiet* |
| *Pret. Ind.* | me callé, te callaste, se calló;<br>nos callamos, os callasteis, se callaron | |
| *Fut. Ind.* | me callaré, te callarás, se callará;<br>nos callaremos, os callaréis, se callarán | |
| *Condit.* | me callaría, te callarías, se callaría;<br>nos callaríamos, os callaríais, se callarían | |
| *Pres. Subj.* | me calle, te calles, se calle;<br>nos callemos, os calléis, se callen | |
| *Imp. Subj.* | me callara, te callaras, se callara;<br>nos calláramos, os callarais, se callaran | |
| | me callase, te callases, se callase;<br>nos callásemos, os callaseis, se callasen | |
| *Pres. Perf.* | me he callado, te has callado, se ha callado;<br>nos hemos callado, os habéis callado, se han callado | |
| *Pluperf.* | me había callado, te habías callado, se había callado;<br>nos habíamos callado, os habíais callado, se habían callado | |
| *Past Ant.* | me hube callado, te hubiste callado, se hubo callado;<br>nos hubimos callado, os hubisteis callado, se hubieron callado | |
| *Fut. Perf.* | me habré callado, te habrás callado, se habrá callado;<br>nos habremos callado, os habréis callado, se habrán callado | |
| *Cond.*<br>*Perf.* | me habría callado, te habrías callado, se habría callado;<br>nos habríamos callado, os habríais callado, se habrían callado | |
| *Pres. Perf.*<br>*Subj.* | me haya callado, te hayas callado, se haya callado;<br>nos hayamos callado, os hayáis callado, se hayan callado | |
| *Plup. Subj.* | me hubiera callado, te hubieras callado, se hubiera callado;<br>nos hubiéramos callado, os hubierais callado, se hubieran callado | |
| | me hubiese callado, te hubieses callado, se hubiese callado;<br>nos hubiésemos callado, os hubieseis callado, se hubiesen callado | |
| *Imperative* | —— cállate, cállese;<br>callémonos, callaos, cállense | |

| | |
|---|---|
| *Pres. Ind.* | cambio, cambias, cambia;<br>cambiamos, cambiáis, cambian |
| *Imp. Ind.* | cambiaba, cambiabas, cambiaba;<br>cambiábamos, cambiabais, cambiaban |
| *Pret. Ind.* | cambié, cambiaste, cambió;<br>cambiamos, cambiasteis, cambiaron |
| *Fut. Ind.* | cambiaré, cambiarás, cambiará;<br>cambiaremos, cambiaréis, cambiarán |
| *Condit.* | cambiaría, cambiarías, cambiaría;<br>cambiaríamos, cambiaríais, cambiarían |
| *Pres. Subj.* | cambie, cambies, cambie;<br>cambiemos, cambiéis, cambien |
| *Imp. Subj.* | cambiara, cambiaras, cambiara;<br>cambiáramos, cambiarais, cambiaran |
| | cambiase, cambiases, cambiase;<br>cambiásemos, cambiaseis, cambiasen |
| *Pres. Perf.* | he cambiado, has cambiado, ha cambiado;<br>hemos cambiado, habéis cambiado, han cambiado |
| *Pluperf.* | había cambiado, habías cambiado, había cambiado;<br>habíamos cambiado, habíais cambiado, habían cambiado |
| *Past Ant.* | hube cambiado, hubiste cambiado, hubo cambiado;<br>hubimos cambiado, hubisteis cambiado, hubieron cambiado |
| *Fut. Perf.* | habré cambiado, habrás cambiado, habrá cambiado;<br>habremos cambiado, habréis cambiado, habrán cambiado |
| *Cond.*<br>*Perf.* | habría cambiado, habrías cambiado, habría cambiado;<br>habríamos cambiado, habríais cambiado, habrían cambiado |
| *Pres. Perf.*<br>*Subj.* | haya cambiado, hayas cambiado, haya cambiado;<br>hayamos cambiado, hayáis cambiado, hayan cambiado |
| *Plup. Subj.* | hubiera cambiado, hubieras cambiado, hubiera cambiado;<br>hubiéramos cambiado, hubierais cambiado, hubieran cambiado |
| | hubiese cambiado, hubieses cambiado, hubiese cambiado;<br>hubiésemos cambiado, hubieseis cambiado, hubiesen cambiado |
| *Imperative* | —— cambia, cambie;<br>cambiemos, cambiad, cambien |

*to change*

| | |
|---|---|
| *Pres. Ind.* | cargo, cargas, carga;<br>cargamos, cargáis, cargan |
| *Imp. Ind.* | cargaba, cargabas, cargaba;<br>cargábamos, cargabais, cargaban |
| *Pret. Ind.* | cargué, cargaste, cargó;<br>cargamos, cargasteis, cargaron |
| *Fut. Ind.* | cargaré, cargarás, cargará;<br>cargaremos, cargaréis, cargarán |
| *Condit.* | cargaría, cargarías, cargaría;<br>cargaríamos, cargaríais, cargarían |
| *Pres. Subj.* | cargue, cargues, cargue;<br>carguemos, carguéis, carguen |
| *Imp. Subj.* | cargara, cargaras, cargara;<br>cargáramos, cargarais, cargaran |
| | cargase, cargases, cargase;<br>cargásemos, cargaseis, cargasen |
| *Pres. Perf.* | he cargado, has cargado, ha cargado;<br>hemos cargado, habéis cargado, han cargado |
| *Pluperf.* | había cargado, habías cargado, había cargado;<br>habíamos cargado, habíais cargado, habían cargado |
| *Past Ant.* | hube cargado, hubiste cargado, hubo cargado;<br>hubimos cargado, hubisteis cargado, hubieron cargado |
| *Fut. Perf.* | habré cargado, habrás cargado, habrá cargado;<br>habremos cargado, habréis cargado, habrán cargado |
| *Cond.*<br>*Perf.* | habría cargado, habrías cargado, habría cargado;<br>habríamos cargado, habríais cargado, habrían cargado |
| *Pres. Perf.*<br>*Subj.* | haya cargado, hayas cargado, haya cargado;<br>hayamos cargado, hayáis cargado, hayan cargado |
| *Plup. Subj.* | hubiera cargado, hubieras cargado, hubiera cargado;<br>hubiéramos cargado, hubierais cargado, hubieran cargado |
| | hubiese cargado, hubieses cargado, hubiese cargado;<br>hubiésemos cargado, hubieseis cargado, hubiesen cargado |
| *Imperative* | —— carga, cargue;<br>carguemos, cargad, carguen |

*to load,*
*burden*

| | | |
|---|---|---|
| *Pres. Ind.* | me caso, te casas, se casa;<br>nos casamos, os casáis, se casan | |
| *Imp. Ind.* | me casaba, te casabas, se casaba;<br>nos casábamos, os casabais, se casaban | |
| *Pret. Ind.* | me casé, te casaste, se casó;<br>nos casamos, os casasteis, se casaron | |
| *Fut. Ind.* | me casaré, te casarás, se casará;<br>nos casaremos, os casaréis, se casarán | |
| *Condit.* | me casaría, te casarías, se casaría;<br>nos casaríamos, os casaríais, se casarían | |
| *Pres. Subj.* | me case, te cases, se case;<br>nos casemos, os caséis, se casen | |
| *Imp. Subj.* | me casara, te casaras, se casara;<br>nos casáramos, os casarais, se casaran | |
| | me casase, te casases, se casase;<br>nos casásemos, os casaseis, se casasen | |

*to get married,*
*to marry*

| | |
|---|---|
| *Pres. Perf.* | me he casado, te has casado, se ha casado;<br>nos hemos casado, os habéis casado, se han casado |
| *Pluperf.* | me había casado, te habías casado, se había casado;<br>nos habíamos casado, os habíais casado, se habían casado |
| *Past Ant.* | me hube casado, te hubiste casado, se hubo casado;<br>nos hubimos casado, os hubisteis casado, se hubieron casado |
| *Fut. Perf.* | me habré casado, te habrás casado, se habrá casado;<br>nos habremos casado, os habréis casado, se habrán casado |
| *Cond. Perf.* | me habría casado, te habrías casado, se habría casado;<br>nos habríamos casado, os habríais casado, se habrían casado |
| *Pres. Perf. Subj.* | me haya casado, te hayas casado, se haya casado;<br>nos hayamos casado, os hayáis casado, se hayan casado |
| *Plup. Subj.* | me hubiera casado, te hubieras casado, se hubiera casado;<br>nos hubiéramos casado, os hubierais casado, se hubieran casado |
| | me hubiese casado, te hubieses casado, se hubiese casado;<br>nos hubiésemos casado, os hubieseis casado, se hubiesen casado |
| *Imperative* | ——— cásate, cásese;<br>casémonos, casaos, cásense |

| | | |
|---|---|---|
| *Pres. Ind.* | cierro, cierras, cierra;<br>cerramos, cerráis, cierran | *to close* |
| *Imp. Ind.* | cerraba, cerrabas, cerraba;<br>cerrábamos, cerrabais, cerraban | |
| *Pret. Ind.* | cerré, cerraste, cerró;<br>cerramos, cerrasteis, cerraron | |
| *Fut. Ind.* | cerraré, cerrarás, cerrará;<br>cerraremos, cerraréis, cerrarán | |
| *Condit.* | cerraría, cerrarías, cerraría;<br>cerraríamos, cerraríais, cerrarían | |
| *Pres. Subj.* | cierre, cierres, cierre;<br>cerremos, cerréis, cierren | |
| *Imp. Subj.* | cerrara, cerraras, cerrara;<br>cerráramos, cerrarais, cerraran | |
| | cerrase, cerrases, cerrase;<br>cerrásemos, cerraseis, cerrasen | |
| *Pres. Perf.* | he cerrado, has cerrado, ha cerrado;<br>hemos cerrado, habéis cerrado, han cerrado | |
| *Pluperf.* | había cerrado, habías cerrado, había cerrado;<br>habíamos cerrado, habíais cerrado, habían cerrado | |
| *Past Ant.* | hube cerrado, hubiste cerrado, hubo cerrado;<br>hubimos cerrado, hubisteis cerrado, hubieron cerrado | |
| *Fut. Perf.* | habré cerrado, habrás cerrado, habrá cerrado;<br>habremos cerrado, habréis cerrado, habrán cerrado | |
| *Cond.*<br>*Perf.* | habría cerrado, habrías cerrado, habría cerrado;<br>habríamos cerrado, habríais cerrado, habrían cerrado | |
| *Pres. Perf.*<br>*Subj.* | haya cerrado, hayas cerrado, haya cerrado;<br>hayamos cerrado, hayáis cerrado, hayan cerrado | |
| *Plup. Subj.* | hubiera cerrado, hubieras cerrado, hubiera cerrado;<br>hubiéramos cerrado, hubierais cerrado, hubieran cerrado | |
| | hubiese cerrado, hubieses cerrado, hubiese cerrado;<br>hubiésemos cerrado, hubieseis cerrado, hubiesen cerrado | |
| *Imperative* | —— cierra, cierre;<br>cerremos, cerrad, cierren | |

| | | |
|---|---|---|
| *Pres. Ind.* | cojo, coges, coge;<br>cogemos, cogéis, cogen | *to seize, take,* |
| *Imp. Ind.* | cogía, cogías, cogía;<br>cogíamos, cogíais, cogían | *grasp, grab, catch* |
| *Pret. Ind.* | cogí, cogiste, cogió;<br>cogimos, cogisteis, cogieron | |
| *Fut. Ind.* | cogeré, cogerás, cogerá;<br>cogeremos, cogeréis, cogerán | |
| *Condit.* | cogería, cogerías, cogería;<br>cogeríamos, cogeríais, cogerían | |
| *Pres. Subj.* | coja, cojas, coja;<br>cojamos, cojáis, cojan | |
| *Imp. Subj.* | cogiera, cogieras, cogiera;<br>cogiéramos, cogierais, cogieran | |
| | cogiese, cogieses, cogiese;<br>cogiésemos, cogieseis, cogiesen | |
| *Pres. Perf.* | he cogido, has cogido, ha cogido;<br>hemos cogido, habéis cogido, han cogido | |
| *Pluperf.* | había cogido, habías cogido, había cogido;<br>habíamos cogido, habíais cogido, habían cogido | |
| *Past Ant.* | hube cogido, hubiste cogido, hubo cogido;<br>hubimos cogido, hubisteis cogido, hubieron cogido | |
| *Fut. Perf.* | habré cogido, habrás cogido, habrá cogido;<br>habremos cogido, habréis cogido, habrán cogido | |
| *Cond.*<br>*Perf.* | habría cogido, habrías cogido, habría cogido;<br>habríamos cogido, habríais cogido, habrían cogido | |
| *Pres. Perf.*<br>*Subj.* | haya cogido, hayas cogido, haya cogido;<br>hayamos cogido, hayáis cogido, hayan cogido | |
| *Plup. Subj.* | hubiera cogido, hubieras cogido, hubiera cogido;<br>hubiéramos cogido, hubierais cogido, hubieran cogido | |
| | hubiese cogido, hubieses cogido, hubiese cogido;<br>hubiésemos cogido, hubieseis cogido, hubiesen cogido | |
| *Imperative* | —— coge, coja;<br>cojamos, coged, cojan | |

| | |
|---|---|
| *Pres. Ind.* | colijo, coliges, colige; colegimos, colegís, coligen |
| *Imp. Ind.* | colegía, colegías, colegía; colegíamos, colegíais, colegían |
| *Pret. Ind.* | colegí, colegiste, coligió; colegimos, colegisteis, coligieron |
| *Fut. Ind.* | colegiré, colegirás, colegirá; colegiremos, colegiréis, colegirán |
| *Condit.* | colegiría, colegirías, colegiría; colegiríamos, colegiríais, colegirían |
| *Pres. Subj.* | colija, colijas, colija; colijamos, colijáis, colijan |
| *Imp. Subj.* | coligiera, coligieras, coligiera; coligiéramos, coligierais, coligieran |
| | coligiese, coligieses, coligiese; coligiésemos, coligieseis, coligiesen |
| *Pres. Perf.* | he colegido, has colegido, ha colegido; hemos colegido, habéis colegido, han colegido |
| *Pluperf.* | había colegido, habías colegido, había colegido; habíamos colegido, habíais colegido, habían colegido |
| *Past Ant.* | hube colegido, hubiste colegido, hubo colegido; hubimos colegido, hubisteis colegido, hubieron colegido |
| *Fut. Perf.* | habré colegido, habrás colegido, habrá colegido; habremos colegido, habréis colegido, habrán colegido |
| *Cond. Perf.* | habría colegido, habrías colegido, habría colegido; habríamos colegido, habríais colegido, habrían colegido |
| *Pres. Perf. Subj.* | haya colegido, hayas colegido, haya colegido; hayamos colegido, hayáis colegido, hayan colegido |
| *Plup. Subj.* | hubiera colegido, hubieras colegido, hubiera colegido; hubiéramos colegido, hubierais colegido, hubieran colegido |
| | hubiese colegido, hubieses colegido, hubiese colegido; hubiésemos colegido, hubieseis colegido, hubiesen colegido |
| *Imperative* | —— colige, colija; colijamos, colegid, colijan |

*to collect*

| | | |
|---|---|---|
| *Pres. Ind.* | cuelgo, cuelgas, cuelga;<br>colgamos, colgáis, cuelgan | *to hang (up)* |
| *Imp. Ind.* | colgaba, colgabas, colgaba;<br>colgábamos, colgabais, colgaban | |
| *Pret. Ind.* | colgué, colgaste, colgó;<br>colgamos, colgasteis, colgaron | |
| *Fut. Ind.* | colgaré, colgarás, colgará;<br>colgaremos, colgaréis, colgarán | |
| *Condit.* | colgaría, colgarías, colgaría;<br>colgaríamos, colgaríais, colgarían | |
| *Pres. Subj.* | cuelgue, cuelgues, cuelgue;<br>colguemos, colguéis, cuelguen | |
| *Imp. Subj.* | colgara, colgaras, colgara;<br>colgáramos, colgarais, colgaran | |
| | colgase, colgases, colgase;<br>colgásemos, colgaseis, colgasen | |
| *Pres. Perf.* | he colgado, has colgado, ha colgado;<br>hemos colgado, habéis colgado, han colgado | |
| *Pluperf.* | había colgado, habías colgado, había colgado;<br>habíamos colgado, habíais colgado, habían colgado | |
| *Past Ant.* | hube colgado, hubiste colgado, hubo colgado;<br>hubimos colgado, hubisteis colgado, hubieron colgado | |
| *Fut. Perf.* | habré colgado, habrás colgado, habrá colgado;<br>habremos colgado, habréis colgado, habrán colgado | |
| *Cond.*<br>*Perf.* | habría colgado, habrías colgado, habría colgado;<br>habríamos colgado, habríais colgado, habrían colgado | |
| *Pres. Perf.*<br>*Subj.* | haya colgado, hayas colgado, haya colgado;<br>hayamos colgado, hayáis colgado, hayan colgado | |
| *Plup. Subj.* | hubiera colgado, hubieras colgado, hubiera colgado;<br>hubiéramos colgado, hubierais colgado, hubieran colgado | |
| | hubiese colgado, hubieses colgado, hubiese colgado;<br>hubiésemos colgado, hubieseis colgado, hubiesen colgado | |
| *Imperative* | —— cuelga, cuelgue;<br>colguemos, colgad, cuelguen | |

| | |
|---|---|
| *Pres. Ind.* | coloco, colocas, coloca;<br>colocamos, colocáis, colocan |
| *Imp. Ind.* | colocaba, colocabas, colocaba;<br>colocábamos, colocabais, colocaban |
| *Pret. Ind.* | coloqué, colocaste, colocó;<br>colocamos, colocasteis, colocaron |
| *Fut. Ind.* | colocaré, colocarás, colocará;<br>colocaremos, colocaréis, colocarán |
| *Condit.* | colocaría, colocarías, colocaría;<br>colocaríamos, colocaríais, colocarían |
| *Pres. Subj.* | coloque, coloques, coloque;<br>coloquemos, coloquéis, coloquen |
| *Imp. Subj.* | colocara, colocaras, colocara;<br>colocáramos, colocarais, colocaran |
| | colocase, colocases, colocase;<br>colocásemos, colocaseis, colocasen |
| *Pres. Perf.* | he colocado, has colocado, ha colocado;<br>hemos colocado, habéis colocado, han colocado |
| *Pluperf.* | había colocado, habías colocado, había colocado;<br>habíamos colocado, habíais colocado, habían colocado |
| *Past Ant.* | hube colocado, hubiste colocado, hubo colocado;<br>hubimos colocado, hubisteis colocado, hubieron colocado |
| *Fut. Perf.* | habré colocado, habrás colocado, habrá colocado;<br>habremos colocado, habréis colocado, habrán colocado |
| *Cond.*<br>*Perf.* | habría colocado, habrías colocado, habría colocado;<br>habríamos colocado, habríais colocado, habrían colocado |
| *Pres. Perf.*<br>*Subj.* | haya colocado, hayas colocado, haya colocado;<br>hayamos colocado, hayáis colocado, hayan colocado |
| *Plup. Subj.* | hubiera colocado, hubieras colocado, hubiera colocado;<br>hubiéramos colocado, hubierais colocado, hubieran colocado |
| | hubiese colocado, hubieses colocado, hubiese colocado;<br>hubiésemos colocado, hubieseis colocado, hubiesen colocado |
| *Imperative* | —— coloca, coloque;<br>coloquemos, colocad, coloquen |

*to put,*
*place*

| | |
|---|---|
| *Pres. Ind.* | comienzo, comienzas, comienza; |
| | comenzamos, comenzáis, comienzan |
| *Imp. Ind.* | comenzaba, comenzabas, comenzaba; |
| | comenzábamos, comenzabais, comenzaban |
| *Pret. Ind.* | comencé, comenzaste, comenzó; |
| | comenzamos, comenzasteis, comenzaron |
| *Fut. Ind.* | comenzaré, comenzarás, comenzará; |
| | comenzaremos, comenzaréis, comenzarán |
| *Condit.* | comenzaría, comenzarías, comenzaría; |
| | comenzaríamos, comenzaríais, comenzarían |
| *Pres. Subj.* | comience, comiences, comience; |
| | comencemos, comencéis, comiencen |
| *Imp. Subj.* | comenzara, comenzaras, comenzara; |
| | comenzáramos, comenzarais, comenzaran |
| | comenzase, comenzases, comenzase; |
| | comenzásemos, comenzaseis, comenzasen |
| *Pres. Perf.* | he comenzado, has comenzado, ha comenzado; |
| | hemos comenzado, habéis comenzado, han comenzado |
| *Pluperf.* | había comenzado, habías comenzado, había comenzado; |
| | habíamos comenzado, habíais comenzado, habían comenzado |
| *Past Ant.* | hube comenzado, hubiste comenzado, hubo comenzado; |
| | hubimos comenzado, hubisteis comenzado, hubieron comenzado |
| *Fut. Perf.* | habré comenzado, habrás comenzado, habrá comenzado; |
| | habremos comenzado, habréis comenzado, habrán comenzado |
| *Cond. Perf.* | habría comenzado, habrías comenzado, habría comenzado; |
| | habríamos comenzado, habríais comenzado, habrían comenzado |
| *Pres. Perf. Subj.* | haya comenzado, hayas comenzado, haya comenzado; |
| | hayamos comenzado, hayáis comenzado, hayan comenzado |
| *Plup. Subj.* | hubiera comenzado, hubieras comenzado, hubiera comenzado; |
| | hubiéramos comenzado, hubierais comenzado, hubieran comenzado |
| | hubiese comenzado, hubieses comenzado, hubiese comenzado; |
| | hubiésemos comenzado, hubieseis comenzado, hubiesen comenzado |
| *Imperative* | —— comienza, comience; |
| | comencemos, comenzad, comiencen |

*to begin,*
*start,*
*commence*

**41**

| | | |
|---|---|---|
| *Pres. Ind.* | como, comes, come;<br>comemos, coméis, comen | *to eat* |
| *Imp. Ind.* | comía, comías, comía;<br>comíamos, comíais, comían | |
| *Pret. Ind.* | comí, comiste, comió;<br>comimos, comisteis, comieron | |
| *Fut. Ind.* | comeré, comerás, comerá;<br>comeremos, comeréis, comerán | |
| *Condit.* | comería, comerías, comería;<br>comeríamos, comeríais, comerían | |
| *Pres. Subj.* | coma, comas, coma;<br>comamos, comáis, coman | |
| *Imp. Subj.* | comiera, comieras, comiera;<br>comiéramos, comierais, comieran | |
| | comiese, comieses, comiese;<br>comiésemos, comieseis, comiesen | |
| *Pres. Perf.* | he comido, has comido, ha comido;<br>hemos comido, habéis comido, han comido | |
| *Pluperf.* | había comido, habías comido, había comido;<br>habíamos comido, habíais comido, habían comido | |
| *Past Ant.* | hube comido, hubiste comido, hubo comido;<br>hubimos comido, hubisteis comido, hubieron comido | |
| *Fut. Perf.* | habré comido, habrás comido, habrá comido;<br>habremos comido, habréis comido, habrán comido | |
| *Cond.*<br>*Perf.* | habría comido, habrías comido, habría comido;<br>habríamos comido, habríais comido, habrían comido | |
| *Pres. Perf.*<br>*Subj.* | haya comido, hayas comido, haya comido;<br>hayamos comido, hayáis comido, hayan comido | |
| *Plup. Subj.* | hubiera comido, hubieras comido, hubiera comido;<br>hubiéramos comido, hubierais comido, hubieran comido | |
| | hubiese comido, hubieses comido, hubiese comido;<br>hubiésemos comido, hubieseis comido, hubiesen comido | |
| *Imperative* | —— come, coma;<br>comamos, comed, coman | |

**componer**

| | |
|---|---|
| *Pres. Ind.* | compongo, compones, compone;<br>componemos, componéis, componen |
| *Imp. Ind.* | componía, componías, componía;<br>componíamos, componíais, componían |
| *Pret. Ind.* | compuse, compusiste, compuso;<br>compusimos, compusisteis, compusieron |
| *Fut. Ind.* | compondré, compondrás, compondrá;<br>compondremos, compondréis, compondrán |
| *Condit.* | compondría, compondrías, compondría;<br>compondríamos, compondríais, compondrían |
| *Pres. Subj.* | componga, compongas, componga;<br>compongamos, compongáis, compongan |
| *Imp. Subj.* | compusiera, compusieras, compusiera;<br>compusiéramos, compusierais, compusieran |
| | compusiese, compusieses, compusiese;<br>compusiésemos, compusieseis, compusiesen |
| *Pres. Perf.* | he compuesto, has compuesto, ha compuesto;<br>hemos compuesto, habéis compuesto, han compuesto |
| *Pluperf.* | había compuesto, habías compuesto, había compuesto;<br>habíamos compuesto, habíais compuesto, habían compuesto |
| *Past Ant.* | hube compuesto, hubiste compuesto, hubo compuesto;<br>hubimos compuesto, hubisteis compuesto, hubieron compuesto |
| *Fut. Perf.* | habré compuesto, habrás compuesto, habrá compuesto;<br>habremos compuesto, habréis compuesto, habrán compuesto |
| *Cond.*<br>*Perf.* | habría compuesto, habrías compuesto, habría compuesto;<br>habríamos compuesto, habríais compuesto, habrían compuesto |
| *Pres. Perf.*<br>*Subj.* | haya compuesto, hayas compuesto, haya compuesto;<br>hayamos compuesto, hayáis compuesto, hayan compuesto |
| *Plup. Subj.* | hubiera compuesto, hubieras compuesto, hubiera compuesto;<br>hubiéramos compuesto, hubierais compuesto, hubieran compuesto |
| | hubiese compuesto, hubieses compuesto, hubiese compuesto;<br>hubiésemos compuesto, hubieseis compuesto, hubiesen compuesto |
| *Imperative* | —— compón, componga;<br>compongamos, componed, compongan |

*to compose*

**43**

| | | |
|---|---|---|
| *Pres. Ind.* | compro, compras, compra;<br>compramos, compráis, compran | *to buy,* |
| *Imp. Ind.* | compraba, comprabas, compraba;<br>comprábamos, comprabais, compraban | *to purchase* |
| *Pret. Ind.* | compré, compraste, compró;<br>compramos, comprasteis, compraron | |
| *Fut. Ind.* | compraré, comprarás, comprará;<br>compraremos, compraréis, comprarán | |
| *Condit.* | compraría, comprarías, compraría;<br>compraríamos, compraríais, comprarían | |
| *Pres. Subj.* | compre, compres, compre;<br>compremos, compréis, compren | |
| *Imp. Subj.* | comprara, compraras, comprara;<br>compráramos, comprarais, compraran | |
| | comprase, comprases, comprase;<br>comprásemos, compraseis, comprasen | |
| *Pres. Perf.* | he comprado, has comprado, ha comprado;<br>hemos comprado, habéis comprado, han comprado | |
| *Pluperf.* | había comprado, habías comprado, había comprado;<br>habíamos comprado, habíais comprado, habían comprado | |
| *Past Ant.* | hube comprado, hubiste comprado, hubo comprado;<br>hubimos comprado, hubisteis comprado, hubieron comprado | |
| *Fut. Perf.* | habré comprado, habrás comprado, habrá comprado;<br>habremos comprado, habréis comprado, habrán comprado | |
| *Cond.*<br>*Perf.* | habría comprado, habrías comprado, habría comprado;<br>habríamos comprado, habríais comprado, habrían comprado | |
| *Pres. Perf.*<br>*Subj.* | haya comprado, hayas comprado, haya comprado;<br>hayamos comprado, hayáis comprado, hayan comprado | |
| *Plup. Subj.* | hubiera comprado, hubieras comprado, hubiera comprado;<br>hubiéramos comprado, hubierais comprado, hubieran comprado | |
| | hubiese comprado, hubieses comprado, hubiese comprado;<br>hubiésemos comprado, hubieseis comprado, hubiesen comprado | |
| *Imperative* | —— compra, compre;<br>compremos, comprad, compren | |

| | | |
|---|---|---|
| *Pres. Ind.* | comprendo, comprendes, comprende; comprendemos, comprendéis, comprenden | *to understand* |
| *Imp. Ind.* | comprendía, comprendías, comprendía; comprendíamos, comprendíais, comprendían | |
| *Pret. Ind.* | comprendí, comprendiste, comprendió; comprendimos, comprendisteis, comprendieron | |
| *Fut. Ind.* | comprenderé, comprenderás, comprenderá; comprenderemos, comprenderéis, comprenderán | |
| *Condit.* | comprendería, comprenderías, comprendería; comprenderíamos, comprenderíais, comprenderían | |
| *Pres. Subj.* | comprenda, comprendas, comprenda; comprendamos, comprendáis, comprendan | |
| *Imp. Subj.* | comprendiera, comprendieras, comprendiera; comprendiéramos, comprendierais, comprendieran | |
| | comprendiese, comprendieses, comprendiese; comprendiésemos, comprendieseis, comprendiesen | |
| *Pres. Perf.* | he comprendido, has comprendido, ha comprendido; hemos comprendido, habéis comprendido, han comprendido | |
| *Pluperf.* | había comprendido, habías comprendido, había comprendido; habíamos comprendido, habíais comprendido, habían comprendido | |
| *Past Ant.* | hube comprendido, hubiste comprendido, hubo comprendido; hubimos comprendido, hubisteis comprendido, hubieron comprendido | |
| *Fut. Perf.* | habré comprendido, habrás comprendido, habrá comprendido; habremos comprendido, habréis comprendido, habrán comprendido | |
| *Cond. Perf.* | habría comprendido, habrías comprendido, habría comprendido; habríamos comprendido, habríais comprendido, habrían comprendido | |
| *Pres. Perf. Subj.* | haya comprendido, hayas comprendido, haya comprendido; hayamos comprendido, hayáis comprendido, hayan comprendido | |
| *Plup. Subj.* | hubiera comprendido, hubieras comprendido, hubiera comprendido; hubiéramos comprendido, hubierais comprendido, hubieran comprendido | |
| | hubiese comprendido, hubieses comprendido, hubiese comprendido; hubiésemos comprendido, hubieseis comprendido, hubiesen comprendido | |
| *Imperative* | —— comprende, comprenda; comprendamos, comprended, comprendan- | |

| | | |
|---|---|---|
| *Pres. Ind.* | conduzco, conduces, conduce;<br>conducimos, conducís, conducen | *to lead,* |
| *Imp. Ind.* | conducía, conducías, conducía;<br>conducíamos, conducíais, conducían | *conduct* |
| *Pret. Ind.* | conduje, condujiste, condujo;<br>condujimos, condujisteis, condujeron | |
| *Fut. Ind.* | conduciré, conducirás, conducirá;<br>conduciremos, conduciréis, conducirán | |
| *Condit.* | conduciría, conducirías, conduciría;<br>conduciríamos, conduciríais, conducirían | |
| *Pres. Subj.* | conduzca, conduzcas, conduzca;<br>conduzcamos, conduzcáis, conduzcan | |
| *Imp. Subj.* | condujera, condujeras, condujera;<br>condujéramos, condujerais, condujeran | |
| | condujese, condujeses, condujese;<br>condujésemos, condujeseis, condujesen | |
| *Pres. Perf.* | he conducido, has conducido, ha conducido;<br>hemos conducido, habéis conducido, han conducido | |
| *Pluperf.* | había conducido, habías conducido, había conducido;<br>habíamos conducido, habíais conducido, habían conducido | |
| *Past Ant.* | hube conducido, hubiste conducido, hubo conducido;<br>hubimos conducido, hubisteis conducido, hubieron conducido | |
| *Fut. Perf.* | habré conducido, habrás conducido, habrá conducido;<br>habremos conducido, habréis conducido, habrán conducido | |
| *Cond.*<br>*Perf.* | habría conducido, habrías conducido, habría conducido;<br>habríamos conducido, habríais conducido, habrían conducido | |
| *Pres. Perf.*<br>*Subj.* | haya conducido, hayas conducido, haya conducido;<br>hayamos conducido, hayáis conducido, hayan conducido | |
| *Plup. Subj.* | hubiera conducido, hubieras conducido, hubiera conducido;<br>hubiéramos conducido, hubierais conducido, hubieran conducido | |
| | hubiese conducido, hubieses conducido, hubiese conducido;<br>hubiésemos conducido, hubieseis conducido, hubiesen conducido | |
| *Imperative* | —— conduce, conduzca;<br>conduzcamos, conducid, conduzcan | |

| | | |
|---|---|---|
| *Pres. Ind.* | confieso, confiesas, confiesa;<br>confesamos, confesáis, confiesan | *to confess* |
| *Imp. Ind.* | confesaba, confesabas, confesaba;<br>confesábamos, confesabais, confesaban | |
| *Pret. Ind.* | confesé, confesaste, confesó;<br>confesamos, confesasteis, confesaron | |
| *Fut. Ind.* | confesaré, confesarás, confesará;<br>confesaremos, confesaréis, confesarán | |
| *Condit.* | confesaría, confesarías, confesaría;<br>confesaríamos, confesaríais, confesarían | |
| *Pres. Subj.* | confiese, confieses, confiese;<br>confesemos, confeséis, confiesen | |
| *Imp. Subj.* | confesara, confesaras, confesara;<br>confesáramos, confesarais, confesaran | |
| | confesase, confesases, confesase;<br>confesásemos, confesaseis, confesasen | |
| *Pres. Perf.* | he confesado, has confesado, ha confesado;<br>hemos confesado, habéis confesado, han confesado | |
| *Pluperf.* | había confesado, habías confesado, había confesado;<br>habíamos confesado, habíais confesado, habían confesado | |
| *Past Ant.* | hube confesado, hubiste confesado, hubo confesado;<br>hubimos confesado, hubisteis confesado, hubieron confesado | |
| *Fut. Perf.* | habré confesado, habrás confesado, habrá confesado;<br>habremos confesado, habréis confesado, habrán confesado | |
| *Cond. Perf.* | habría confesado, habrías confesado, habría confesado;<br>habríamos confesado, habríais confesado, habrían confesado | |
| *Pres. Perf. Subj.* | haya confesado, hayas confesado, haya confesado;<br>hayamos confesado, hayáis confesado, hayan confesado | |
| *Plup. Subj.* | hubiera confesado, hubieras confesado, hubiera confesado;<br>hubiéramos confesado, hubierais confesado, hubieran confesado | |
| | hubiese confesado, hubieses confesado, hubiese confesado;<br>hubiésemos confesado, hubieseis confesado, hubiesen confesado | |
| *Imperative* | —— confiesa, confiese;<br>confesemos, confesad, confiesen | |

47

| | | |
|---|---|---|
| *Pres. Ind.* | cono<u>zc</u>o, conoces, conoce;<br>conocemos, conocéis, conocen | *to know,* |
| *Imp. Ind.* | conocía, conocías, conocía;<br>conocíamos, conocíais, conocían | *be acquainted with* |
| *Pret. Ind.* | conocí, conociste, conoció;<br>conocimos, conocisteis, conocieron | |
| *Fut. Ind.* | conoceré, conocerás, conocerá;<br>conoceremos, conoceréis, conocerán | |
| *Condit.* | conocería, conocerías, conocería;<br>conoceríamos, conoceríais, conocerían | |
| *Pres. Subj.* | conozca, conozcas, conozca;<br>conozcamos, conozcáis, conozcan | |
| *Imp. Subj.* | conociera, conocieras, conociera;<br>conociéramos, conocierais, conocieran | |
| | conociese, conocieses, conociese;<br>conociésemos, conocieseis, conociesen | |
| *Pres. Perf.* | he conocido, has conocido, ha conocido;<br>hemos conocido, habéis conocido, han conocido | |
| *Pluperf.* | había conocido, habías conocido, había conocido;<br>habíamos conocido, habíais conocido, habían conocido | |
| *Past Ant.* | hube conocido, hubiste conocido, hubo conocido;<br>hubimos conocido, hubisteis conocido, hubieron conocido | |
| *Fut. Perf.* | habré conocido, habrás conocido, habrá conocido;<br>habremos conocido, habréis conocido, habrán conocido | |
| *Cond.*<br>*Perf.* | habría conocido, habrías conocido, habría conocido;<br>habríamos conocido, habríais conocido, habrían conocido | |
| *Pres. Perf.*<br>*Subj.* | haya conocido, hayas conocido, haya conocido;<br>hayamos conocido, hayáis conocido, hayan conocido | |
| *Plup. Subj.* | hubiera conocido, hubieras conocido, hubiera conocido;<br>hubiéramos conocido, hubierais conocido, hubieran conocido | |
| | hubiese conocido, hubieses conocido, hubiese conocido;<br>hubiésemos conocido, hubieseis conocido, hubiesen conocido | |
| *Imperative* | —— conoce, conozca;<br>conozcamos, conoced, conozcan | |

| | | |
|---|---|---|
| *Pres. Ind.* | consigo, consigues, consigue;<br>conseguimos, conseguís, consiguen | *to attain,* |
| *Imp. Ind.* | conseguía, conseguías, conseguía;<br>conseguíamos, conseguíais, conseguían | *get, obtain* |
| *Pret. Ind.* | conseguí, conseguiste, consiguió;<br>conseguimos, conseguisteis, consiguieron | |
| *Fut. Ind.* | conseguiré, conseguirás, conseguirá;<br>conseguiremos, conseguiréis, conseguirán | |
| *Condit.* | conseguiría, conseguirías, conseguiría;<br>conseguiríamos, conseguiríais, conseguirían | |
| *Pres. Subj.* | consiga, consigas, consiga;<br>consigamos, consigáis, consigan | |
| *Imp. Subj.* | consiguiera, consiguieras, consiguiera;<br>consiguiéramos, consiguierais, consiguieran | |
| | consiguiese, consiguieses, consiguiese;<br>consiguiésemos, consiguieseis, consiguiesen | |
| *Pres. Perf.* | he conseguido, has conseguido, ha conseguido;<br>hemos conseguido, habéis conseguido, han conseguido | |
| *Pluperf.* | había conseguido, habías conseguido, había conseguido;<br>habíamos conseguido, habíais conseguido, habían conseguido | |
| *Past Ant.* | hube conseguido, hubiste conseguido, hubo conseguido;<br>hubimos conseguido, hubisteis conseguido, hubieron conseguido | |
| *Fut. Perf.* | habré conseguido, habrás conseguido, habrá conseguido;<br>habremos conseguido, habréis conseguido, habrán conseguido | |
| *Cond.*<br>*Perf.* | habría conseguido, habrías conseguido, habría conseguido;<br>habríamos conseguido, habríais conseguido, habrían conseguido | |
| *Pres. Perf.*<br>*Subj.* | haya conseguido, hayas conseguido, haya conseguido;<br>hayamos conseguido, hayáis conseguido, hayan conseguido | |
| *Plup. Subj.* | hubiera conseguido, hubieras conseguido, hubiera conseguido;<br>hubiéramos conseguido, hubierais conseguido, hubieran conseguido | |
| | hubiese conseguido, hubieses conseguido, hubiese conseguido;<br>hubiésemos conseguido, hubieseis conseguido, hubiesen conseguido | |
| *Imperative* | —— consigue, consiga;<br>consigamos, conseguid, consigan | |

| | | |
|---|---|---|
| *Pres. Ind.* | constituyo, constituyes, constituye; constituimos, constituís, constituyen | *to constitute,* |
| *Imp. Ind.* | constituía, constituías, constituía; constituíamos, constituíais, constituían | *to make up* |
| *Pret. Ind.* | constituí, constituiste, constituyó; constituimos, constituisteis, constituyeron | |
| *Fut. Ind.* | constituiré, constituirás, constituirá; constituiremos, constituiréis, constituirán | |
| *Condit.* | constituiría, constituirías, constituiría; constituiríamos, constituiríais, constituirían | |
| *Pres. Subj.* | constituya, constituyas, constituya; constituyamos, constituyáis, constituyan | |
| *Imp. Subj.* | constituyera, constituyeras, constituyera; constituyéramos, constituyerais, constituyeran | |
| | constituyese, constituyeses, constituyese; constituyésemos, constituyeseis, constituyesen | |
| *Pres. Perf.* | he constituido, has constituido, ha constituido; hemos constituido, habéis constituido, han constituido | |
| *Pluperf.* | había constituido, habías constituido, había constituido; habíamos constituido, habíais constituido, habían constituido | |
| *Past Ant.* | hube constituido, hubiste constituido, hubo constituido; hubimos constituido, hubisteis constituido, hubieron constituido | |
| *Fut. Perf.* | habré constituido, habrás constituido, habrá constituido; habremos constituido, habréis constituido, habrán constituido | |
| *Cond. Perf.* | habría constituido, habrías constituido, habría constituido; habríamos constituido, habríais constituido, habrían constituido | |
| *Pres. Perf. Subj.* | haya constituido, hayas constituido, haya constituido; hayamos constituido, hayáis constituido, hayan constituido | |
| *Plup. Subj.* | hubiera constituido, hubieras constituido, hubiera constituido; hubiéramos constituido, hubierais constituido, hubieran constituido | |
| | hubiese constituido, hubieses constituido, hubiese constituido; hubiésemos constituido, hubieseis constituido, hubiesen constituido | |
| *Imperative* | —— constituye, constituya; constituyamos, constituid, constituyan | |

| | |
|---|---|
| *Pres. Ind.* | construyo, construyes, construye;<br>construimos, construís, construyen |
| *Imp. Ind.* | construía, construías, construía;<br>construíamos, construíais, construían |
| *Pret. Ind.* | construí, construiste, construyó;<br>construimos, construisteis, construyeron |
| *Fut. Ind.* | construiré, construirás, construirá;<br>construiremos, construiréis, construirán |
| *Condit.* | construiría, construirías, construiría;<br>construiríamos, construiríais, construirían |
| *Pres. Subj.* | construya, construyas, construya;<br>construyamos, construyáis, construyan |
| *Imp. Subj.* | construyera, construyeras, construyera;<br>construyéramos, construyerais, construyeran |
| | construyese, construyeses, construyese;<br>construyésemos, construyeseis, construyesen |
| *Pres. Perf.* | he construido, has construido, ha construido;<br>hemos construido, habéis construido, han construido |
| *Pluperf.* | había construido, habías construido, había construido;<br>habíamos construido, habíais construido, habían construido |
| *Past Ant.* | hube construido, hubiste construido, hubo construido;<br>hubimos construido, hubisteis construido, hubieron construido |
| *Fut. Perf.* | habré construido, habrás construido, habrá construido;<br>habremos construido, habréis construido, habrán construido |
| *Cond.*<br>*Perf.* | habría construido, habrías construido, habría construido;<br>habríamos construido, habríais construido, habrían construido |
| *Pres. Perf.*<br>*Subj.* | haya construido, hayas construido, haya construido;<br>hayamos construido, hayáis construido, hayan construido |
| *Plup. Subj.* | hubiera construido, hubieras construido, hubiera construido;<br>hubiéramos construido, hubierais construido, hubieran construido |
| | hubiese construido, hubieses construido, hubiese construido;<br>hubiésemos construido, hubieseis construido, hubiesen construido |
| *Imperative* | —— construye, construya;<br>construyamos, construid, construyan |

*to construct,*
*build*

| | | |
|---|---|---|
| *Pres. Ind.* | cuento, cuentas, cuenta;<br>contamos, contáis, cuentan | *to count,* |
| *Imp. Ind.* | contaba, contabas, contaba;<br>contábamos, contabais, contaban | *relate, tell* |
| *Pret. Ind.* | conté, contaste, contó;<br>contamos, contasteis, contaron | |
| *Fut. Ind.* | contaré, contarás, contará;<br>contaremos, contaréis, contarán | |
| *Condit.* | contaría, contarías, contaría;<br>contaríamos, contaríais, contarían | |
| *Pres. Subj.* | cuente, cuentes, cuente;<br>contemos, contéis, cuenten | |
| *Imp. Subj.* | contara, contaras, contara;<br>contáramos, contarais, contaran | |
| | contase, contases, contase;<br>contásemos, contaseis, contasen | |
| *Pres. Perf.* | he contado, has contado, ha contado;<br>hemos contado, habéis contado, han contado | |
| *Pluperf.* | había contado, habías contado, había contado;<br>habíamos contado, habíais contado, habían contado | |
| *Past Ant.* | hube contado, hubiste contado, hubo contado;<br>hubimos contado, hubisteis contado, hubieron contado | |
| *Fut. Perf.* | habré contado, habrás contado, habrá contado;<br>habremos contado, habréis contado, habrán contado | |
| *Cond.*<br>*Perf.* | habría contado, habrías contado, habría contado;<br>habríamos contado, habríais contado, habrían contado | |
| *Pres. Perf.*<br>*Subj.* | haya contado, hayas contado, haya contado;<br>hayamos contado, hayáis contado, hayan contado | |
| *Plup. Subj.* | hubiera contado, hubieras contado, hubiera contado;<br>hubiéramos contado, hubierais contado, hubieran contado | |
| | hubiese contado, hubieses contado, hubiese contado;<br>hubiésemos contado, hubieseis contado, hubiesen contado | |
| *Imperative* | —— cuenta, cuente;<br>contemos, contad, cuenten | |

| | | |
|---|---|---|
| *Pres. Ind.* | contengo, contienes, contiene;<br>contenemos, contenéis, contienen | *to contain,* |
| *Imp. Ind.* | contenía, contenías, contenía;<br>conteníamos, conteníais, contenían | *hold* |
| *Pret. Ind.* | contuve, contuviste, contuvo;<br>contuvimos, contuvisteis, contuvieron | |
| *Fut. Ind.* | contendré, contendrás, contendrá;<br>contendremos, contendréis, contendrán | |
| *Condit.* | contendría, contendrías, contendría;<br>contendríamos, contendríais, contendrían | |
| *Pres. Subj.* | contenga, contengas, contenga;<br>contengamos, contengáis, contengan | |
| *Imp. Subj.* | contuviera, contuvieras, contuviera;<br>contuviéramos, contuvierais, contuvieran | |
| | contuviese, contuvieses, contuviese;<br>contuviésemos, contuvieseis, contuviesen | |
| *Pres. Perf.* | he contenido, has contenido, ha contenido;<br>hemos contenido, habéis contenido, han contenido | |
| *Pluperf.* | había contenido, habías contenido, había contenido;<br>habíamos contenido, habíais contenido, habían contenido | |
| *Past Ant.* | hube contenido, hubiste contenido, hubo contenido;<br>hubimos contenido, hubisteis contenido, hubieron contenido | |
| *Fut. Perf.* | habré contenido, habrás contenido, habrá contenido;<br>habremos contenido, habréis contenido, habrán contenido | |
| *Cond.*<br>*Perf.* | habría contenido, habrías contenido, habría contenido;<br>habríamos contenido, habríais contenido, habrían contenido | |
| *Pres. Perf.*<br>*Subj.* | haya contenido, hayas contenido, haya contenido;<br>hayamos contenido, hayáis contenido, hayan contenido | |
| *Plup. Subj.* | hubiera contenido, hubieras contenido, hubiera contenido;<br>hubiéramos contenido, hubierais contenido, hubieran contenido | |
| | hubiese contenido, hubieses contenido, hubiese contenido;<br>hubiésemos contenido, hubieseis contenido, hubiesen contenido | |
| *Imperative* | —— contén, contenga;<br>contengamos, contened, contengan | |

53

| | |
|---|---|
| *Pres. Ind.* | continúo, continúas, continúa;<br>continuamos, continuáis, continúan |
| *Imp. Ind.* | continuaba, continuabas, continuaba;<br>continuábamos, continuabais, continuaban |
| *Pret. Ind.* | continué, continuaste, continuó;<br>continuamos, continuasteis, continuaron |
| *Fut. Ind.* | continuaré, continuarás, continuará;<br>continuaremos, continuaréis, continuarán |
| *Condit.* | continuaría, continuarías, continuaría;<br>continuaríamos, continuaríais, continuarían |
| *Pres. Subj.* | continúe, continúes, continúe;<br>continuemos, continuéis, continúen |
| *Imp. Subj.* | continuara, continuaras, continuara;<br>continuáramos, continuarais, continuaran |
| | continuase, continuases, continuase;<br>continuásemos, continuaseis, continuasen |
| *Pres. Perf.* | he continuado, has continuado, ha continuado;<br>hemos continuado, habéis continuado, han continuado |
| *Pluperf.* | había continuado, habías continuado, había continuado;<br>habíamos continuado, habíais continuado, habían continuado |
| *Past Ant.* | hube continuado, hubiste continuado, hubo continuado;<br>hubimos continuado, hubisteis continuado, hubieron continuado |
| *Fut. Perf.* | habré continuado, habrás continuado, habrá continuado;<br>habremos continuado, habréis continuado, habrán continuado |
| *Cond.*<br>*Perf.* | habría continuado, habrías continuado, habría continuado;<br>habríamos continuado, habríais continuado, habrían continuado |
| *Pres. Perf.*<br>*Subj.* | haya continuado, hayas continuado, haya continuado;<br>hayamos continuado, hayáis continuado, hayan continuado |
| *Plup. Subj.* | hubiera continuado, hubieras continuado, hubiera continuado;<br>hubiéramos continuado, hubierais continuado, hubieran continuado |
| | hubiese continuado, hubieses continuado, hubiese continuado;<br>hubiésemos continuado, hubieseis continuado, hubiesen continuado |
| *Imperative* | ——— continúa, continúe;<br>continuemos, continuad, continúen |

*to continue*

| | | |
|---|---|---|
| *Pres. Ind.* | contradigo, contradices, contradice;<br>contradecimos, contradecís, contradicen | *to contradict* |
| *Imp. Ind.* | contradecía, contradecías, contradecía;<br>contradecíamos, contradecíais, contradecían | |
| *Pret. Ind.* | contradije, contradijiste, contradijo;<br>contradijimos, contradijisteis, contradijeron | |
| *Fut. Ind.* | contradiré, contradirás, contradirá;<br>contradiremos, contradiréis, contradirán | |
| *Condit.* | contradiría, contradirías, contradiría;<br>contradiríamos, contradiríais, contradirían | |
| *Pres. Subj.* | contradiga, contradigas, contradiga;<br>contradigamos, contradigáis, contradigan | |
| *Imp. Subj.* | contradijera, contradijeras, contradijera;<br>contradijéramos, contradijerais, contradijeran | |
| | contradijese, contradijeses, contradijese;<br>contradijésemos, contradijeseis, contradijesen | |
| *Pres. Perf.* | he contradicho, has contradicho, ha contradicho;<br>hemos contradicho, habéis contradicho, han contradicho | |
| *Pluperf.* | había contradicho, habías contradicho, había contradicho;<br>habíamos contradicho, habíais contradicho, habían contradicho | |
| *Past Ant.* | hube contradicho, hubiste contradicho, hubo contradicho;<br>hubimos contradicho, hubisteis contradicho, hubieron contradicho | |
| *Fut. Perf.* | habré contradicho, habrás contradicho, habrá contradicho;<br>habremos contradicho, habréis contradicho, habrán contradicho | |
| *Cond.*<br>*Perf.* | habría contradicho, habrías contradicho, habría contradicho;<br>habríamos contradicho, habríais contradicho, habrían contradicho | |
| *Pres. Perf.*<br>*Subj.* | haya contradicho, hayas contradicho, haya contradicho;<br>hayamos contradicho, hayáis contradicho, hayan contradicho | |
| *Plup. Subj.* | hubiera contradicho, hubieras contradicho, hubiera contradicho;<br>hubiéramos contradicho, hubierais contradicho, hubieran contradicho | |
| | hubiese contradicho, hubieses contradicho, hubiese contradicho;<br>hubiésemos contradicho, hubieseis contradicho, hubiesen contradicho | |
| *Imperative* | —— contradí, contradiga;<br>contradigamos, contradecid, contradigan | |

**55**

| | |
|---|---|
| *Pres. Ind.* | contribuyo, contribuyes, contribuye; contribuimos, contribuís, contribuyen |
| *Imp. Ind.* | contribuía, contribuías, contribuía; contribuíamos, contribuíais, contribuían |
| *Pret. Ind.* | contribuí, contribuiste, contribuyó; contribuimos, contribuisteis, contribuyeron |
| *Fut. Ind.* | contribuiré, contribuirás, contribuirá; contribuiremos, contribuiréis, contribuirán |
| *Condit.* | contribuiría, contribuirías, contribuiría; contribuiríamos, contribuiríais, contribuirían |
| *Pres. Subj.* | contribuya, contribuyas, contribuya; contribuyamos, contribuyáis, contribuyan |
| *Imp. Subj.* | contribuyera, contribuyeras, contribuyera; contribuyéramos, contribuyerais, contribuyeran |
| | contribuyese, contribuyeses, contribuyese; contribuyésemos, contribuyeseis, contribuyesen |
| *Pres. Perf.* | he contribuido, has contribuido, ha contribuido; hemos contribuido, habéis contribuido, han contribuido |
| *Pluperf.* | había contribuido, habías contribuido, había contribuido; habíamos contribuido, habíais contribuido, habían contribuido |
| *Past Ant.* | hube contribuido, hubiste contribuido, hubo contribuido; hubimos contribuido, hubisteis contribuido, hubieron contribuido |
| *Fut. Perf.* | habré contribuido, habrás contribuido, habrá contribuido; habremos contribuido, habréis contribuido, habrán contribuido |
| *Cond. Perf.* | habría contribuido, habrías contribuido, habría contribuido; habríamos contribuido, habríais contribuido, habrían contribuido |
| *Pres. Perf. Subj.* | haya contribuido, hayas contribuido, haya contribuido; hayamos contribuido, hayáis contribuido, hayan contribuido |
| *Plup. Subj.* | hubiera contribuido, hubieras contribuido, hubiera contribuido; hubiéramos contribuido, hubierais contribuido, hubieran contribuido |
| | hubiese contribuido, hubieses contribuido, hubiese contribuido; hubiésemos contribuido, hubieseis contribuido, hubiesen contribuido |
| *Imperative* | —— contribuye, contribuya; contribuyamos, contribuid, contribuyan |

*to contribute*

**56**

| | | |
|---|---|---|
| *Pres. Ind.* | convenzo, convences, convence;<br>convencemos, convencéis, convencen | *to convince* |
| *Imp. Ind.* | convencía, convencías, convencía;<br>convencíamos, convencíais, convencían | |
| *Pret. Ind.* | convencí, convenciste, convenció;<br>convencimos, convencisteis, convencieron | |
| *Fut. Ind.* | convenceré, convencerás, convencerá;<br>convenceremos, convenceréis, convencerán | |
| *Condit.* | convencería, convencerías, convencería;<br>convenceríamos, convenceríais, convencerían | |
| *Pres. Subj.* | convenza, convenzas, convenza;<br>convenzamos, convenzáis, convenzan | |
| *Imp. Subj.* | convenciera, convencieras, convenciera;<br>convenciéramos, convencierais, convencieran | |
| | convenciese, convencieses, convenciese;<br>convenciésemos, convencieseis, convenciesen | |
| *Pres. Perf.* | he convencido, has convencido, ha convencido;<br>hemos convencido, habéis convencido, han convencido | |
| *Pluperf.* | había convencido, habías convencido, había convencido;<br>habíamos convencido, habíais convencido, habían convencido | |
| *Past Ant.* | hube convencido, hubiste convencido, hubo convencido;<br>hubimos convencido, hubisteis convencido, hubieron convencido | |
| *Fut. Perf.* | habré convencido, habrás convencido, habrá convencido;<br>habremos convencido, habréis convencido, habrán convencido | |
| *Cond.*<br>*Perf.* | habría convencido, habrías convencido, habría convencido;<br>habríamos convencido, habríais convencido, habrían convencido | |
| *Pres. Perf.*<br>*Subj.* | haya convencido, hayas convencido, haya convencido;<br>hayamos convencido, hayáis convencido, hayan convencido | |
| *Plup. Subj.* | hubiera convencido, hubieras convencido, hubiera convencido;<br>hubiéramos convencido, hubierais convencido, hubieran convencido | |
| | hubiese convencido, hubieses convencido, hubiese convencido;<br>hubiésemos convencido, hubieseis convencido, hubiesen convencido | |
| *Imperative* | —— convence, convenza;<br>convenzamos, convenced, convenzan | |

| | |
|---|---|
| *Pres. Ind.* | corrijo, corriges, corrige; corregimos, corregís, corrigen |
| *Imp. Ind.* | corregía, corregías, corregía; corregíamos, corregíais, corregían |
| *Pret. Ind.* | corregí, corregiste, corrigió; corregimos, corregisteis, corrigieron |
| *Fut. Ind.* | corregiré, corregirás, corregirá; corregiremos, corregiréis, corregirán |
| *Condit.* | corregiría, corregirías, corregiría; corregiríamos, corregiríais, corregirían |
| *Pres. Subj.* | corrija, corrijas, corrija; corrijamos, corrijáis, corrijan |
| *Imp. Subj.* | corrigiera, corrigieras, corrigiera; corrigiéramos, corrigierais, corrigieran |
| | corrigiese, corrigieses, corrigiese; corrigiésemos, corrigieseis, corrigiesen |
| *Pres. Perf.* | he corregido, has corregido, ha corregido; hemos corregido, habéis corregido, han corregido |
| *Pluperf.* | había corregido, habías corregido, había corregido; habíamos corregido, habíais corregido, habían corregido |
| *Past Ant.* | hube corregido, hubiste corregido, hubo corregido; hubimos corregido, hubisteis corregido, hubieron corregido |
| *Fut. Perf.* | habré corregido, habrás corregido, habrá corregido; habremos corregido, habréis corregido, habrán corregido |
| *Cond. Perf.* | habría corregido, habrías corregido, habría corregido; habríamos corregido, habríais corregido, habrían corregido |
| *Pres. Perf. Subj.* | haya corregido, hayas corregido, haya corregido; hayamos corregido, hayáis corregido, hayan corregido |
| *Plup. Subj.* | hubiera corregido, hubieras corregido, hubiera corregido; hubiéramos corregido, hubierais corregido, hubieran corregido |
| | hubiese corregido, hubieses corregido, hubiese corregido; hubiésemos corregido, hubieseis corregido, hubiesen corregido |
| *Imperative* | —— corrige, corrija; corrijamos, corregid, corrijan |

*to correct*

| | |
|---|---|
| *Pres. Ind.* | cuesta; |
| | cuestan |
| *Imp. Ind.* | costaba; |
| | costaban |
| *Pret. Ind.* | costó; |
| | costaron |
| *Fut. Ind.* | costará; |
| | costarán |
| *Condit.* | costaría; |
| | costarían |
| *Pres. Subj.* | cueste; |
| | cuesten |
| *Imp. Subj.* | costara; |
| | costaran |
| | costase; |
| | costasen |
| *Pres. Perf.* | ha costado; |
| | han costado |
| *Pluperf.* | había costado; |
| | habían costado |
| *Past Ant.* | hubo costado; |
| | hubieron costado |
| *Fut. Perf.* | habrá costado; |
| | habrán costado |
| *Cond. Perf.* | habría costado; |
| | habrían costado |
| *Pres. Perf. Subj.* | haya costado; |
| | hayan costado |
| *Plup. Subj.* | hubiera costado; |
| | hubieran costado |
| | hubiese costado; |
| | hubiesen costado |
| *Imperative* | que cueste; |
| | que cuesten |

*to cost*

| | | |
|---|---|---|
| *Pres. Ind.* | crezco, creces, crece;<br>crecemos, crecéis, crecen | *to grow* |
| *Imp. Ind.* | crecía, crecías, crecía;<br>crecíamos, crecíais, crecían | |
| *Pret. Ind.* | crecí, creciste, creció;<br>crecimos, crecisteis, crecieron | |
| *Fut. Ind.* | creceré, crecerás, crecerá;<br>creceremos, creceréis, crecerán | |
| *Condit.* | crecería, crecerías, crecería;<br>creceríamos, creceríais, crecerían | |
| *Pres. Subj.* | crezca, crezcas, crezca;<br>crezcamos, crezcáis, crezcan | |
| *Imp. Subj.* | creciera, crecieras, creciera;<br>creciéramos, crecierais, crecieran | |
| | creciese, crecieses, creciese;<br>creciésemos, crecieseis, creciesen | |
| *Pres. Perf.* | he crecido, has crecido, ha crecido;<br>hemos crecido, habéis crecido, han crecido | |
| *Pluperf.* | había crecido, habías crecido, había crecido;<br>habíamos crecido, habíais crecido, habían crecido | |
| *Past Ant.* | hube crecido, hubiste crecido, hubo crecido;<br>hubimos crecido, hubisteis crecido, hubieron crecido | |
| *Fut. Perf.* | habré crecido, habrás crecido, habrá crecido;<br>habremos crecido, habréis crecido, habrán crecido | |
| *Cond.*<br>*Perf.* | habría crecido, habrías crecido, habría crecido;<br>habríamos crecido, habríais crecido, habrían crecido | |
| *Pres. Perf.*<br>*Subj.* | haya crecido, hayas crecido, haya crecido;<br>hayamos crecido, hayáis crecido, hayan crecido | |
| *Plup. Subj.* | hubiera crecido, hubieras crecido, hubiera crecido;<br>hubiéramos crecido, hubierais crecido, hubieran crecido | |
| | hubiese crecido, hubieses crecido, hubiese crecido;<br>hubiésemos crecido, hubieseis crecido, hubiesen crecido | |
| *Imperative* | —— crece, crezca;<br>crezcamos, creced, crezcan | |

| | | |
|---|---|---|
| *Pres. Ind.* | creo, crees, cree;<br>creemos, creéis, creen | *to believe* |
| *Imp. Ind.* | creía, creías, creía;<br>creíamos, creíais, creían | |
| *Pret. Ind.* | creí, creíste, creyó;<br>creímos, creísteis, creyeron | |
| *Fut. Ind.* | creeré, creerás, creerá;<br>creeremos, creeréis, creerán | |
| *Condit.* | creería, creerías, creería;<br>creeríamos, creeríais, creerían | |
| *Pres. Subj.* | crea, creas, crea;<br>creamos, creáis, crean | |
| *Imp. Subj.* | creyera, creyeras, creyera;<br>creyéramos, creyerais, creyeran | |
| | creyese, creyeses, creyese;<br>creyésemos, creyeseis, creyesen | |
| *Pres. Perf.* | he creído, has creído, ha creído;<br>hemos creído, habéis creído, han creído | |
| *Pluperf.* | había creído, habías creído, había creído;<br>habíamos creído, habíais creído, habían creído | |
| *Past Ant.* | hube creído, hubiste creído, hubo creído;<br>hubimos creído, hubisteis creído, hubieron creído | |
| *Fut. Perf.* | habré creído, habrás creído, habrá creído;<br>habremos creído, habréis creído, habrán creído | |
| *Cond.*<br>*Perf.* | habría creído, habrías creído, habría creído;<br>habríamos creído, habríais creído, habrían creído | |
| *Pres. Perf.*<br>*Subj.* | haya creído, hayas creído, haya creído;<br>hayamos creído, hayáis creído, hayan creído | |
| *Plup. Subj.* | hubiera creído, hubieras creído, hubiera creído;<br>hubiéramos creído, hubierais creído, hubieran creído | |
| | hubiese creído, hubieses creído, hubiese creído;<br>hubiésemos creído, hubieseis creído, hubiesen creído | |
| *Imperative* | —— cree, crea;<br>creamos, creed, crean | |

61

| | | |
|---|---|---|
| *Pres. Ind.* | cruzo, cruzas, cruza;<br>cruzamos, cruzáis, cruzan | *to cross* |
| *Imp. Ind.* | cruzaba, cruzabas, cruzaba;<br>cruzábamos, cruzabais, cruzaban | |
| *Pret. Ind.* | crucé, cruzaste, cruzó;<br>cruzamos, cruzasteis, cruzaron | |
| *Fut. Ind.* | cruzaré, cruzarás, cruzará;<br>cruzaremos, cruzaréis, cruzarán | |
| *Condit.* | cruzaría, cruzarías, cruzaría;<br>cruzaríamos, cruzaríais, cruzarían | |
| *Pres. Subj.* | cruce, cruces, cruce;<br>crucemos, crucéis, crucen | |
| *Imp. Subj.* | cruzara, cruzaras, cruzara;<br>cruzáramos, cruzarais, cruzaran | |
| | cruzase, cruzases, cruzase;<br>cruzásemos, cruzaseis, cruzasen | |
| *Pres. Perf.* | he cruzado, has cruzado, ha cruzado;<br>hemos cruzado, habéis cruzado, han cruzado | |
| *Pluperf.* | había cruzado, habías cruzado, había cruzado;<br>habíamos cruzado, habíais cruzado, habían cruzado | |
| *Past Ant.* | hube cruzado, hubiste cruzado, hubo cruzado;<br>hubimos cruzado, hubisteis cruzado, hubieron cruzado | |
| *Fut. Perf.* | habré cruzado, habrás cruzado, habrá cruzado;<br>habremos cruzado, habréis cruzado, habrán cruzado | |
| *Cond.*<br>*Perf.* | habría cruzado, habrías cruzado, habría cruzado;<br>habríamos cruzado, habríais cruzado, habrían cruzado | |
| *Pres. Perf.*<br>*Subj.* | haya cruzado, hayas cruzado, haya cruzado;<br>hayamos cruzado, hayáis cruzado, hayan cruzado | |
| *Plup. Subj.* | hubiera cruzado, hubieras cruzado, hubiera cruzado;<br>hubiéramos cruzado, hubierais cruzado, hubieran cruzado | |
| | hubiese cruzado, hubieses cruzado, hubiese cruzado;<br>hubiésemos cruzado, hubieseis cruzado, hubiesen cruzado | |
| *Imperative* | —— cruza, cruce;<br>crucemos, cruzad, crucen | |

**cubrir**

| | | |
|---|---|---|
| *Pres. Ind.* | cubro, cubres, cubre;<br>cubrimos, cubrís, cubren | *to cover* |
| *Imp. Ind.* | cubría, cubrías, cubría;<br>cubríamos, cubríais, cubrían | |
| *Pret. Ind.* | cubrí, cubriste, cubrió;<br>cubrimos, cubristeis, cubrieron | |
| *Fut. Ind.* | cubriré, cubrirás, cubrirá;<br>cubriremos, cubriréis, cubrirán | |
| *Condit.* | cubriría, cubrirías, cubriría;<br>cubriríamos, cubriríais, cubrirían | |
| *Pres. Subj.* | cubra, cubras, cubra;<br>cubramos, cubráis, cubran | |
| *Imp. Subj.* | cubriera, cubrieras, cubriera;<br>cubriéramos, cubrierais, cubrieran | |
| | cubriese, cubrieses, cubriese;<br>cubriésemos, cubrieseis, cubriesen | |
| *Pres. Perf.* | he cubierto, has cubierto, ha cubierto;<br>hemos cubierto, habéis cubierto, han cubierto | |
| *Pluperf.* | había cubierto, habías cubierto, había cubierto;<br>habíamos cubierto, habíais cubierto, habían cubierto | |
| *Past Ant.* | hube cubierto, hubiste cubierto, hubo cubierto;<br>hubimos cubierto, hubisteis cubierto, hubieron cubierto | |
| *Fut. Perf.* | habré cubierto, habrás cubierto, habrá cubierto;<br>habremos cubierto, habréis cubierto, habrán cubierto | |
| *Cond.*<br>*Perf.* | habría cubierto, habrías cubierto, habría cubierto;<br>habríamos cubierto, habríais cubierto, habrían cubierto | |
| *Pres. Perf.*<br>*Subj.* | haya cubierto, hayas cubierto, haya cubierto;<br>hayamos cubierto, hayáis cubierto, hayan cubierto | |
| *Plup. Subj.* | hubiera cubierto, hubieras cubierto, hubiera cubierto;<br>hubiéramos cubierto, hubierais cubierto, hubieran cubierto | |
| | hubiese cubierto, hubieses cubierto, hubiese cubierto;<br>hubiésemos cubierto, hubieseis cubierto, hubiesen cubierto | |
| *Imperative* | —— cubre, cubra;<br>cubramos, cubrid, cubran | |

| | |
|---|---|
| *Pres. Ind.* | charlo, charlas, charla; |
| | charlamos, charláis, charlan |
| *Imp. Ind.* | charlaba, charlabas, charlaba; |
| | charlábamos, charlabais, charlaban |
| *Pret. Ind.* | charlé, charlaste, charló; |
| | charlamos, charlasteis, charlaron |
| *Fut. Ind.* | charlaré, charlarás, charlará; |
| | charlaremos, charlaréis, charlarán |
| *Condit.* | charlaría, charlarías, charlaría; |
| | charlaríamos, charlaríais, charlarían |
| *Pres. Subj.* | charle, charles, charle; |
| | charlemos, charléis, charlen |
| *Imp. Subj.* | charlara, charlaras, charlara; |
| | charláramos, charlarais, charlaran |
| | charlase, charlases, charlase; |
| | charlásemos, charlaseis, charlasen |
| *Pres. Perf.* | he charlado, has charlado, ha charlado; |
| | hemos charlado, habéis charlado, han charlado |
| *Pluperf.* | había charlado, habías charlado, había charlado; |
| | habíamos charlado, habíais charlado, habían charlado |
| *Past Ant.* | hube charlado, hubiste charlado, hubo charlado; |
| | hubimos charlado, hubisteis charlado, hubieron charlado |
| *Fut. Perf.* | habré charlado, habrás charlado, habrá charlado; |
| | habremos charlado, habréis charlado, habrán charlado |
| *Cond.* | habría charlado, habrías charlado, habría charlado; |
| *Perf.* | habríamos charlado, habríais charlado, habrían charlado |
| *Pres. Perf.* | haya charlado, hayas charlado, haya charlado; |
| *Subj.* | hayamos charlado, hayáis charlado, hayan charlado |
| *Plup. Subj.* | hubiera charlado, hubieras charlado, hubiera charlado; |
| | hubiéramos charlado, hubierais charlado, hubieran charlado |
| | hubiese charlado, hubieses charlado, hubiese charlado; |
| | hubiésemos charlado, hubieseis charlado, hubiesen charlado |
| *Imperative* | —— charla, charle; |
| | charlemos, charlad, charlen |

*to chat,*

*prattle*

| | | |
|---|---|---|
| *Pres. Ind.* | doy, das, da;<br>damos, dais, dan | *to give* |
| *Imp. Ind.* | daba, dabas, daba;<br>dábamos, dabais, daban | |
| *Pret. Ind.* | di, diste, dio;<br>dimos, disteis, dieron | |
| *Fut. Ind.* | daré, darás, dará;<br>daremos, daréis, darán | |
| *Condit.* | daría, darías, daría;<br>daríamos, daríais, darían | |
| *Pres. Subj.* | dé, des, dé;<br>demos, deis, den | |
| *Imp. Subj.* | diera, dieras, diera;<br>diéramos, dierais, dieran | |
| | diese, dieses, diese;<br>diésemos, dieseis, diesen | |
| *Pres. Perf.* | he dado, has dado, ha dado;<br>hemos dado, habéis dado, han dado | |
| *Pluperf.* | había dado, habías dado, había dado;<br>habíamos dado, habíais dado, habían dado | |
| *Past Ant.* | hube dado, hubiste dado, hubo dado;<br>hubimos dado, hubisteis dado, hubieron dado | |
| *Fut. Perf.* | habré dado, habrás dado, habrá dado;<br>habremos dado, habréis dado, habrán dado | |
| *Cond.*<br>*Perf.* | habría dado, habrías dado, habría dado;<br>habríamos dado, habríais dado, habrían dado | |
| *Pres. Perf.*<br>*Subj.* | haya dado, hayas dado, haya dado;<br>hayamos dado, hayáis dado, hayan dado | |
| *Plup. Subj.* | hubiera dado, hubieras dado, hubiera dado;<br>hubiéramos dado, hubierais dado, hubieran dado | |
| | hubiese dado, hubieses dado, hubiese dado;<br>hubiésemos dado, hubieseis dado, hubiesen dado | |
| *Imperative* | —— da, dé;<br>demos, dad, den | |

**65**

| | | |
|---|---|---|
| *Pres. Ind.* | debo, debes, debe;<br>debemos, debéis, deben | |
| *Imp. Ind.* | debía, debías, debía;<br>debíamos, debíais, debían | *to owe, must,*<br>*ought, have to* |
| *Pret. Ind.* | debí, debiste, debió;<br>debimos, debisteis, debieron | |
| *Fut. Ind.* | deberé, deberás, deberá;<br>deberemos, deberéis, deberán | |
| *Condit.* | debería, deberías, debería;<br>deberíamos, deberíais, deberían | |
| *Pres. Subj.* | deba, debas, deba;<br>debamos, debáis, deban | |
| *Imp. Subj.* | debiera, debieras, debiera;<br>debiéramos, debierais, debieran | |
| | debiese, debieses, debiese;<br>debiésemos, debieseis, debiesen | |
| *Pres. Perf.* | he debido, has debido, ha debido;<br>hemos debido, habéis debido, han debido | |
| *Pluperf.* | había debido, habías debido, había debido;<br>habíamos debido, habíais debido, habían debido | |
| *Past Ant.* | hube debido, hubiste debido, hubo debido;<br>hubimos debido, hubisteis debido, hubieron debido | |
| *Fut. Perf.* | habré debido, habrás debido, habrá debido;<br>habremos debido, habréis debido, habrán debido | |
| *Cond.*<br>*Perf.* | habría debido, habrías debido, habría debido;<br>habríamos debido, habríais debido, habrían debido | |
| *Pres. Perf.*<br>*Subj.* | haya debido, hayas debido, haya debido;<br>hayamos debido, hayáis debido, hayan debido | |
| *Plup. Subj.* | hubiera debido, hubieras debido, hubiera debido;<br>hubiéramos debido, hubierais debido, hubieran debido | |
| | hubiese debido, hubieses debido, hubiese debido;<br>hubiésemos debido, hubieseis debido, hubiesen debido | |
| *Imperative* | —— debe, deba;<br>debamos, debed, deban | |

| | |
|---|---|
| *Pres. Ind.* | decido, decides, decide;<br>decidimos, decidís, deciden |
| *Imp. Ind.* | decidía, decidías, decidía;<br>decidíamos, decidíais, decidían |
| *Pret. Ind.* | decidí, decidiste, decidió;<br>decidimos, decidisteis, decidieron |
| *Fut. Ind.* | decidiré, decidirás, decidirá;<br>decidiremos, decidiréis, decidirán |
| *Condit.* | decidiría, decidirías, decidiría;<br>decidiríamos, decidiríais, decidirían |
| *Pres. Subj.* | decida, decidas, decida;<br>decidamos, decidáis, decidan |
| *Imp. Subj.* | decidiera, decidieras, decidiera;<br>decidiéramos, decidierais, decidieran |
| | decidiese, decidieses, decidiese;<br>decidiésemos, decidieseis, decidiesen |
| *Pres. Perf.* | he decidido, has decidido, ha decidido;<br>hemos decidido, habéis decidido, han decidido |
| *Pluperf.* | había decidido, habías decidido, había decidido;<br>habíamos decidido, habíais decidido, habían decidido |
| *Past Ant.* | hube decidido, hubiste decidido, hubo decidido;<br>hubimos decidido, hubisteis decidido, hubieron decidido |
| *Fut. Perf.* | habré decidido, habrás decidido, habrá decidido;<br>habremos decidido, habréis decidido, habrán decidido |
| *Cond.*<br>*Perf.* | habría decidido, habrías decidido, habría decidido;<br>habríamos decidido, habríais decidido, habrían decidido |
| *Pres. Perf.*<br>*Subj.* | haya decidido, hayas decidido, haya decidido;<br>hayamos decidido, hayáis decidido, hayan decidido |
| *Plup. Subj.* | hubiera decidido, hubieras decidido, hubiera decidido;<br>hubiéramos decidido, hubierais decidido, hubieran decidido |
| | hubiese decidido, hubieses decidido, hubiese decidido;<br>hubiésemos decidido, hubieseis decidido, hubiesen decidido |
| *Imperative* | —— decide, decida;<br>decidamos, decidid, decidan |

*to decide*

*Pres. Ind.*   digo, dices, dice;
         decimos, decís, dicen

*to say,*

*Imp. Ind.*   decía, decías, decía;
         decíamos, decíais, decían

*tell*

*Pret. Ind.*   dije, dijiste, dijo;
         dijimos, dijisteis, dijeron

*Fut. Ind.*   diré, dirás, dirá;
         diremos, diréis, dirán

*Condit.*   diría, dirías, diría;
         diríamos, diríais, dirían

*Pres. Subj.*   diga, digas, diga;
         digamos, digáis, digan

*Imp. Subj.*   dijera, dijeras, dijera;
         dijéramos, dijerais, dijeran

         dijese, dijeses, dijese;
         dijésemos, dijeseis, dijesen

*Pres. Perf.*   he dicho, has dicho, ha dicho;
         hemos dicho, habéis dicho, han dicho

*Pluperf.*   había dicho, habías dicho, había dicho;
         habíamos dicho, habíais dicho, habían dicho

*Past Ant.*   hube dicho, hubiste dicho, hubo dicho;
         hubimos dicho, hubisteis dicho, hubieron dicho

*Fut. Perf.*   habré dicho, habrás dicho, habrá dicho;
         habremos dicho, habréis dicho, habrán dicho

*Cond.*   habría dicho, habrías dicho, habría dicho;
*Perf.*   habríamos dicho, habríais dicho, habrían dicho

*Pres. Perf.*   haya dicho, hayas dicho, haya dicho;
*Subj.*   hayamos dicho, hayáis dicho, hayan dicho

*Plup. Subj.*   hubiera dicho, hubieras dicho, hubiera dicho;
         hubiéramos dicho, hubierais dicho, hubieran dicho

         hubiese dicho, hubieses dicho, hubiese dicho;
         hubiésemos dicho, hubieseis dicho, hubiesen dicho

*Imperative*   —— di, diga;
         digamos, decid, digan

PRES. PART. *dedicando* PAST PART. *dedicado* **dedicar**

| | |
|---|---|
| *Pres. Ind.* | dedico, dedicas, dedica; dedicamos, dedicáis, dedican |
| *Imp. Ind.* | dedicaba, dedicabas, dedicaba; dedicábamos, dedicabais, dedicaban |
| *Pret. Ind.* | dediqué, dedicaste, dedicó; dedicamos, dedicasteis, dedicaron |
| *Fut. Ind.* | dedicaré, dedicarás, dedicará; dedicaremos, dedicaréis, dedicarán |
| *Condit.* | dedicaría, dedicarías, dedicaría; dedicaríamos, dedicaríais, dedicarían |
| *Pres. Subj.* | dedique, dediques, dedique; dediquemos, dediquéis, dediquen |
| *Imp. Subj.* | dedicara, dedicaras, dedicara; dedicáramos, dedicarais, dedicaran |
| | dedicase, dedicases, dedicase; dedicásemos, dedicaseis, dedicasen |
| *Pres. Perf.* | he dedicado, has dedicado, ha dedicado; hemos dedicado, habéis dedicado, han dedicado |
| *Pluperf.* | había dedicado, habías dedicado, había dedicado; habíamos dedicado, habíais dedicado, habían dedicado |
| *Past Ant.* | hube dedicado, hubiste dedicado, hubo dedicado; hubimos dedicado, hubisteis dedicado, hubieron dedicado |
| *Fut. Perf.* | habré dedicado, habrás dedicado, habrá dedicado; habremos dedicado, habréis dedicado, habrán dedicado |
| *Cond. Perf.* | habría dedicado, habrías dedicado, habría dedicado; habríamos dedicado, habríais dedicado, habrían dedicado |
| *Pres. Perf. Subj.* | haya dedicado, hayas dedicado, haya dedicado; hayamos dedicado, hayáis dedicado, hayan dedicado |
| *Plup. Subj.* | hubiera dedicado, hubieras dedicado, hubiera dedicado; hubiéramos dedicado, hubierais dedicado, hubieran dedicado |
| | hubiese dedicado, hubieses dedicado, hubiese dedicado; hubiésemos dedicado, hubieseis dedicado, hubiesen dedicado |
| *Imperative* | —— dedica, dedique; dediquemos, dedicad, dediquen |

*to dedicate, devote*

69

| | |
|---|---|
| *Pres. Ind.* | defiendo, defiendes, defiende; <br> defendemos, defendéis, defienden |
| *Imp. Ind.* | defendía, defendías, defendía; <br> defendíamos, defendíais, defendían |
| *Pret. Ind.* | defendí, defendiste, defendió; <br> defendimos, defendisteis, defendieron |
| *Fut. Ind.* | defenderé, defenderás, defenderá; <br> defenderemos, defenderéis, defenderán |
| *Condit.* | defendería, defenderías, defendería; <br> defenderíamos, defenderíais, defenderían |
| *Pres. Subj.* | defienda, defiendas, defienda; <br> defendamos, defendáis, defiendan |
| *Imp. Subj.* | defendiera, defendieras, defendiera; <br> defendiéramos, defendierais, defendieran |
| | defendiese, defendieses, defendiese; <br> defendiésemos, defendieseis, defendiesen |
| *Pres. Perf.* | he defendido, has defendido, ha defendido; <br> hemos defendido, habéis defendido, han defendido |
| *Pluperf.* | había defendido, habías defendido, había defendido; <br> habíamos defendido, habíais defendido, habían defendido |
| *Past Ant.* | hube defendido, hubiste defendido, hubo defendido; <br> hubimos defendido, hubisteis defendido, hubieron defendido |
| *Fut. Perf.* | habré defendido, habrás defendido, habrá defendido; <br> habremos defendido, habréis defendido, habrán defendido |
| *Cond. Perf.* | habría defendido, habrías defendido, habría defendido; <br> habríamos defendido, habríais defendido, habrían defendido |
| *Pres. Perf. Subj.* | haya defendido, hayas defendido, haya defendido; <br> hayamos defendido, hayáis defendido, hayan defendido |
| *Plup. Subj.* | hubiera defendido, hubieras defendido, hubiera defendido; <br> hubiéramos defendido, hubierais defendido, hubieran defendido |
| | hubiese defendido, hubieses defendido, hubiese defendido; <br> hubiésemos defendido, hubieseis defendido, hubiesen defendido |
| *Imperative* | —— defiende, defienda; <br> defendamos, defended, defiendan |

*to defend*

**70**

| | |
|---|---|
| *Pres. Ind.* | dejo, dejas, deja;<br>dejamos, dejáis, dejan |
| *Imp. Ind.* | dejaba, dejabas, dejaba;<br>dejábamos, dejabais, dejaban |
| *Pret. Ind.* | dejé, dejaste, dejó;<br>dejamos, dejasteis, dejaron |
| *Fut. Ind.* | dejaré, dejarás, dejará;<br>dejaremos, dejaréis, dejarán |
| *Condit.* | dejaría, dejarías, dejaría;<br>dejaríamos, dejaríais, dejarían |
| *Pres. Subj.* | deje, dejes, deje;<br>dejemos, dejéis, dejen |
| *Imp. Subj.* | dejara, dejaras, dejara;<br>dejáramos, dejarais, dejaran |
| | dejase, dejases, dejase;<br>dejásemos, dejaseis, dejasen |
| *Pres. Perf.* | he dejado, has dejado, ha dejado;<br>hemos dejado, habéis dejado, han dejado |
| *Pluperf.* | había dejado, habías dejado, había dejado;<br>habíamos dejado, habíais dejado, habían dejado |
| *Past Ant.* | hube dejado, hubiste dejado, hubo dejado;<br>hubimos dejado, hubisteis dejado, hubieron dejado |
| *Fut. Perf.* | habré dejado, habrás dejado, habrá dejado;<br>habremos dejado, habréis dejado, habrán dejado |
| *Cond.*<br>*Perf.* | habría dejado, habrías dejado, habría dejado;<br>habríamos dejado, habríais dejado, habrían dejado |
| *Pres. Perf.*<br>*Subj.* | haya dejado, hayas dejado, haya dejado;<br>hayamos dejado, hayáis dejado, hayan dejado |
| *Plup. Subj.* | hubiera dejado, hubieras dejado, hubiera dejado;<br>hubiéramos dejado, hubierais dejado, hubieran dejado |
| | hubiese dejado, hubieses dejado, hubiese dejado;<br>hubiésemos dejado, hubieseis dejado, hubiesen dejado |
| *Imperative* | —— deja, deje;<br>dejemos, dejad, dejen |

*to let, permit,*
*allow, leave*

| | | |
|---|---|---|
| *Pres. Ind.* | demuestro, demuestras, demuestra;<br>demostramos, demostráis, demuestran | *to demonstrate,* |
| *Imp. Ind.* | demostraba, demostrabas, demostraba;<br>demostrábamos, demostrabais, demostraban | *prove* |
| *Pret. Ind.* | demostré, demostraste, demostró;<br>demostramos, demostrasteis, demostraron | |
| *Fut. Ind.* | demostraré, demostrarás, demostrará;<br>demostraremos, demostraréis, demostrarán | |
| *Condit.* | demostraría, demostrarías, demostraría;<br>demostraríamos, demostraríais, demostrarían | |
| *Pres. Subj.* | demuestre, demuestres, demuestre;<br>demostremos, demostréis, demuestren | |
| *Imp. Subj.* | demostrara, demostraras, demostrara;<br>demostráramos, demostrarais, demostraran | |
| | demostrase, demostrases, demostrase;<br>demostrásemos, demostraseis, demostrasen | |
| *Pres. Perf.* | he demostrado, has demostrado, ha demostrado;<br>hemos demostrado, habéis demostrado, han demostrado | |
| *Pluperf.* | había demostrado, habías demostrado, había demostrado;<br>habíamos demostrado, habíais demostrado, habían demostrado | |
| *Past Ant.* | hube demostrado, hubiste demostrado, hubo demostrado;<br>hubimos demostrado, hubisteis demostrado, hubieron demostrado | |
| *Fut. Perf.* | habré demostrado, habrás demostrado, habrá demostrado;<br>habremos demostrado, habréis demostrado, habrán demostrado | |
| *Cond.*<br>*Perf.* | habría demostrado, habrías demostrado, habría demostrado;<br>habríamos demostrado, habríais demostrado, habrían demostrado | |
| *Pres. Perf.*<br>*Subj.* | haya demostrado, hayas demostrado, haya demostrado;<br>hayamos demostrado, hayáis demostrado, hayan demostrado | |
| *Plup. Subj.* | hubiera demostrado, hubieras demostrado, hubiera demostrado;<br>hubiéramos demostrado, hubierais demostrado, hubieran demostrado | |
| | hubiese demostrado, hubieses demostrado, hubiese demostrado;<br>hubiésemos demostrado, hubieseis demostrado, hubiesen demostrado | |
| *Imperative* | —— demuestra, demuestre;<br>demostremos, demostrad, demuestren | |

| | | |
|---|---|---|
| *Pres. Ind.* | me desayuno, te desayunas, se desayuna; nos desayunamos, os desayunáis, se desayunan | *to breakfast,* |
| *Imp. Ind.* | me desayunaba, te desayunabas, se desayunaba; nos desayunábamos, os desayunabais, se desayunaban | *have breakfast* |
| *Pret. Ind.* | me desayuné, te desayunaste, se desayunó; nos desayunamos, os desayunasteis, se desayunaron | |
| *Fut. Ind.* | me desayunaré, te desayunarás, se desayunará; nos desayunaremos, os desayunaréis, se desayunarán | |
| *Condit.* | me desayunaría, te desayunarías, se desayunaría; nos desayunaríamos, os desayunaríais, se desayunarían | |
| *Pres. Subj.* | me desayune, te desayunes, se desayune; nos desayunemos, os desayunéis, se desayunen | |
| *Imp. Subj.* | me desayunara, te desayunaras, se desayunara; nos desayunáramos, os desayunarais, se desayunaran | |
| | me desayunase, te desayunases, se desayunase; nos desayunásemos, os desayunaseis, se desayunasen | |
| *Pres. Perf.* | me he desayunado, te has desayunado, se ha desayunado; nos hemos desayunado, os habéis desayunado, se han desayunado | |
| *Pluperf.* | me había desayunado, te habías desayunado, se había desayunado; nos habíamos desayunado, os habíais desayunado, se habían desayunado | |
| *Past Ant.* | me hube desayunado, te hubiste desayunado, se hubo desayunado; nos hubimos desayunado, os hubisteis desayunado, se hubieron desayunado | |
| *Fut. Perf.* | me habré desayunado, te habrás desayunado, se habrá desayunado; nos habremos desayunado, os habréis desayunado, se habrán desayunado | |
| *Cond. Perf.* | me habría desayunado, te habrías desayunado, se habría desayunado; nos habríamos desayunado, os habríais desayunado, se habrían desayunado | |
| *Pres. Perf. Subj.* | me haya desayunado, te hayas desayunado, se haya desayunado; nos hayamos desayunado, os hayáis desayunado, se hayan desayunado | |
| *Plup. Subj.* | me hubiera desayunado, te hubieras desayunado, se hubiera desayunado; nos hubiéramos desayunado, os hubierais desayunado, se hubieran desayunado | |
| | me hubiese desayunado, te hubieses desayunado, se hubiese desayunado; nos hubiésemos desayunado, os hubieseis desayunado, se hubiesen desayunado | |
| *Imperative* | ——— desayúnate, desayúnese; desayunémonos, desayunaos, desayúnense | |

73

| | |
|---|---|
| *Pres. Ind.* | descubro, descubres, descubre; |
| | descubrimos, descubrís, descubren |

*to discover*

| | |
|---|---|
| *Imp. Ind.* | descubría, descubrías, descubría; |
| | descubríamos, descubríais, descubrían |
| *Pret. Ind.* | descubrí, descubriste, descubrió; |
| | descubrimos, descubristeis, descubrieron |
| *Fut. Ind.* | descubriré, descubrirás, descubrirá; |
| | descubriremos, descubriréis, descubrirán |
| *Condit.* | descubriría, descubrirías, descubriría; |
| | descubriríamos, descubriríais, descubrirían |
| *Pres. Subj.* | descubra, descubras, descubra; |
| | descubramos, descubráis, descubran |
| *Imp. Subj.* | descubriera, descubrieras, descubriera; |
| | descubriéramos, descubrierais, descubrieran |
| | descubriese, descubrieses, descubriese; |
| | descubriésemos, descubrieseis, descubriesen |
| *Pres. Perf.* | he descubierto, has descubierto, ha descubierto; |
| | hemos descubierto, habéis descubierto, han descubierto |
| *Pluperf.* | había descubierto, habías descubierto, había descubierto; |
| | habíamos descubierto, habíais descubierto, habían descubierto |
| *Past Ant.* | hube descubierto, hubiste descubierto, hubo descubierto; |
| | hubimos descubierto, hubisteis descubierto, hubieron descubierto |
| *Fut. Perf.* | habré descubierto, habrás descubierto, habrá descubierto; |
| | habremos descubierto, habréis descubierto, habrán descubierto |
| *Cond.* | habría descubierto, habrías descubierto, habría descubierto; |
| *Perf.* | habríamos descubierto, habríais descubierto, habrían descubierto |
| *Pres. Perf.* | haya descubierto, hayas descubierto, haya descubierto; |
| *Subj.* | hayamos descubierto, hayáis descubierto, hayan descubierto |
| *Plup. Subj.* | hubiera descubierto, hubieras descubierto, hubiera descubierto; |
| | hubiéramos descubierto, hubierais descubierto, hubieran descubierto |
| | hubiese descubierto, hubieses descubierto, hubiese descubierto; |
| | hubiésemos descubierto, hubieseis descubierto, hubiesen descubierto |
| *Imperative* | —— descubre, descubra; |
| | descubramos, descubrid, descubran |

| | | |
|---|---|---|
| *Pres. Ind.* | deseo, deseas, desea;<br>deseamos, deseáis, desean | *to desire,* |
| *Imp. Ind.* | deseaba, deseabas, deseaba;<br>deseábamos, deseabais, deseaban | *wish, want* |
| *Pret. Ind.* | deseé, deseaste, deseó;<br>deseamos, deseasteis, desearon | |
| *Fut. Ind.* | desearé, desearás, deseará;<br>desearemos, desearéis, desearán | |
| *Condit.* | desearía, desearías, desearía;<br>desearíamos, desearíais, desearían | |
| *Pres. Subj.* | desee, desees, desee;<br>deseemos, deseéis, deseen | |
| *Imp. Subj.* | deseara, desearas, deseara;<br>deseáramos, desearais, desearan | |
| | desease, deseases, desease;<br>deseásemos, deseaseis, deseasen | |
| *Pres. Perf.* | he deseado, has deseado, ha deseado;<br>hemos deseado, habéis deseado, han deseado | |
| *Pluperf.* | había deseado, habías deseado, había deseado;<br>habíamos deseado, habíais deseado, habían deseado | |
| *Past Ant.* | hube deseado, hubiste deseado, hubo deseado;<br>hubimos deseado, hubisteis deseado, hubieron deseado | |
| *Fut. Perf.* | habré deseado, habrás deseado, habrá deseado;<br>habremos deseado, habréis deseado, habrán deseado | |
| *Cond.*<br>*Perf.* | habría deseado, habrías deseado, habría deseado;<br>habríamos deseado, habríais deseado, habrían deseado | |
| *Pres. Perf.*<br>*Subj.* | haya deseado, hayas deseado, haya deseado;<br>hayamos deseado, hayáis deseado, hayan deseado | |
| *Plup. Subj.* | hubiera deseado, hubieras deseado, hubiera deseado;<br>hubiéramos deseado, hubierais deseado, hubieran deseado | |
| | hubiese deseado, hubieses deseado, hubiese deseado;<br>hubiésemos deseado, hubieseis deseado, hubiesen deseado | |
| *Imperative* | —— desea, desee;<br>deseemos, desead, deseen | |

| | | |
|---|---|---|
| *Pres. Ind.* | despido, despides, despide;<br>despedimos, despedís, despiden | *to dismiss* |
| *Imp. Ind.* | despedía, despedías, despedía;<br>despedíamos, despedíais, despedían | |
| *Pret. Ind.* | despedí, despediste, despidió;<br>despedimos, despedisteis, despidieron | |
| *Fut. Ind.* | despediré, despedirás, despedirá;<br>despediremos, despediréis, despedirán | |
| *Condit.* | despediría, despedirías, despediría;<br>despediríamos, despediríais, despedirían | |
| *Pres. Subj.* | despida, despidas, despida;<br>despidamos, despidáis, despidan | |
| *Imp. Subj.* | despidiera, despidieras, despidiera;<br>despidiéramos, despidierais, despidieran | |
| | despidiese, despidieses, despidiese;<br>despidiésemos, despidieseis, despidiesen | |
| *Pres. Perf.* | he despedido, has despedido, ha despedido;<br>hemos despedido, habéis despedido, han despedido | |
| *Pluperf.* | había despedido, habías despedido, había despedido;<br>habíamos despedido, habíais despedido, habían despedido | |
| *Past Ant.* | hube despedido, hubiste despedido, hubo despedido;<br>hubimos despedido, hubisteis despedido, hubieron despedido | |
| *Fut. Perf.* | habré despedido, habrás despedido, habrá despedido;<br>habremos despedido, habréis despedido, habrán despedido | |
| *Cond.*<br>*Perf.* | habría despedido, habrías despedido, habría despedido;<br>habríamos despedido, habríais despedido, habrían despedido | |
| *Pres. Perf.*<br>*Subj.* | haya despedido, hayas despedido, haya despedido;<br>hayamos despedido, hayáis despedido, hayan despedido | |
| *Plup. Subj.* | hubiera despedido, hubieras despedido, hubiera despedido;<br>hubiéramos despedido, hubierais despedido, hubieran despedido | |
| | hubiese despedido, hubieses despedido, hubiese despedido;<br>hubiésemos despedido, hubieseis despedido, hubiesen despedido | |
| *Imperative* | —— despide, despida;<br>despidamos, despedid, despidan | |

| | | |
|---|---|---|
| *Pres. Ind.* | me despido, te despides, se despide;<br>nos despedimos, os despedís, se despiden | *to take leave of,* |
| *Imp. Ind.* | me despedía, te despedías, se despedía;<br>nos despedíamos, os despedíais, se despedían | *say good-by to* |
| *Pret. Ind.* | me despedí, te despediste, se despidió;<br>nos despedimos, os despedisteis, se despidieron | |
| *Fut. Ind.* | me despediré, te despedirás, se despedirá;<br>nos despediremos, os despediréis, se despedirán | |
| *Condit.* | me despediría, te despedirías, se despediría;<br>nos despediríamos, os despediríais, se despedirían | |
| *Pres. Subj.* | me despida, te despidas, se despida;<br>nos despidamos, os despidáis, se despidan | |
| *Imp. Subj.* | me despidiera, te despidieras, se despidiera;<br>nos despidiéramos, os despidierais, se despidieran | |
| | me despidiese, te despidieses, se despidiese;<br>nos despidiésemos, os despidieseis, se despidiesen | |
| *Pres. Perf.* | me he despedido, te has despedido, se ha despedido;<br>nos hemos despedido, os habéis despedido, se han despedido | |
| *Pluperf.* | me había despedido, te habías despedido, se había despedido;<br>nos habíamos despedido, os habíais despedido, se habían despedido | |
| *Past Ant.* | me hube despedido, te hubiste despedido, se hubo despedido;<br>nos hubimos despedido, os hubisteis despedido, se hubieron despedido | |
| *Fut. Perf.* | me habré despedido, te habrás despedido, se habrá despedido;<br>nos habremos despedido, os habréis despedido, se habrán despedido | |
| *Cond.*<br>*Perf.* | me habría despedido, te habrías despedido, se habría despedido;<br>nos habríamos despedido, os habríais despedido, se habrían despedido | |
| *Pres. Perf.*<br>*Subj.* | me haya despedido, te hayas despedido, se haya despedido;<br>nos hayamos despedido, os hayáis despedido, se hayan despedido | |
| *Plup. Subj.* | me hubiera despedido, te hubieras despedido, se hubiera despedido;<br>nos hubiéramos despedido, os hubierais despedido, se hubieran despedido | |
| | me hubiese despedido, te hubieses despedido, se hubiese despedido;<br>nos hubiésemos despedido, os hubieseis despedido, se hubiesen despedido | |
| *Imperative* | —— despídete, despídase;<br>despidámonos, despedíos, despídanse | |

| | |
|---|---|
| *Pres. Ind.* | me despierto, te despiertas, se despierta;<br>nos despertamos, os despertáis, se despiertan |
| *Imp. Ind.* | me despertaba, te despertabas, se despertaba;<br>nos despertábamos, os despertabais, se despertaban |
| *Pret. Ind.* | me desperté, te despertaste, se despertó;<br>nos despertamos, os despertasteis, se despertaron |
| *Fut. Ind.* | me despertaré, te despertarás, se despertará;<br>nos despertaremos, os despertaréis, se despertarán |
| *Condit.* | me despertaría, te despertarías, se despertaría;<br>nos despertaríamos, os despertaríais, se despertarían |
| *Pres. Subj.* | me despierte, te despiertes, se despierte;<br>nos despertemos, os despertéis, se despierten |
| *Imp. Subj.* | me despertara, te despertaras, se despertara;<br>nos despertáramos, os despertarais, se despertaran |
| | me despertase, te despertases, se despertase;<br>nos despertásemos, os despertaseis, se despertasen |
| *Pres. Perf.* | me he despertado, te has despertado, se ha despertado;<br>nos hemos despertado, os habéis despertado, se han despertado |
| *Pluperf.* | me había despertado, te habías despertado, se había despertado;<br>nos habíamos despertado, os habíais despertado, se habían despertado |
| *Past Ant.* | me hube despertado, te hubiste despertado, se hubo despertado;<br>nos hubimos despertado, os hubisteis despertado, se hubieron despertado |
| *Fut. Perf.* | me habré despertado, te habrás despertado, se habrá despertado;<br>nos habremos despertado, os habréis despertado, se habrán despertado |
| *Cond. Perf.* | me habría despertado, te habrías despertado, se habría despertado;<br>nos habríamos despertado, os habríais despertado, se habrían despertado |
| *Pres. Perf. Subj.* | me haya despertado, te hayas despertado, se haya despertado;<br>nos hayamos despertado, os hayáis despertado, se hayan despertado |
| *Plup. Subj.* | me hubiera despertado, te hubieras despertado, se hubiera despertado;<br>nos hubiéramos despertado, os hubierais despertado, se hubieran despertado |
| | me hubiese despertado, te hubieses despertado, se hubiese despertado;<br>nos hubiésemos despertado, os hubieseis despertado, se hubiesen despertado |
| *Imperative* | —— despiértate, despiértese;<br>despertémonos, despertaos, despiértense |

*to wake up*

**destruir**

| | | |
|---|---|---|
| *Pres. Ind.* | destruyo, destruyes, destruye;<br>destruimos, destruís, destruyen | *to destroy* |
| *Imp. Ind.* | destruía, destruías, destruía;<br>destruíamos, destruíais, destruían | |
| *Pret. Ind.* | destruí, destruiste, destruyó;<br>destruimos, destruisteis, destruyeron | |
| *Fut. Ind.* | destruiré, destruirás, destruirá;<br>destruiremos, destruiréis, destruirán | |
| *Condit.* | destruiría, destruirías, destruiría;<br>destruiríamos, destruiríais, destruirían | |
| *Pres. Subj.* | destruya, destruyas, destruya;<br>destruyamos, destruyáis, destruyan | |
| *Imp. Subj.* | destruyera, destruyeras, destruyera;<br>destruyéramos, destruyerais, destruyeran | |
| | destruyese, destruyeses, destruyese;<br>destruyésemos, destruyeseis, destruyesen | |
| *Pres. Perf.* | he destruido, has destruido, ha destruido;<br>hemos destruido, habéis destruido, han destruido | |
| *Pluperf.* | había destruido, habías destruido, había destruido;<br>habíamos destruido, habíais destruido, habían destruido | |
| *Past Ant.* | hube destruido, hubiste destruido, hubo destruido;<br>hubimos destruido, hubisteis destruido, hubieron destruido | |
| *Fut. Perf.* | habré destruido, habrás destruido, habrá destruido;<br>habremos destruido, habréis destruido, habrán destruido | |
| *Cond.*<br>*Perf.* | habría destruido, habrías destruido, habría destruido;<br>habríamos destruido, habríais destruido, habrían destruido | |
| *Pres. Perf.*<br>*Subj.* | haya destruido, hayas destruido, haya destruido;<br>hayamos destruido, hayáis destruido, hayan destruido | |
| *Plup. Subj.* | hubiera destruido, hubieras destruido, hubiera destruido;<br>hubiéramos destruido, hubierais destruido, hubieran destruido | |
| | hubiese destruido, hubieses destruido, hubiese destruido;<br>hubiésemos destruido, hubieseis destruido, hubiesen destruido | |
| *Imperative* | ——— destruye, destruya;<br>destruyamos, destruid, destruyan | |

79

| | | |
|---|---|---|
| *Pres. Ind.* | me detengo, te detienes, se detiene; nos detenemos, os detenéis, se detienen | *to stop* |
| *Imp. Ind.* | me detenía, te detenías, se detenía; nos deteníamos, os deteníais, se detenían | |
| *Pret. Ind.* | me detuve, te detuviste, se detuvo; nos detuvimos, os detuvisteis, se detuvieron | |
| *Fut. Ind.* | me detendré, te detendrás, se detendrá; nos detendremos, os detendréis, se detendrán | |
| *Condit.* | me detendría, te detendrías, se detendría; nos detendríamos, os detendríais, se detendrían | |
| *Pres. Subj.* | me detenga, te detengas, se detenga; nos detengamos, os detengáis, se detengan | |
| *Imp. Subj.* | me detuviera, te detuvieras, se detuviera; nos detuviéramos, os detuvierais, se detuvieran | |
| | me detuviese, te detuvieses, se detuviese; nos detuviésemos, os detuvieseis, se detuviesen | |
| *Pres. Perf.* | me he detenido, te has detenido, se ha detenido; nos hemos detenido, os habéis detenido, se han detenido | |
| *Pluperf.* | me había detenido, te habías detenido, se había detenido; nos habíamos detenido, os habíais detenido, se habían detenido | |
| *Past Ant.* | me hube detenido, te hubiste detenido, se hubo detenido; nos hubimos detenido, os hubisteis detenido, se hubieron detenido | |
| *Fut. Perf.* | me habré detenido, te habrás detenido, se habrá detenido; nos habremos detenido, os habréis detenido, se habrán detenido | |
| *Cond. Perf.* | me habría detenido, te habrías detenido, se habría detenido; nos habríamos detenido, os habríais detenido, se habrían detenido | |
| *Pres. Perf. Subj.* | me haya detenido, te hayas detenido, se haya detenido; nos hayamos detenido, os hayáis detenido, se hayan detenido | |
| *Plup. Subj.* | me hubiera detenido, te hubieras detenido, se hubiera detenido; nos hubiéramos detenido, os hubierais detenido, se hubieran detenido | |
| | me hubiese detenido, te hubieses detenido, se hubiese detenido; nos hubiésemos detenido, os hubieseis detenido, se hubiesen detenido | |
| *Imperative* | —— detente, deténgase; detengámonos, deteneos, deténganse | |

| | | |
|---|---|---|
| *Pres. Ind.* | devuelvo, devuelves, devuelve;<br>devolvemos, devolvéis, devuelven | *to return* |
| *Imp. Ind.* | devolvía, devolvías, devolvía;<br>devolvíamos, devolvíais, devolvían | *(an object),*<br>*refund* |
| *Pret. Ind.* | devolví, devolviste, devolvió;<br>devolvimos, devolvisteis, devolvieron | |
| *Fut. Ind.* | devolveré, devolverás, devolverá;<br>devolveremos, devolveréis, devolverán | |
| *Condit.* | devolvería, devolverías, devolvería;<br>devolveríamos, devolveríais, devolverían | |
| *Pres. Subj.* | devuelva, devuelvas, devuelva;<br>devolvamos, devolváis, devuelvan | |
| *Imp. Subj.* | devolviera, devolvieras, devolviera;<br>devolviéramos, devolvierais, devolvieran | |
| | devolviese, devolvieses, devolviese;<br>devolviésemos, devolvieseis, devolviesen | |
| *Pres. Perf.* | he devuelto, has devuelto, ha devuelto;<br>hemos devuelto, habéis devuelto, han devuelto | |
| *Pluperf.* | había devuelto, habías devuelto, había devuelto;<br>habíamos devuelto, habíais devuelto, habían devuelto | |
| *Past Ant.* | hube devuelto, hubiste devuelto, hubo devuelto;<br>hubimos devuelto, hubisteis devuelto, hubieron devuelto | |
| *Fut. Perf.* | habré devuelto, habrás devuelto, habrá devuelto;<br>habremos devuelto, habréis devuelto, habrán devuelto | |
| *Cond.*<br>*Perf.* | habría devuelto, habrías devuelto, habría devuelto;<br>habríamos devuelto, habríais devuelto, habrían devuelto | |
| *Pres. Perf.*<br>*Subj.* | haya devuelto, hayas devuelto, haya devuelto;<br>hayamos devuelto, hayáis devuelto, hayan devuelto | |
| *Plup. Subj.* | hubiera devuelto, hubieras devuelto, hubiera devuelto;<br>hubiéramos devuelto, hubierais devuelto, hubieran devuelto | |
| | hubiese devuelto, hubieses devuelto, hubiese devuelto;<br>hubiésemos devuelto, hubieseis devuelto, hubiesen devuelto | |
| *Imperative* | —— devuelve, devuelva;<br>devolvamos, devolved, devuelvan | |

| | |
|---|---|
| *Pres. Ind.* | dirijo, diriges, dirige;<br>dirigimos, dirigís, dirigen |
| *Imp. Ind.* | dirigía, dirigías, dirigía;<br>dirigíamos, dirigíais, dirigían |
| *Pret. Ind.* | dirigí, dirigiste, dirigió;<br>dirigimos, dirigisteis, dirigieron |
| *Fut. Ind.* | dirigiré, dirigirás, dirigirá;<br>dirigiremos, dirigiréis, dirigirán |
| *Condit.* | dirigiría, dirigirías, dirigiría;<br>dirigiríamos, dirigiríais, dirigirían |
| *Pres. Subj.* | dirija, dirijas, dirija;<br>dirijamos, dirijáis, dirijan |
| *Imp. Subj.* | dirigiera, dirigieras, dirigiera;<br>dirigiéramos, dirigierais, dirigieran |
| | dirigiese, dirigieses, dirigiese;<br>dirigiésemos, dirigieseis, dirigiesen |
| *Pres. Perf.* | he dirigido, has dirigido, ha dirigido;<br>hemos dirigido, habéis dirigido, han dirigido |
| *Pluperf.* | había dirigido, habías dirigido, había dirigido;<br>habíamos dirigido, habíais dirigido, habían dirigido |
| *Past Ant.* | hube dirigido, hubiste dirigido, hubo dirigido;<br>hubimos dirigido, hubisteis dirigido, hubieron dirigido |
| *Fut. Perf.* | habré dirigido, habrás dirigido, habrá dirigido;<br>habremos dirigido, habréis dirigido, habrán dirigido |
| *Cond.*<br>*Perf.* | habría dirigido, habrías dirigido, habría dirigido;<br>habríamos dirigido, habríais dirigido, habrían dirigido |
| *Pres. Perf.*<br>*Subj.* | haya dirigido, hayas dirigido, haya dirigido;<br>hayamos dirigido, hayáis dirigido, hayan dirigido |
| *Plup. Subj.* | hubiera dirigido, hubieras dirigido, hubiera dirigido;<br>hubiéramos dirigido, hubierais dirigido, hubieran dirigido |
| | hubiese dirigido, hubieses dirigido, hubiese dirigido;<br>hubiésemos dirigido, hubieseis dirigido, hubiesen dirigido |
| *Imperative* | —— dirige, dirija;<br>dirijamos, dirigid, dirijan |

*to direct*

| | | |
|---|---|---|
| *Pres. Ind.* | distingo, distingues, distingue;<br>distinguimos, distinguís, distinguen | *to distinguish* |
| *Imp. Ind.* | distinguía, distinguías, distinguía;<br>distinguíamos, distinguíais, distinguían | |
| *Pret. Ind.* | distinguí, distinguiste, distinguió;<br>distinguimos, distinguisteis, distinguieron | |
| *Fut. Ind.* | distinguiré, distinguirás, distinguirá;<br>distinguiremos, distinguiréis, distinguirán | |
| *Condit.* | distinguiría, distinguirías, distinguiría;<br>distinguiríamos, distinguiríais, distinguirían | |
| *Pres. Subj.* | distinga, distingas, distinga;<br>distingamos, distingáis, distingan | |
| *Imp. Subj.* | distinguiera, distinguieras, distinguiera;<br>distinguiéramos, distinguierais, distinguieran | |
| | distinguiese, distinguieses, distinguiese;<br>distinguiésemos, distinguieseis, distinguiesen | |
| *Pres. Perf.* | he distinguido, has distinguido, ha distinguido;<br>hemos distinguido, habéis distinguido, han distinguido | |
| *Pluperf.* | había distinguido, habías distinguido, había distinguido;<br>habíamos distinguido, habíais distinguido, habían distinguido | |
| *Past Ant.* | hube distinguido, hubiste distinguido, hubo distinguido;<br>hubimos distinguido, hubisteis distinguido, hubieron distinguido | |
| *Fut. Perf.* | habré distinguido, habrás distinguido, habrá distinguido;<br>habremos distinguido, habréis distinguido, habrán distinguido | |
| *Cond.*<br>*Perf.* | habría distinguido, habrías distinguido, habría distinguido;<br>habríamos distinguido, habríais distinguido, habrían distinguido | |
| *Pres. Perf.*<br>*Subj.* | haya distinguido, hayas distinguido, haya distinguido;<br>hayamos distinguido, hayáis distinguido, hayan distinguido | |
| *Plup. Subj.* | hubiera distinguido, hubieras distinguido, hubiera distinguido;<br>hubiéramos distinguido, hubierais distinguido, hubieran distinguido | |
| | hubiese distinguido, hubieses distinguido, hubiese distinguido;<br>hubiésemos distinguido, hubieseis distinguido, hubiesen distinguido | |
| *Imperative* | —— distingue, distinga;<br>distingamos, distinguid, distingan | |

83

| | | |
|---|---|---|
| *Pres. Ind.* | me divierto, te diviertes, se divierte; <br> nos divertimos, os divertís, se divierten | *to have a good time,* |
| *Imp. Ind.* | me divertía, te divertías, se divertía; <br> nos divertíamos, os divertíais, se divertían | *enjoy oneself* |
| *Pret. Ind.* | me divertí, te divertiste, se divirtió; <br> nos divertimos, os divertisteis, se divirtieron | |
| *Fut. Ind.* | me divertiré, te divertirás, se divertirá; <br> nos divertiremos, os divertiréis, se divertirán | |
| *Condit.* | me divertiría, te divertirías, se divertiría; <br> nos divertiríamos, os divertiríais, se divertirían | |
| *Pres. Subj.* | me divierta, te diviertas, se divierta; <br> nos divirtamos, os divirtáis, se diviertan | |
| *Imp. Subj.* | me divirtiera, te divirtieras, se divirtiera; <br> nos divirtiéramos, os divirtierais, se divirtieran | |
| | me divirtiese, te divirtieses, se divirtiese; <br> nos divirtiésemos, os divirtieseis, se divirtiesen | |
| *Pres. Perf.* | me he divertido, te has divertido, se ha divertido; <br> nos hemos divertido, os habéis divertido, se han divertido | |
| *Pluperf.* | me había divertido, te habías divertido, se había divertido; <br> nos habíamos divertido, os habíais divertido, se habían divertido | |
| *Past Ant.* | me hube divertido, te hubiste divertido, se hubo divertido; <br> nos hubimos divertido, os hubisteis divertido, se hubieron divertido | |
| *Fut. Perf.* | me habré divertido, te habrás divertido, se habrá divertido; <br> nos habremos divertido, os habréis divertido, se habrán divertido | |
| *Cond.* <br> *Perf.* | me habría divertido, te habrías divertido, se habría divertido; <br> nos habríamos divertido, os habríais divertido, se habrían divertido | |
| *Pres. Perf.* <br> *Subj.* | me haya divertido, te hayas divertido, se haya divertido; <br> nos hayamos divertido, os hayáis divertido, se hayan divertido | |
| *Plup. Subj.* | me hubiera divertido, te hubieras divertido, se hubiera divertido; <br> nos hubiéramos divertido, os hubierais divertido, se hubieran divertido | |
| | me hubiese divertido, te hubieses divertido, se hubiese divertido; <br> nos hubiésemos divertido, os hubieseis divertido, se hubiesen divertido | |
| *Imperative* | —— diviértete, diviértase; <br> divirtámonos, divertíos, diviértanse | |

| | | |
|---|---|---|
| *Pres. Ind.* | duermo, duermes, duerme;<br>dormimos, dormís, duermen | *to sleep* |
| *Imp. Ind.* | dormía, dormías, dormía;<br>dormíamos, dormíais, dormían | |
| *Pret. Ind.* | dormí, dormiste, durmió;<br>dormimos, dormisteis, durmieron | |
| *Fut. Ind.* | dormiré, dormirás, dormirá;<br>dormiremos, dormiréis, dormirán | |
| *Condit.* | dormiría, dormirías, dormiría;<br>dormiríamos, dormiríais, dormirían | |
| *Pres. Subj.* | duerma, duermas, duerma;<br>durmamos, durmáis, duerman | |
| *Imp. Subj.* | durmiera, durmieras, durmiera;<br>durmiéramos, durmierais, durmieran | |
| | durmiese, durmieses, durmiese;<br>durmiésemos, durmieseis, durmiesen | |
| *Pres. Perf.* | he dormido, has dormido, ha dormido;<br>hemos dormido, habéis dormido, han dormido | |
| *Pluperf.* | había dormido, habías dormido, había dormido;<br>habíamos dormido, habíais dormido, habían dormido | |
| *Past Ant.* | hube dormido, hubiste dormido, hubo dormido;<br>hubimos dormido, hubisteis dormido, hubieron dormido | |
| *Fut. Perf.* | habré dormido, habrás dormido, habrá dormido;<br>habremos dormido, habréis dormido, habrán dormido | |
| *Cond.*<br>*Perf.* | habría dormido, habrías dormido, habría dormido;<br>habríamos dormido, habríais dormido, habrían dormido | |
| *Pres. Perf.*<br>*Subj.* | haya dormido, hayas dormido, haya dormido;<br>hayamos dormido, hayáis dormido, hayan dormido | |
| *Plup. Subj.* | hubiera dormido, hubieras dormido, hubiera dormido;<br>hubiéramos dormido, hubierais dormido, hubieran dormido | |
| | hubiese dormido, hubieses dormido, hubiese dormido;<br>hubiésemos dormido, hubieseis dormido, hubiesen dormido | |
| *Imperative* | —— duerme, duerma;<br>durmamos, dormid, duerman | |

**85**

| | | |
|---|---|---|
| *Pres. Ind.* | me duermo, te duermes, se duerme;<br>nos dormimos, os dormís, se duermen | *to fall asleep* |
| *Imp. Ind.* | me dormía, te dormías, se dormía;<br>nos dormíamos, os dormíais, se dormían | |
| *Pret. Ind.* | me dormí, te dormiste, se durmió;<br>nos dormimos, os dormisteis, se durmieron | |
| *Fut. Ind.* | me dormiré, te dormirás, se dormirá;<br>nos dormiremos, os dormiréis, se dormirán | |
| *Condit.* | me dormiría, te dormirías, se dormiría;<br>nos dormiríamos, os dormiríais, se dormirían | |
| *Pres. Subj.* | me duerma, te duermas, se duerma;<br>nos durmamos, os durmáis, se duerman | |
| *Imp. Subj.* | me durmiera, te durmieras, se durmiera;<br>nos durmiéramos, os durmierais, se durmieran | |
| | me durmiese, te durmieses, se durmiese;<br>nos durmiésemos, os durmieseis, se durmiesen | |
| *Pres. Perf.* | me he dormido, te has dormido, se ha dormido;<br>nos hemos dormido, os habéis dormido, se han dormido | |
| *Pluperf.* | me había dormido, te habías dormido, se había dormido;<br>nos habíamos dormido, os habíais dormido, se habían dormido | |
| *Past Ant.* | me hube dormido, te hubiste dormido, se hubo dormido;<br>nos hubimos dormido, os hubisteis dormido, se hubieron dormido | |
| *Fut. Perf.* | me habré dormido, te habrás dormido, se habrá dormido;<br>nos habremos dormido, os habréis dormido, se habrán dormido | |
| *Cond.*<br>*Perf.* | me habría dormido, te habrías dormido, se habría dormido;<br>nos habríamos dormido, os habríais dormido, se habrían dormido | |
| *Pres. Perf.*<br>*Subj.* | me haya dormido, te hayas dormido, se haya dormido;<br>nos hayamos dormido, os hayáis dormido, se hayan dormido | |
| *Plup. Subj.* | me hubiera dormido, te hubieras dormido, se hubiera dormido;<br>nos hubiéramos dormido, os hubierais dormido, se hubieran dormido | |
| | me hubiese dormido, te hubieses dormido, se hubiese dormido;<br>nos hubiésemos dormido, os hubieseis dormido, se hubiesen dormido | |
| *Imperative* | —— duérmete, duérmase;<br>durmámonos, dormíos, duérmanse | |

| | | |
|---|---|---|
| *Pres. Ind.* | elijo, eliges, elige;<br>elegimos, elegís, eligen | *to elect* |
| *Imp. Ind.* | elegía, elegías, elegía;<br>elegíamos, elegíais, elegían | |
| *Pret. Ind.* | elegí, elegiste, eligió;<br>elegimos, elegisteis, eligieron | |
| *Fut. Ind.* | elegiré, elegirás, elegirá;<br>elegiremos, elegiréis, elegirán | |
| *Condit.* | elegiría, elegirías, elegiría;<br>elegiríamos, elegiríais, elegirían | |
| *Pres. Subj.* | elija, elijas, elija;<br>elijamos, elijáis, elijan | |
| *Imp. Subj.* | eligiera, eligieras, eligiera;<br>eligiéramos, eligierais, eligieran | |
| | eligiese, eligieses, eligiese;<br>eligiésemos, eligieseis, eligiesen | |
| *Pres. Perf.* | he elegido, has elegido, ha elegido;<br>hemos elegido, habéis elegido, han elegido | |
| *Pluperf.* | había elegido, habías elegido, había elegido;<br>habíamos elegido, habíais elegido, habían elegido | |
| *Past Ant.* | hube elegido, hubiste elegido, hubo elegido;<br>hubimos elegido, hubisteis elegido, hubieron elegido | |
| *Fut. Perf.* | habré elegido, habrás elegido, habrá elegido;<br>habremos elegido, habréis elegido, habrán elegido | |
| *Cond.*<br>*Perf.* | habría elegido, habrías elegido, habría elegido;<br>habríamos elegido, habríais elegido, habrían elegido | |
| *Pres. Perf.*<br>*Subj.* | haya elegido, hayas elegido, haya elegido;<br>hayamos elegido, hayáis elegido, hayan elegido | |
| *Plup. Subj.* | hubiera elegido, hubieras elegido, hubiera elegido;<br>hubiéramos elegido, hubierais elegido, hubieran elegido | |
| | hubiese elegido, hubieses elegido, hubiese elegido;<br>hubiésemos elegido, hubieseis elegido, hubiesen elegido | |
| *Imperative* | —— elige, elija;<br>elijamos, elegid, elijan | |

| | | |
|---|---|---|
| *Pres. Ind.* | empiezo, empiezas, empieza;<br>empezamos, empezáis, empiezan | *to begin,* |
| *Imp. Ind.* | empezaba, empezabas, empezaba;<br>empezábamos, empezabais, empezaban | *start* |
| *Pret. Ind.* | empecé, empezaste, empezó;<br>empezamos, empezasteis, empezaron | |
| *Fut. Ind.* | empezaré, empezarás, empezará;<br>empezaremos, empezaréis, empezarán | |
| *Condit.* | empezaría, empezarías, empezaría;<br>empezaríamos, empezaríais, empezarían | |
| *Pres. Subj.* | empiece, empieces, empiece;<br>empecemos, empecéis, empiecen | |
| *Imp. Subj.* | empezara, empezaras, empezara;<br>empezáramos, empezarais, empezaran | |
| | empezase, empezases, empezase;<br>empezásemos, empezaseis, empezasen | |
| *Pres. Perf.* | he empezado, has empezado, ha empezado;<br>hemos empezado, habéis empezado, han empezado | |
| *Pluperf.* | había empezado, habías empezado, había empezado;<br>habíamos empezado, habíais empezado, habían empezado | |
| *Past Ant.* | hube empezado, hubiste empezado, hubo empezado;<br>hubimos empezado, hubisteis empezado, hubieron empezado | |
| *Fut. Perf.* | habré empezado, habrás empezado, habrá empezado;<br>habremos empezado, habréis empezado, habrán empezado | |
| *Cond.*<br>*Perf.* | habría empezado, habrías empezado, habría empezado;<br>habríamos empezado, habríais empezado, habrían empezado | |
| *Pres. Perf.*<br>*Subj.* | haya empezado, hayas empezado, haya empezado;<br>hayamos empezado, hayáis empezado, hayan empezado | |
| *Plup. Subj.* | hubiera empezado, hubieras empezado, hubiera empezado;<br>hubiéramos empezado, hubierais empezado, hubieran empezado | |
| | hubiese empezado, hubieses empezado, hubiese empezado;<br>hubiésemos empezado, hubieseis empezado, hubiesen empezado | |
| *Imperative* | —— empieza, empiece;<br>empecemos, empezad, empiecen | |

## encontrar

*Pres. Ind.* encuentro, encuentras, encuentra;
encontramos, encontráis, encuentran

*Imp. Ind.* encontraba, encontrabas, encontraba;
encontrábamos, encontrabais, encontraban

*to meet,*
*encounter, find*

*Pret. Ind.* encontré, encontraste, encontró;
encontramos, encontrasteis, encontraron

*Fut. Ind.* encontraré, encontrarás, encontrará;
encontraremos, encontraréis, encontrarán

*Condit.* encontraría, encontrarías, encontraría;
encontraríamos, encontraríais, encontrarían

*Pres. Subj.* encuentre, encuentres, encuentre;
encontremos, encontréis, encuentren

*Imp. Subj.* encontrara, encontraras, encontrara;
encontráramos, encontrarais, encontraran

encontrase, encontrases, encontrase;
encontrásemos, encontraseis, encontrasen

*Pres. Perf.* he encontrado, has encontrado, ha encontrado;
hemos encontrado, habéis encontrado, han encontrado

*Pluperf.* había encontrado, habías encontrado, había encontrado;
habíamos encontrado, habíais encontrado, habían encontrado

*Past Ant.* hube encontrado, hubiste encontrado, hubo encontrado;
hubimos encontrado, hubisteis encontrado, hubieron encontrado

*Fut. Perf.* habré encontrado, habrás encontrado, habrá encontrado;
habremos encontrado, habréis encontrado, habrán encontrado

*Cond.*
*Perf.*
había encontrado, habrías encontrado, habría encontrado;
habríamos encontrado, habríais encontrado, habrían encontrado

*Pres. Perf.*
*Subj.*
haya encontrado, hayas encontrado, haya encontrado;
hayamos encontrado, hayáis encontrado, hayan encontrado

*Plup. Subj.* hubiera encontrado, hubieras encontrado, hubiera encontrado;
hubiéramos encontrado, hubierais encontrado, hubieran encontrado

hubiese encontrado, hubieses encontrado, hubiese encontrado;
hubiésemos encontrado, hubieseis encontrado, hubiesen encontrado

*Imperative* —— encuentra, encuentre;
encontremos, encontrad, encuentren

**enfadarse**

| | |
|---|---|
| *Pres. Ind.* | me enfado, te enfadas, se enfada;<br>nos enfadamos, os enfadáis, se enfadan |
| *Imp. Ind.* | me enfadaba, te enfadabas, se enfadaba;<br>nos enfadábamos, os enfadabais, se enfadaban |
| *Pret. Ind.* | me enfadé, te enfadaste, se enfadó;<br>nos enfadamos, os enfadasteis, se enfadaron |
| *Fut. Ind.* | me enfadaré, te enfadarás, se enfadará;<br>nos enfadaremos, os enfadaréis, se enfadarán |
| *Condit.* | me enfadaría, te enfadarías, se enfadaría;<br>nos enfadaríamos, os enfadaríais, se enfadarían |
| *Pres. Subj.* | me enfade, te enfades, se enfade;<br>nos enfademos, os enfadéis, se enfaden |
| *Imp. Subj.* | me enfadara, te enfadaras, se enfadara;<br>nos enfadáramos, os enfadarais, se enfadaran |
| | me enfadase, te enfadases, se enfadase;<br>nos enfadásemos, os enfadaseis, se enfadasen |
| *Pres. Perf.* | me he enfadado, te has enfadado, se ha enfadado;<br>nos hemos enfadado, os habéis enfadado, se han enfadado |
| *Pluperf.* | me había enfadado, te habías enfadado, se había enfadado;<br>nos habíamos enfadado, os habíais enfadado, se habían enfadado |
| *Past Ant.* | me hube enfadado, te hubiste enfadado, se hubo enfadado;<br>nos hubimos enfadado, os hubisteis enfadado, se hubieron enfadado |
| *Fut. Perf.* | me habré enfadado, te habrás enfadado, se habrá enfadado;<br>nos habremos enfadado, os habréis enfadado, se habrán enfadado |
| *Cond.*<br>*Perf.* | me habría enfadado, te habrías enfadado, se habría enfadado;<br>nos habríamos enfadado, os habríais enfadado, se habrían enfadado |
| *Pres. Perf.*<br>*Subj.* | me haya enfadado, te hayas enfadado, se haya enfadado;<br>nos hayamos enfadado, os hayáis enfadado, se hayan enfadado |
| *Plup. Subj.* | me hubiera enfadado, te hubieras enfadado, se hubiera enfadado;<br>nos hubiéramos enfadado, os hubierais enfadado, se hubieran enfadado |
| | me hubiese enfadado, te hubieses enfadado, se hubiese enfadado;<br>nos hubiésemos enfadado, os hubieseis enfadado, se hubiesen enfadado |
| *Imperative* | —— enfádate, enfádese;<br>enfadémonos, enfadaos, enfádense |

*to become angry*

PRES. PART. *entendiendo* PAST PART. *entendido*     **entender**

| | | |
|---|---|---|
| *Pres. Ind.* | entiendo, entiendes, entiende; entendemos, entendéis, entienden | *to understand* |
| *Imp. Ind.* | entendía, entendías, entendía; entendíamos, entendíais, entendían | |
| *Pret. Ind.* | entendí, entendiste, entendió; entendimos, entendisteis, entendieron | |
| *Fut. Ind.* | entenderé, entenderás, entenderá; entenderemos, entenderéis, entenderán | |
| *Condit.* | entendería, entenderías, entendería; entenderíamos, entenderíais, entenderían | |
| *Pres. Subj.* | entienda, entiendas, entienda; entendamos, entendáis, entiendan | |
| *Imp. Subj.* | entendiera, entendieras, entendiera; entendiéramos, entendierais, entendieran | |
| | entendiese, entendieses, entendiese; entendiésemos, entendieseis, entendiesen | |
| *Pres. Perf.* | he entendido, has entendido, ha entendido; hemos entendido, habéis entendido, han entendido | |
| *Pluperf.* | había entendido, habías entendido, había entendido; habíamos entendido, habíais entendido, habían entendido | |
| *Past Ant.* | hube entendido, hubiste entendido, hubo entendido; hubimos entendido, hubisteis entendido, hubieron entendido | |
| *Fut. Perf.* | habré entendido, habrás entendido, habrá entendido; habremos entendido, habréis entendido, habrán entendido | |
| *Cond. Perf.* | habría entendido, habrías entendido, habría entendido; habríamos entendido, habríais entendido, habrían entendido | |
| *Pres. Perf. Subj.* | haya entendido, hayas entendido, haya entendido; hayamos entendido, hayáis entendido, hayan entendido | |
| *Plup. Subj.* | hubiera entendido, hubieras entendido, hubiera entendido; hubiéramos entendido, hubierais entendido, hubieran entendido | |
| | hubiese entendido, hubieses entendido, hubiese entendido; hubiésemos entendido, hubieseis entendido, hubiesen entendido | |
| *Imperative* | —— entiende, entienda; entendamos, entended, entiendan | |

| | |
|---|---|
| *Pres. Ind.* | entrego, entregas, entrega;<br>entregamos, entregáis, entregan |
| *Imp. Ind.* | entregaba, entregabas, entregaba;<br>entregábamos, entregabais, entregaban |
| *Pret. Ind.* | entregué, entregaste, entregó;<br>entregamos, entregasteis, entregaron |
| *Fut. Ind.* | entregaré, entregarás, entregará;<br>entregaremos, entregaréis, entregarán |
| *Condit.* | entregaría, entregarías, entregaría;<br>entregaríamos, entregaríais, entregarían |
| *Pres. Subj.* | entregue, entregues, entregue;<br>entreguemos, entreguéis, entreguen |
| *Imp. Subj.* | entregara, entregaras, entregara;<br>entregáramos, entregarais, entregaran |
| | entregase, entregases, entregase;<br>entregásemos, entregaseis, entregasen |
| *Pres. Perf.* | he entregado, has entregado, ha entregado;<br>hemos entregado, habéis entregado, han entregado |
| *Pluperf.* | había entregado, habías entregado, había entregado;<br>habíamos entregado, habíais entregado, habían entregado |
| *Past Ant.* | hube entregado, hubiste entregado, hubo entregado;<br>hubimos entregado, hubisteis entregado, hubieron entregado |
| *Fut. Perf.* | habré entregado, habrás entregado, habrá entregado;<br>habremos entregado, habréis entregado, habrán entregado |
| *Cond.*<br>*Perf.* | habría entregado, habrías entregado, habría entregado;<br>habríamos entregado, habríais entregado, habrían entregado |
| *Pres. Perf.*<br>*Subj.* | haya entregado, hayas entregado, haya entregado;<br>hayamos entregado, hayáis entregado, hayan entregado |
| *Plup. Subj.* | hubiera entregado, hubieras entregado, hubiera entregado;<br>hubiéramos entregado, hubierais entregado, hubieran entregado |
| | hubiese entregado, hubieses entregado, hubiese entregado;<br>hubiésemos entregado, hubieseis entregado, hubiesen entregado |
| *Imperative* | —— entrega, entregue;<br>entreguemos, entregad, entreguen |

*to deliver,<br>hand over,<br>give*

| | | |
|---|---|---|
| *Pres. Ind.* | envío, envías, envía;<br>enviamos, enviáis, envían | *to send* |
| *Imp. Ind.* | enviaba, enviabas, enviaba;<br>enviábamos, enviabais, enviaban | |
| *Pret. Ind.* | envié, enviaste, envió;<br>enviamos, enviasteis, enviaron | |
| *Fut. Ind.* | enviaré, enviarás, enviará;<br>enviaremos, enviaréis, enviarán | |
| *Condit.* | enviaría, enviarías, enviaría;<br>enviaríamos, enviaríais, enviarían | |
| *Pres. Subj.* | envíe, envíes, envíe;<br>enviemos, enviéis, envíen | |
| *Imp. Subj.* | enviara, enviaras, enviara;<br>enviáramos, enviarais, enviaran | |
| | enviase, enviases, enviase;<br>enviásemos, enviaseis, enviasen | |
| *Pres. Perf.* | he enviado, has enviado, ha enviado;<br>hemos enviado, habéis enviado, han enviado | |
| *Pluperf.* | había enviado, habías enviado, había enviado;<br>habíamos enviado, habíais enviado, habían enviado | |
| *Past Ant.* | hube enviado, hubiste enviado, hubo enviado;<br>hubimos enviado, hubisteis enviado, hubieron enviado | |
| *Fut. Perf.* | habré enviado, habrás enviado, habrá enviado;<br>habremos enviado, habréis enviado, habrán enviado | |
| *Cond.*<br>*Perf.* | habría enviado, habrías enviado, habría enviado;<br>habríamos enviado, habríais enviado, habrían enviado | |
| *Pres. Perf.*<br>*Subj.* | haya enviado, hayas enviado, haya enviado;<br>hayamos enviado, hayáis enviado, hayan enviado | |
| *Plup. Subj.* | hubiera enviado, hubieras enviado, hubiera enviado;<br>hubiéramos enviado, hubierais enviado, hubieran enviado | |
| | hubiese enviado, hubieses enviado, hubiese enviado;<br>hubiésemos enviado, hubieseis enviado, hubiesen enviado | |
| *Imperative* | —— envía, envíe;<br>enviemos, enviad, envíen | |

| | | |
|---|---|---|
| *Pres. Ind.* | me equivoco, te equivocas, se equivoca;<br>nos equivocamos, os equivocáis, se equivocan | *to be mistaken* |
| *Imp. Ind.* | me equivocaba, te equivocabas, se equivocaba;<br>nos equivocábamos, os equivocabais, se equivocaban | |
| *Pret. Ind.* | me equivoqué, te equivocaste, se equivocó;<br>nos equivocamos, os equivocasteis, se equivocaron | |
| *Fut. Ind.* | me equivocaré, te equivocarás, se equivocará;<br>nos equivocaremos, os equivocaréis, se equivocarán | |
| *Condit.* | me equivocaría, te equivocarías, se equivocaría;<br>nos equivocaríamos, os equivocaríais, se equivocarían | |
| *Pres. Subj.* | me equivoque, te equivoques, se equivoque;<br>nos equivoquemos, os equivoquéis, se equivoquen | |
| *Imp. Subj.* | me equivocara, te equivocaras, se equivocara;<br>nos equivocáramos, os equivocarais, se equivocaran | |
| | me equivocase, te equivocases, se equivocase;<br>nos equivocásemos, os equivocaseis, se equivocasen | |
| *Pres. Perf.* | me he equivocado, te has equivocado, se ha equivocado;<br>nos hemos equivocado, os habéis equivocado, se han equivocado | |
| *Pluperf.* | me había equivocado, te habías equivocado, se había equivocado;<br>nos habíamos equivocado, os habíais equivocado, se habían equivocado | |
| *Past Ant.* | me hube equivocado, te hubiste equivocado, se hubo equivocado;<br>nos hubimos equivocado, os hubisteis equivocado, se hubieron equivocado | |
| *Fut. Perf.* | me habré equivocado, te habrás equivocado, se habrá equivocado;<br>nos habremos equivocado, os habréis equivocado, se habrán equivocado | |
| *Cond.<br>Perf.* | me habría equivocado, te habrías equivocado, se habría equivocado;<br>nos habríamos equivocado, os habríais equivocado, se habrían equivocado | |
| *Pres. Perf.<br>Subj.* | me haya equivocado, te hayas equivocado, se haya equivocado;<br>nos hayamos equivocado, os hayáis equivocado, se hayan equivocado | |
| *Plup. Subj.* | me hubiera equivocado, te hubieras equivocado, se hubiera equivocado;<br>nos hubiéramos equivocado, os hubierais equivocado, se hubieran equivocado | |
| | me hubiese equivocado, te hubieses equivocado, se hubiese equivocado;<br>nos hubiésemos equivocado, os hubieseis equivocado, se hubiesen equivocado | |
| *Imperative* | —— equivócate, equivóquese; [ordinarily not used]<br>equivoquémonos, equivocaos, equivóquense | |

| | | |
|---|---|---|
| *Pres. Ind.* | yerro, yerras, yerra;<br>erramos, erráis, yerran | *to err, wander,* |
| *Imp. Ind.* | erraba, errabas, erraba;<br>errábamos, errabais, erraban | *roam, miss* |
| *Pret. Ind.* | erré, erraste, erró;<br>erramos, errasteis, erraron | |
| *Fut. Ind.* | erraré, errarás, errará;<br>erraremos, erraréis, errarán | |
| *Condit.* | erraría, errarías, erraría;<br>erraríamos, erraríais, errarían | |
| *Pres. Subj.* | yerre, yerres, yerre;<br>erremos, erréis, yerren | |
| *Imp. Subj.* | errara, erraras, errara;<br>erráramos, errarais, erraran | |
| | errase, errases, errase;<br>errásemos, erraseis, errasen | |
| *Pres. Perf.* | he errado, has errado, ha errado;<br>hemos errado, habéis errado, han errado | |
| *Pluperf.* | había errado, habías errado, había errado;<br>habíamos errado, habíais errado, habían errado | |
| *Past Ant.* | hube errado, hubiste errado, hubo errado;<br>hubimos errado, hubisteis errado, hubieron errado | |
| *Fut. Perf.* | habré errado, habrás errado, habrá errado;<br>habremos errado, habréis errado, habrán errado | |
| *Cond.*<br>*Perf.* | habría errado, habrías errado, habría errado;<br>habríamos errado, habríais errado, habrían errado | |
| *Pres. Perf.*<br>*Subj.* | haya errado, hayas errado, haya errado;<br>hayamos errado, hayáis errado, hayan errado | |
| *Plup. Subj.* | hubiera errado, hubieras errado, hubiera errado;<br>hubiéramos errado, hubierais errado, hubieran errado | |
| | hubiese errado, hubieses errado, hubiese errado;<br>hubiésemos errado, hubieseis errado, hubiesen errado | |
| *Imperative* | —— yerra, yerre;<br>erremos, errad, yerren | |

| | |
|---|---|
| *Pres. Ind.* | escojo, escoges, escoge; |
| | escogemos, escogéis, escogen |
| *Imp. Ind.* | escogía, escogías, escogía; |
| | escogíamos, escogíais, escogían |
| *Pret. Ind.* | escogí, escogiste, escogió; |
| | escogimos, escogisteis, escogieron |
| *Fut. Ind.* | escogeré, escogerás, escogerá; |
| | escogeremos, escogeréis, escogerán |
| *Condit.* | escogería, escogerías, escogería; |
| | escogeríamos, escogeríais, escogerían |
| *Pres. Subj.* | escoja, escojas, escoja; |
| | escojamos, escojáis, escojan |
| *Imp. Subj.* | escogiera, escogieras, escogiera; |
| | escogiéramos, escogierais, escogieran |
| | escogiese, escogieses, escogiese; |
| | escogiésemos, escogieseis, escogiesen |
| *Pres. Perf.* | he escogido, has escogido, ha escogido; |
| | hemos escogido, habéis escogido, han escogido |
| *Pluperf.* | había escogido, habías escogido, había escogido; |
| | habíamos escogido, habíais escogido, habían escogido |
| *Past Ant.* | hube escogido, hubiste escogido, hubo escogido; |
| | hubimos escogido, hubisteis escogido, hubieron escogido |
| *Fut. Perf.* | habré escogido, habrás escogido, habrá escogido; |
| | habremos escogido, habréis escogido, habrán escogido |
| *Cond. Perf.* | habría escogido, habrías escogido, habría escogido; |
| | habríamos escogido, habríais escogido, habrían escogido |
| *Pres. Perf. Subj.* | haya escogido, hayas escogido, haya escogido; |
| | hayamos escogido, hayáis escogido, hayan escogido |
| *Plup. Subj.* | hubiera escogido, hubieras escogido, hubiera escogido; |
| | hubiéramos escogido, hubierais escogido, hubieran escogido |
| | hubiese escogido, hubieses escogido, hubiese escogido; |
| | hubiésemos escogido, hubieseis escogido, hubiesen escogido |
| *Imperative* | —— escoge, escoja; |
| | escojamos, escoged, escojan |

*to choose*

| | | |
|---|---|---|
| *Pres. Ind.* | escribo, escribes, escribe;<br>escribimos, escribís, escriben | *to write* |
| *Imp. Ind.* | escribía, escribías, escribía;<br>escribíamos, escribíais, escribían | |
| *Pret. Ind.* | escribí, escribiste, escribió;<br>escribimos, escribisteis, escribieron | |
| *Fut. Ind.* | escribiré, escribirás, escribirá;<br>escribiremos, escribiréis, escribirán | |
| *Condit.* | escribiría, escribirías, escribiría;<br>escribiríamos, escribiríais, escribirían | |
| *Pres. Subj.* | escriba, escribas, escriba;<br>escribamos, escribáis, escriban | |
| *Imp. Subj.* | escribiera, escribieras, escribiera;<br>escribiéramos, escribierais, escribieran | |
| | escribiese, escribieses, escribiese;<br>escribiésemos, escribieseis, escribiesen | |
| *Pres. Perf.* | he escrito, has escrito, ha escrito;<br>hemos escrito, habéis escrito, han escrito | |
| *Pluperf.* | había escrito, habías escrito, había escrito;<br>habíamos escrito, habíais escrito, habían escrito | |
| *Past Ant.* | hube escrito, hubiste escrito, hubo escrito;<br>hubimos escrito, hubisteis escrito, hubieron escrito | |
| *Fut. Perf.* | habré escrito, habrás escrito, habrá escrito;<br>habremos escrito, habréis escrito, habrán escrito | |
| *Cond.*<br>*Perf.* | habría escrito, habrías escrito, habría escrito;<br>habríamos escrito, habríais escrito, habrían escrito | |
| *Pres. Perf.*<br>*Subj.* | haya escrito, hayas escrito, haya escrito;<br>hayamos escrito, hayáis escrito, hayan escrito | |
| *Plup. Subj.* | hubiera escrito, hubieras escrito, hubiera escrito;<br>hubiéramos escrito, hubierais escrito, hubieran escrito | |
| | hubiese escrito, hubieses escrito, hubiese escrito;<br>hubiésemos escrito, hubieseis escrito, hubiesen escrito | |
| *Imperative* | —— escribe, escriba;<br>escribamos, escribid, escriban | |

| | | |
|---|---|---|
| *Pres. Ind.* | esparzo, esparces, esparce;<br>esparcimos, esparcís, esparcen | *to scatter,* |
| *Imp. Ind.* | esparcía, esparcías, esparcía;<br>esparcíamos, esparcíais, esparcían | *spread* |
| *Pret. Ind.* | esparcí, esparciste, esparció;<br>esparcimos, esparcisteis, esparcieron | |
| *Fut. Ind.* | esparciré, esparcirás, esparcirá;<br>esparciremos, esparciréis, esparcirán | |
| *Condit.* | esparciría, esparcirías, esparciría;<br>esparciríamos, esparciríais, esparcirían | |
| *Pres. Subj.* | esparza, esparzas, esparza;<br>esparzamos, esparzáis, esparzan | |
| *Imp. Subj.* | esparciera, esparcieras, esparciera;<br>esparciéramos, esparcierais, esparcieran | |
| | esparciese, esparcieses, esparciese;<br>esparciésemos, esparcieseis, esparciesen | |
| *Pres. Perf.* | he esparcido, has esparcido, ha esparcido;<br>hemos esparcido, habéis esparcido, han esparcido | |
| *Pluperf.* | había esparcido, habías esparcido, había esparcido;<br>habíamos esparcido, habíais esparcido, habían esparcido | |
| *Past Ant.* | hube esparcido, hubiste esparcido, hubo esparcido;<br>hubimos esparcido, hubisteis esparcido, hubieron esparcido | |
| *Fut. Perf.* | habré esparcido, habrás esparcido, habrá esparcido;<br>habremos esparcido, habréis esparcido, habrán esparcido | |
| *Cond.*<br>*Perf.* | habría esparcido, habrías esparcido, habría esparcido;<br>habríamos esparcido, habríais esparcido, habrían esparcido | |
| *Pres. Perf.*<br>*Subj.* | haya esparcido, hayas esparcido, haya esparcido;<br>hayamos esparcido, hayáis esparcido, hayan esparcido | |
| *Plup. Subj.* | hubiera esparcido, hubieras esparcido, hubiera esparcido;<br>hubiéramos esparcido, hubierais esparcido, hubieran esparcido | |
| | hubiese esparcido, hubieses esparcido, hubiese esparcido;<br>hubiésemos esparcido, hubieseis esparcido, hubiesen esparcido | |
| *Imperative* | —— esparce, esparza;<br>esparzamos, esparcid, esparzan | |

## estar

| | | |
|---|---|---|
| *Pres. Ind.* | estoy, estás, está;<br>estamos, estáis, están | *to be* |
| *Imp. Ind.* | estaba, estabas, estaba;<br>estábamos, estabais, estaban | |
| *Pret. Ind.* | estuve, estuviste, estuvo;<br>estuvimos, estuvisteis, estuvieron | |
| *Fut. Ind.* | estaré, estarás, estará;<br>estaremos, estaréis, estarán | |
| *Condit.* | estaría, estarías, estaría;<br>estaríamos, estaríais, estarían | |
| *Pres. Subj.* | esté, estés, esté;<br>estemos, estéis, estén | |
| *Imp. Subj.* | estuviera, estuvieras, estuviera;<br>estuviéramos, estuvierais, estuvieran | |
| | estuviese, estuvieses, estuviese;<br>estuviésemos, estuvieseis, estuviesen | |
| *Pres. Perf.* | he estado, has estado, ha estado;<br>hemos estado, habéis estado, han estado | |
| *Pluperf.* | había estado, habías estado, había estado;<br>habíamos estado, habíais estado, habían estado | |
| *Past Ant.* | hube estado, hubiste estado, hubo estado;<br>hubimos estado, hubisteis estado, hubieron estado | |
| *Fut. Perf.* | habré estado, habrás estado, habrá estado;<br>habremos estado, habréis estado, habrán estado | |
| *Cond.*<br>*Perf.* | habría estado, habrías estado, habría estado;<br>habríamos estado, habríais estado, habrían estado | |
| *Pres. Perf.*<br>*Subj.* | haya estado, hayas estado, haya estado;<br>hayamos estado, hayáis estado, hayan estado | |
| *Plup. Subj.* | hubiera estado, hubieras estado, hubiera estado;<br>hubiéramos estado, hubierais estado, hubieran estado | |
| | hubiese estado, hubieses estado, hubiese estado;<br>hubiésemos estado, hubieseis estado, hubiesen estado | |
| *Imperative* | —— está, esté;<br>estemos, estad, estén | |

**99**

| | | |
|---|---|---|
| *Pres. Ind.* | estudio, estudias, estudia;<br>estudiamos, estudiáis, estudian | *to study* |
| *Imp. Ind.* | estudiaba, estudiabas, estudiaba;<br>estudiábamos, estudiabais, estudiaban | |
| *Pret. Ind.* | estudié, estudiaste, estudió;<br>estudiamos, estudiasteis, estudiaron | |
| *Fut. Ind.* | estudiaré, estudiarás, estudiará;<br>estudiaremos, estudiaréis, estudiarán | |
| *Condit.* | estudiaría, estudiarías, estudiaría;<br>estudiaríamos, estudiaríais, estudiarían | |
| *Pres. Subj.* | estudie, estudies, estudie;<br>estudiemos, estudiéis, estudien | |
| *Imp. Subj.* | estudiara, estudiaras, estudiara;<br>estudiáramos, estudiarais, estudiaran | |
| | estudiase, estudiases, estudiase;<br>estudiásemos, estudiaseis, estudiasen | |
| *Pres. Perf.* | he estudiado, has estudiado, ha estudiado;<br>hemos estudiado, habéis estudiado, han estudiado | |
| *Pluperf.* | había estudiado, habías estudiado, había estudiado;<br>habíamos estudiado, habíais estudiado, habían estudiado | |
| *Past Ant.* | hube estudiado, hubiste estudiado, hubo estudiado;<br>hubimos estudiado, hubisteis estudiado, hubieron estudiado | |
| *Fut. Perf.* | habré estudiado, habrás estudiado, habrá estudiado;<br>habremos estudiado, habréis estudiado, habrán estudiado | |
| *Cond.*<br>*Perf.* | habría estudiado, habrías estudiado, habría estudiado;<br>habríamos estudiado, habríais estudiado, habrían estudiado | |
| *Pres. Perf.*<br>*Subj.* | haya estudiado, hayas estudiado, haya estudiado;<br>hayamos estudiado, hayáis estudiado, hayan estudiado | |
| *Plup. Subj.* | hubiera estudiado, hubieras estudiado, hubiera estudiado;<br>hubiéramos estudiado, hubierais estudiado, hubieran estudiado | |
| | hubiese estudiado, hubieses estudiado, hubiese estudiado;<br>hubiésemos estudiado, hubieseis estudiado, hubiesen estudiado | |
| *Imperative* | —— estudia, estudie;<br>estudiemos, estudiad, estudien | |

| | | |
|---|---|---|
| *Pres. Ind.* | exijo, exiges, exige;<br>exigimos, exigís, exigen | *to demand,* |
| *Imp. Ind.* | exigía, exigías, exigía;<br>exigíamos, exigíais, exigían | *urge, require* |
| *Pret. Ind.* | exigí, exigiste, exigió;<br>exigimos, exigisteis, exigieron | |
| *Fut. Ind.* | exigiré, exigirás, exigirá;<br>exigiremos, exigiréis, exigirán | |
| *Condit.* | exigiría, exigirías, exigiría;<br>exigiríamos, exigiríais, exigirían | |
| *Pres. Subj.* | exija, exijas, exija;<br>exijamos, exijáis, exijan | |
| *Imp. Subj.* | exigiera, exigieras, exigiera;<br>exigiéramos, exigierais, exigieran | |
| | exigiese, exigieses, exigiese;<br>exigiésemos, exigieseis, exigiesen | |
| *Pres. Perf.* | he exigido, has exigido, ha exigido;<br>hemos exigido, habéis exigido, han exigido | |
| *Pluperf.* | había exigido, habías exigido, había exigido;<br>habíamos exigido, habíais exigido, habían exigido | |
| *Past Ant.* | hube exigido, hubiste exigido, hubo exigido;<br>hubimos exigido, hubisteis exigido, hubieron exigido | |
| *Fut. Perf.* | habré exigido, habrás exigido, habrá exigido;<br>habremos exigido, habréis exigido, habrán exigido | |
| *Cond.*<br>*Perf.* | habría exigido, habrías exigido, habría exigido;<br>habríamos exigido, habríais exigido, habrían exigido | |
| *Pres. Perf.*<br>*Subj.* | haya exigido, hayas exigido, haya exigido;<br>hayamos exigido, hayáis exigido, hayan exigido | |
| *Plup. Subj.* | hubiera exigido, hubieras exigido, hubiera exigido;<br>hubiéramos exigido, hubierais exigido, hubieran exigido | |
| | hubiese exigido, hubieses exigido, hubiese exigido;<br>hubiésemos exigido, hubieseis exigido, hubiesen exigido | |
| *Imperative* | —— exige, exija;<br>exijamos, exigid, exijan | |

| | | |
|---|---|---|
| *Pres. Ind.* | falto, faltas, falta;<br>faltamos, faltáis, faltan | *to be lacking,*<br>*to be wanting* |
| *Imp. Ind.* | faltaba, faltabas, faltaba;<br>faltábamos, faltabais, faltaban | |
| *Pret. Ind.* | falté, faltaste, faltó;<br>faltamos, faltasteis, faltaron | |
| *Fut. Ind.* | faltaré, faltarás, faltará;<br>faltaremos, faltaréis, faltarán | |
| *Condit.* | faltaría, faltarías, faltaría;<br>faltaríamos, faltaríais, faltarían | |
| *Pres. Subj.* | falte, faltes, falte;<br>faltemos, faltéis, falten | |
| *Imp. Subj.* | faltara, faltaras, faltara;<br>faltáramos, faltarais, faltaran | |
| | faltase, faltases, faltase;<br>faltásemos, faltaseis, faltasen | |
| *Pres. Perf.* | he faltado, has faltado, ha faltado;<br>hemos faltado, habéis faltado, han faltado | |
| *Pluperf.* | había faltado, habías faltado, había faltado;<br>habíamos faltado, habíais faltado, habían faltado | |
| *Past Ant.* | hube faltado, hubiste faltado, hubo faltado;<br>hubimos faltado, hubisteis faltado, hubieron faltado | |
| *Fut. Perf.* | habré faltado, habrás faltado, habrá faltado;<br>habremos faltado, habréis faltado, habrán faltado | |
| *Cond.*<br>*Perf.* | habría faltado, habrías faltado, habría faltado;<br>habríamos faltado, habríais faltado, habrían faltado | |
| *Pres. Perf.*<br>*Subj.* | haya faltado, hayas faltado, haya faltado;<br>hayamos faltado, hayáis faltado, hayan faltado | |
| *Plup. Subj.* | hubiera faltado, hubieras faltado, hubiera faltado;<br>hubiéramos faltado, hubierais faltado, hubieran faltado | |
| | hubiese faltado, hubieses faltado, hubiese faltado;<br>hubiésemos faltado, hubieseis faltado, hubiesen faltado | |
| *Imperative* | —— falta, falte;<br>faltemos, faltad, falten | |

| | | |
|---|---|---|
| *Pres. Ind.* | fío, fías, fía;<br>fiamos, fiáis, fían | *to confide,* |
| *Imp. Ind.* | fiaba, fiabas, fiaba;<br>fiábamos, fiabais, fiaban | *intrust* |
| *Pret. Ind.* | fié, fiaste, fio;<br>fiamos, fiasteis, fiaron | |
| *Fut. Ind.* | fiaré, fiarás, fiará;<br>fiaremos, fiaréis, fiarán | |
| *Condit.* | fiaría, fiarías, fiaría;<br>fiaríamos, fiaríais, fiarían | |
| *Pres. Subj.* | fíe, fíes, fíe;<br>fiemos, fiéis, fíen | |
| *Imp. Subj.* | fiara, fiaras, fiara;<br>fiáramos, fiarais, fiaran | |
| | fiase, fiases, fiase;<br>fiásemos, fiaseis, fiasen | |
| *Pres. Perf.* | he fiado, has fiado, ha fiado;<br>hemos fiado, habéis fiado, han fiado | |
| *Pluperf.* | había fiado, habías fiado, había fiado;<br>habíamos fiado, habíais fiado, habían fiado | |
| *Past Ant.* | hube fiado, hubiste fiado, hubo fiado;<br>hubimos fiado, hubisteis fiado, hubieron fiado | |
| *Fut. Perf.* | habré fiado, habrás fiado, habrá fiado;<br>habremos fiado, habréis fiado, habrán fiado | |
| *Cond.*<br>*Perf.* | habría fiado, habrías fiado, habría fiado;<br>habríamos fiado, habríais fiado, habrían fiado | |
| *Pres. Perf.*<br>*Subj.* | haya fiado, hayas fiado, haya fiado;<br>hayamos fiado, hayáis fiado, hayan fiado | |
| *Plup. Subj.* | hubiera fiado, hubieras fiado, hubiera fiado;<br>hubiéramos fiado, hubierais fiado, hubieran fiado | |
| | hubiese fiado, hubieses fiado, hubiese fiado;<br>hubiésemos fiado, hubieseis fiado, hubiesen fiado | |
| *Imperative* | —— fía, fíe;<br>fiemos, fiad, fíen | |

**gozar**

| | | |
|---|---|---|
| *Pres. Ind.* | gozo, gozas, goza;<br>gozamos, gozáis, gozan | *to enjoy* |
| *Imp. Ind.* | gozaba, gozabas, gozaba;<br>gozábamos, gozabais, gozaban | |
| *Pret. Ind.* | gocé, gozaste, gozó;<br>gozamos, gozasteis, gozaron | |
| *Fut. Ind.* | gozaré, gozarás, gozará;<br>gozaremos, gozaréis, gozarán | |
| *Condit.* | gozaría, gozarías, gozaría;<br>gozaríamos, gozaríais, gozarían | |
| *Pres. Subj.* | goce, goces, goce;<br>gocemos, gocéis, gocen | |
| *Imp. Subj.* | gozara, gozaras, gozara;<br>gozáramos, gozarais, gozaran | |
| | gozase, gozases, gozase;<br>gozásemos, gozaseis, gozasen | |
| *Pres. Perf.* | he gozado, has gozado, ha gozado;<br>hemos gozado, habéis gozado, han gozado | |
| *Pluperf.* | había gozado, habías gozado, había gozado;<br>habíamos gozado, habíais gozado, habían gozado | |
| *Past Ant.* | hube gozado, hubiste gozado, hubo gozado;<br>hubimos gozado, hubisteis gozado, hubieron gozado | |
| *Fut. Perf.* | habré gozado, habrás gozado, habrá gozado;<br>habremos gozado, habréis gozado, habrán gozado | |
| *Cond.*<br>*Perf.* | habría gozado, habrías gozado, habría gozado;<br>habríamos gozado, habríais gozado, habrían gozado | |
| *Pres. Perf.*<br>*Subj.* | haya gozado, hayas gozado, haya gozado;<br>hayamos gozado, hayáis gozado, hayan gozado | |
| *Plup. Subj.* | hubiera gozado, hubieras gozado, hubiera gozado;<br>hubiéramos gozado, hubierais gozado, hubieran gozado | |
| | hubiese gozado, hubieses gozado, hubiese gozado;<br>hubiésemos gozado, hubieseis gozado, hubiesen gozado | |
| *Imperative* | —— goza, goce;<br>gocemos, gozad, gocen | |

| | | |
|---|---|---|
| *Pres. Ind.* | guío, guías, guía;<br>guiamos, guiáis, guían | *to lead* |
| *Imp. Ind.* | guiaba, guiabas, guiaba;<br>guiábamos, guiabais, guiaban | |
| *Pret. Ind.* | guié, guiaste, guió;<br>guiamos, guiasteis, guiaron | |
| *Fut. Ind.* | guiaré, guiarás, guiará;<br>guiaremos, guiaréis, guiarán | |
| *Condit.* | guiaría, guiarías, guiaría;<br>guiaríamos, guiaríais, guiarían | |
| *Pres. Subj.* | guíe, guíes, guíe;<br>guiemos, guiéis, guíen | |
| *Imp. Subj.* | guiara, guiaras, guiara;<br>guiáramos, guiarais, guiaran | |
| | guiase, guiases, guiase;<br>guiásemos, guiaseis, guiasen | |
| *Pres. Perf.* | he guiado, has guiado, ha guiado;<br>hemos guiado, habéis guiado, han guiado | |
| *Pluperf.* | había guiado, habías guiado, había guiado;<br>habíamos guiado, habíais guiado, habían guiado | |
| *Past Ant.* | hube guiado, hubiste guiado, hubo guiado;<br>hubimos guiado, hubisteis guiado, hubieron guiado | |
| *Fut. Perf.* | habré guiado, habrás guiado, habrá guiado;<br>habremos guiado, habréis guiado, habrán guiado | |
| *Cond.*<br>*Perf.* | habría guiado, habrías guiado, habría guiado;<br>habríamos guiado, habríais guiado, habrían guiado | |
| *Pres. Perf.*<br>*Subj.* | haya guiado, hayas guiado, haya guiado;<br>hayamos guiado, hayáis guiado, hayan guiado | |
| *Plup. Subj.* | hubiera guiado, hubieras guiado, hubiera guiado;<br>hubiéramos guiado, hubierais guiado, hubieran guiado | |
| | hubiese guiado, hubieses guiado, hubiese guiado;<br>hubiésemos guiado, hubieseis guiado, hubiesen guiado | |
| *Imperative* | —— guía, guíe;<br>guiemos, guiad, guíen | |

| | | |
|---|---|---|
| *Pres. Ind.* | he, has, ha;<br>hemos, habéis, han | *to have* |
| *Imp. Ind.* | había, habías, había;<br>habíamos, habíais, habían | |
| *Pret. Ind.* | hube, hubiste, hubo;<br>hubimos, hubisteis, hubieron | |
| *Fut. Ind.* | habré, habrás, habrá;<br>habremos, habréis, habrán | |
| *Condit.* | habría, habrías, habría;<br>habríamos, habríais. habrían | |
| *Pres. Subj.* | haya, hayas, haya;<br>hayamos, hayáis, hayan | |
| *Imp. Subj.* | hubiera, hubieras, hubiera;<br>hubiéramos, hubierais, hubieran | |
| | hubiese, hubieses, hubiese;<br>hubiésemos, hubieseis, hubiesen | |
| *Pres. Perf.* | he habido, has habido, ha habido;<br>hemos habido, habéis habido, han habido | |
| *Pluperf.* | había habido, habías habido, había habido;<br>habíamos habido, habíais habido, habían habido | |
| *Past Ant.* | hube habido, hubiste habido, hubo habido;<br>hubimos habido, hubisteis habido, hubieron habido | |
| *Fut. Perf.* | habré habido, habrás habido, habrá habido;<br>habremos habido, habréis habido, habrán habido | |
| *Cond.*<br>*Perf.* | habría habido, habrías habido, habría habido;<br>habríamos habido, habríais habido, habrían habido | |
| *Pres. Perf.*<br>*Subj.* | haya habido, hayas habido, haya habido;<br>hayamos habido, hayáis habido, hayan habido | |
| *Plup. Subj.* | hubiera habido, hubieras habido, hubiera habido;<br>hubiéramos habido, hubierais habido, hubieran habido | |
| | hubiese habido, hubieses habido, hubiese habido;<br>hubiésemos habido, hubieseis habido, hubiesen habido | |
| *Imperative* | —— he, haya;<br>hayamos, habed, hayan | |

| | | |
|---|---|---|
| *Pres. Ind.* | hablo, hablas, habla;<br>hablamos, habláis, hablan | *to speak,* |
| *Imp. Ind.* | hablaba, hablabas, hablaba;<br>hablábamos, hablabais, hablaban | *talk* |
| *Pret. Ind.* | hablé, hablaste, habló;<br>hablamos, hablasteis, hablaron | |
| *Fut. Ind.* | hablaré, hablarás, hablará;<br>hablaremos, hablaréis, hablarán | |
| *Condit.* | hablaría, hablarías, hablaría;<br>hablaríamos, hablaríais, hablarían | |
| *Pres. Subj.* | hable, hables, hable;<br>hablemos, habléis, hablen | |
| *Imp. Subj.* | hablara, hablaras, hablara;<br>habláramos, hablarais, hablaran | |
| | hablase, hablases, hablase;<br>hablásemos, hablaseis, hablasen | |
| *Pres. Perf.* | he hablado, has hablado, ha hablado;<br>hemos hablado, habéis hablado, han hablado | |
| *Pluperf.* | había hablado, habías hablado, había hablado;<br>habíamos hablado, habíais hablado, habían hablado | |
| *Past Ant.* | hube hablado, hubiste hablado, hubo hablado;<br>hubimos hablado, hubisteis hablado, hubieron hablado | |
| *Fut. Perf.* | habré hablado, habrás hablado, habrá hablado;<br>habremos hablado, habréis hablado, habrán hablado | |
| *Cond.*<br>*Perf.* | habría hablado, habrías hablado, habría hablado;<br>habríamos hablado, habríais hablado, habrían hablado | |
| *Pres. Perf.*<br>*Subj.* | haya hablado, hayas hablado, haya hablado;<br>hayamos hablado, hayáis hablado, hayan hablado | |
| *Plup. Subj.* | hubiera hablado, hubieras hablado, hubiera hablado;<br>hubiéramos hablado, hubierais hablado, hubieran hablado | |
| | hubiese hablado, hubieses hablado, hubiese hablado;<br>hubiésemos hablado, hubieseis hablado, hubiesen hablado | |
| *Imperative* | —— habla, hable;<br>hablemos, hablad, hablen | |

| | | |
|---|---|---|
| *Pres. Ind.* | hago, haces, hace;<br>hacemos, hacéis, hacen | *to do,* |
| *Imp. Ind.* | hacía, hacías, hacía;<br>hacíamos, hacíais, hacían | *make* |
| *Pret. Ind.* | hice, hiciste, hizo;<br>hicimos, hicisteis, hicieron | |
| *Fut. Ind.* | haré, harás, hará;<br>haremos, haréis, harán | |
| *Condit.* | haría, harías, haría;<br>haríamos, haríais, harían | |
| *Pres. Subj.* | haga, hagas, haga;<br>hagamos, hagáis, hagan | |
| *Imp. Subj.* | hiciera, hicieras, hiciera;<br>hiciéramos, hicierais, hicieran | |
| | hiciese, hicieses, hiciese;<br>hiciésemos, hicieseis, hiciesen | |
| *Pres. Perf.* | he hecho, has hecho, ha hecho;<br>hemos hecho, habéis hecho, han hecho | |
| *Pluperf.* | había hecho, habías hecho, había hecho;<br>habíamos hecho, habíais hecho, habían hecho | |
| *Past Ant.* | hube hecho, hubiste hecho, hubo hecho;<br>hubimos hecho, hubisteis hecho, hubieron hecho | |
| *Fut. Perf.* | habré hecho, habrás hecho, habrá hecho;<br>habremos hecho, habréis hecho, habrán hecho | |
| *Cond.*<br>*Perf.* | habría hecho, habrías hecho, habría hecho;<br>habríamos hecho, habríais hecho, habrían hecho | |
| *Pres. Perf.*<br>*Subj.* | haya hecho, hayas hecho, haya hecho;<br>hayamos hecho, hayáis hecho, hayan hecho | |
| *Plup. Subj.* | hubiera hecho, hubieras hecho, hubiera hecho;<br>hubiéramos hecho, hubierais hecho, hubieran hecho | |
| | hubiese hecho, hubieses hecho, hubiese hecho;<br>hubiésemos hecho, hubieseis hecho, hubiesen hecho | |
| *Imperative* | —— haz, haga;<br>hagamos, haced, hagan | |

| | | |
|---|---|---|
| *Pres. Ind.* | hiela OR está helando | *to freeze* |
| *Imp. Ind.* | helaba OR estaba helando | |
| *Pret. Ind.* | heló | |
| *Fut. Ind.* | helará | |
| *Condit.* | helaría | |
| *Pres. Subj.* | hiele | |
| *Imp. Subj.* | helara | |
| | helase | |
| *Pres. Perf.* | ha helado | |
| *Pluperf.* | había helado | |
| *Past Ant.* | hubo helado | |
| *Fut. Perf.* | habrá helado | |
| *Cond. Perf.* | habría helado | |
| *Pres. Perf. Subj.* | haya helado | |
| *Plup. Subj.* | hubiera helado | |
| | hubiese helado | |
| *Imperative* | que hiele | |

*to flee*

| | |
|---|---|
| *Pres. Ind.* | huyo, huyes, huye; <br> huímos, huís, huyen |
| *Imp. Ind.* | huía, huías, huía; <br> huíamos, huíais, huían |
| *Pret. Ind.* | huí, huiste, huyó; <br> huimos, huisteis, huyeron |
| *Fut. Ind.* | huiré, huirás, huirá; <br> huiremos, huiréis, huirán |
| *Condit.* | huiría, huirías, huiría; <br> huiríamos, huiríais, huirían |
| *Pres. Subj.* | huya, huyas, huya; <br> huyamos, huyáis, huyan |
| *Imp. Subj.* | huyera, huyeras, huyera; <br> huyéramos, huyerais, huyeran <br><br> huyese, huyeses, huyese; <br> huyésemos, huyeseis, huyesen |
| *Pres. Perf.* | he huído, has huído, ha huído; <br> hemos huído, habéis huído, han huído |
| *Pluperf.* | había huído, habías huído, había huído; <br> habíamos huído, habíais huído, habían huído |
| *Past Ant.* | hube huído, hubiste huído, hubo huído; <br> hubimos huído, hubisteis huído, hubieron huído |
| *Fut. Perf.* | habré huído, habrás huído, habrá huído; <br> habremos huído, habréis huído, habrán huído |
| *Cond.* <br> *Perf.* | habría huído, habrías huído, habría huído; <br> habríamos huído, habríais huído, habrían huído |
| *Pres. Perf.* <br> *Subj.* | haya huído, hayas huído, haya huído; <br> hayamos huído, hayáis huído, hayan huído |
| *Plup. Subj.* | hubiera huído, hubieras huído, hubiera huído; <br> hubiéramos huído, hubierais huído, hubieran huído <br><br> hubiese huído, hubieses huído, hubiese huído; <br> hubiésemos huído, hubieseis huído, hubiesen huído |
| *Imperative* | —— huye, huya; <br> huyamos, huid, huyan |

| | | |
|---|---|---|
| *Pres. Ind.* | influyo, influyes, influye;<br>influimos, influís, influyen | *to influence* |
| *Imp. Ind.* | influía, influías, influía;<br>influíamos, influíais, influían | |
| *Pret. Ind.* | influí, influiste, influyó;<br>influimos, influisteis, influyeron | |
| *Fut. Ind.* | influiré, influirás, influirá;<br>influiremos, influiréis, influirán | |
| *Condit.* | influiría, influirías, influiría;<br>influiríamos, influiríais, influirían | |
| *Pres. Subj.* | influya, influyas, influya;<br>influyamos, influyáis, influyan | |
| *Imp. Subj.* | influyera, influyeras, influyera;<br>influyéramos, influyerais, influyeran | |
| | influyese, influyeses, influyese;<br>influyésemos, influyeseis, influyesen | |
| *Pres. Perf.* | he influido, has influido, ha influido;<br>hemos influido, habéis influido, han influido | |
| *Pluperf.* | había influido, habías influido, había influido;<br>habíamos influido, habíais influido, habían influido | |
| *Past Ant.* | hube influido, hubiste influido, hubo influido;<br>hubimos influido, hubisteis influido, hubieron influido | |
| *Fut. Perf.* | habré influido, habrás influido, habrá influido;<br>habremos influido, habréis influido, habrán influido | |
| *Cond.*<br>*Perf.* | habría influido, habrías influido, habría influido;<br>habríamos influido, habríais influido, habrían influido | |
| *Pres. Perf.*<br>*Subj.* | haya influido, hayas influido, haya influido;<br>hayamos influido, hayáis influido, hayan influido | |
| *Plup. Subj.* | hubiera influido, hubieras influido, hubiera influido;<br>hubiéramos influido, hubierais influido, hubieran influido | |
| | hubiese influido, hubieses influido, hubiese influido;<br>hubiésemos influido, hubieseis influido, hubiesen influido | |
| *Imperative* | —— influye, influya;<br>influyamos, influid, influyan | |

| | | |
|---|---|---|
| *Pres. Ind.* | introduzco, introduces, introduce; introducimos, introducís, introducen | *to introduce* |
| *Imp. Ind.* | introducía, introducías, introducía; introducíamos, introducíais, introducían | |
| *Pret. Ind.* | introduje, introdujiste, introdujo; introdujimos, introdujisteis, introdujeron | |
| *Fut. Ind.* | introduciré, introducirás, introducirá; introduciremos, introduciréis, introducirán | |
| *Condit.* | introduciría, introducirías, introduciría; introduciríamos, introduciríais, introducirían | |
| *Pres. Subj.* | introduzca, introduzcas, introduzca; introduzcamos, introduzcáis, introduzcan | |
| *Imp. Subj.* | introdujera, introdujeras, introdujera; introdujéramos, introdujerais, introdujeran | |
| | introdujese, introdujeses, introdujese; introdujésemos, introdujeseis, introdujesen | |
| *Pres. Perf.* | he introducido, has introducido, ha introducido; hemos introducido, habéis introducido, han introducido | |
| *Pluperf.* | había introducido, habías introducido, había introducido; habíamos introducido, habíais introducido, habían introducido | |
| *Past Ant.* | hube introducido, hubiste introducido, hubo introducido; hubimos introducido, hubisteis introducido, hubieron introducido | |
| *Fut. Perf.* | habré introducido, habrás introducido, habrá introducido; habremos introducido, habréis introducido, habrán introducido | |
| *Cond. Perf.* | habría introducido, habrías introducido, habría introducido; habríamos introducido, habríais introducido, habrían introducido | |
| *Pres. Perf. Subj.* | haya introducido, hayas introducido, haya introducido; hayamos introducido, hayáis introducido, hayan introducido | |
| *Plup. Subj.* | hubiera introducido, hubieras introducido, hubiera introducido; hubiéramos introducido, hubierais introducido, hubieran introducido | |
| | hubiese introducido, hubieses introducido, hubiese introducido; hubiésemos introducido, hubieseis introducido, hubiesen introducido | |
| *Imperative* | —— introduce, introduzca; introduzcamos, introducid, introduzcan | |

| | | |
|---|---|---|
| *Pres. Ind.* | voy, vas, va; | |
| | vamos, vais, van | *to go* |
| *Imp. Ind.* | iba, ibas, iba; | |
| | íbamos, ibais, iban | |
| *Pret. Ind.* | fui, fuiste, fue; | |
| | fuimos, fuisteis, fueron | |
| *Fut. Ind.* | iré, irás, irá; | |
| | iremos, iréis, irán | |
| *Condit.* | iría, irías, iría; | |
| | iríamos, iríais, irían | |
| *Pres. Subj.* | vaya, vayas, vaya; | |
| | vayamos, vayáis, vayan | |
| *Imp. Subj.* | fuera, fueras, fuera; | |
| | fuéramos, fuerais, fueran | |
| | fuese, fueses, fuese; | |
| | fuésemos, fueseis, fuesen | |
| *Pres. Perf.* | he ido, has ido, ha ido; | |
| | hemos ido, habéis ido, han ido | |
| *Pluperf.* | había ido, habías ido, había ido; | |
| | habíamos ido, habíais ido, habían ido | |
| *Past Ant.* | hube ido, hubiste ido, hubo ido; | |
| | hubimos ido, hubisteis ido, hubieron ido | |
| *Fut. Perf.* | habré ido, habrás ido, habrá ido; | |
| | habremos ido, habréis ido, habrán ido | |
| *Cond.* | habría ido, habrías ido, habría ido; | |
| *Perf.* | habríamos ido, habríais ido, habrían ido | |
| *Pres. Perf.* | haya ido, hayas ido, haya ido; | |
| *Subj.* | hayamos ido, hayáis ido, hayan ido | |
| *Plup. Subj.* | hubiera ido, hubieras ido, hubiera ido; | |
| | hubiéramos ido, hubierais ido, hubieran ido | |
| · | hubiese ido, hubieses ido, hubiese ido; | |
| | hubiésemos ido, hubieseis ido, hubiesen ido | |
| *Imperative* | —— ve, vaya; | |
| | vamos, id, vayan | |

| | |
|---|---|
| *Pres. Ind.* | me voy, te vas, se va; |
| | nos vamos, os vais, se van |

*to go away*

| | |
|---|---|
| *Imp. Ind.* | me iba, te ibas, se iba; |
| | nos íbamos, os ibais, se iban |
| *Pret. Ind.* | me fui, te fuiste, se fue; |
| | nos fuimos, os fuisteis, se fueron |
| *Fut. Ind.* | me iré, te irás, se irá; |
| | nos iremos, os iréis, se irán |
| *Condit.* | me iría, te irías, se iría; |
| | nos iríamos, os iríais, se irían |
| *Pres. Subj.* | me vaya, te vayas, se vaya; |
| | nos vayamos, os vayáis, se vayan |
| *Imp. Subj.* | me fuera, te fueras, se fuera; |
| | nos fuéramos, os fuerais, se fueran |
| | me fuese, te fueses, se fuese; |
| | nos fuésemos, os fueseis, se fuesen |
| *Pres. Perf.* | me he ido, te has ido, se ha ido; |
| | nos hemos ido, os habéis ido, se han ido |
| *Pluperf.* | me había ido, te habías ido, se había ido; |
| | nos habíamos ido, os habíais ido, se habían ido |
| *Past Ant.* | me hube ido, te hubiste ido, se hubo ido; |
| | nos hubimos ido, os hubisteis ido, se hubieron ido |
| *Fut. Perf.* | me habré ido, te habrás ido, se habrá ido; |
| | nos habremos ido, os habréis ido, se habrán ido |
| *Cond.* | me habría ido, te habrías ido, se habría ido; |
| *Perf.* | nos habríamos ido, os habríais ido, se habrían ido |
| *Pres. Perf.* | me haya ido, te hayas ido, se haya ido; |
| *Subj.* | nos hayamos ido, os hayáis ido, se hayan ido |
| *Plup. Subj.* | me hubiera ido, te hubieras ido, se hubiera ido; |
| | nos hubiéramos ido, os hubierais ido, se hubieran ido |
| | me hubiese ido, te hubieses ido, se hubiese ido; |
| | nos hubiésemos ido, os hubieseis ido, se hubiesen ido |
| *Imperative* | —— vete, váyase; |
| | vámonos, idos, váyanse |

| | |
|---|---|
| *Pres. Ind.* | juego, juegas, juega;<br>jugamos, jugáis, juegan |
| *Imp. Ind.* | jugaba, jugabas, jugaba;<br>jugábamos, jugabais, jugaban |
| *Pret. Ind.* | jugué, jugaste, jugó;<br>jugamos, jugasteis, jugaron |
| *Fut. Ind.* | jugaré, jugarás, jugará;<br>jugaremos, jugaréis, jugarán |
| *Condit.* | jugaría, jugarías, jugaría;<br>jugaríamos, jugaríais, jugarían |
| *Pres. Subj.* | juegue, juegues, juegue;<br>juguemos, juguéis, jueguen |
| *Imp. Subj.* | jugara, jugaras, jugara;<br>jugáramos, jugarais, jugaran |
| | jugase, jugases, jugase;<br>jugásemos, jugaseis, jugasen |
| *Pres. Perf.* | he jugado, has jugado, ha jugado;<br>hemos jugado, habéis jugado, han jugado |
| *Pluperf.* | había jugado, habías jugado, había jugado;<br>habíamos jugado, habíais jugado, habían jugado |
| *Past Ant.* | hube jugado, hubiste jugado, hubo jugado;<br>hubimos jugado, hubisteis jugado, hubieron jugado |
| *Fut. Perf.* | habré jugado, habrás jugado, habrá jugado;<br>habremos jugado, habréis jugado, habrán jugado |
| *Cond.*<br>*Perf.* | habría jugado, habrías jugado, habría jugado;<br>habríamos jugado, habríais jugado, habrían jugado |
| *Pres. Perf.*<br>*Subj.* | haya jugado, hayas jugado, haya jugado;<br>hayamos jugado, hayáis jugado, hayan jugado |
| *Plup. Subj.* | hubiera jugado, hubieras jugado, hubiera jugado;<br>hubiéramos jugado, hubierais jugado, hubieran jugado |
| | hubiese jugado, hubieses jugado, hubiese jugado;<br>hubiésemos jugado, hubieseis jugado, hubiesen jugado |
| *Imperative* | —— juega, juegue;<br>juguemos, jugad, jueguen |

*to play*
(*a game*)

| | | |
|---|---|---|
| *Pres. Ind.* | lanzo, lanzas, lanza;<br>lanzamos, lanzáis, lanzan | |
| *Imp. Ind.* | lanzaba, lanzabas, lanzaba;<br>lanzábamos, lanzabais, lanzaban | *to throw, hurl,<br>fling, launch* |
| *Pret. Ind.* | lancé, lanzaste, lanzó;<br>lanzamos, lanzasteis, lanzaron | |
| *Fut. Ind.* | lanzaré, lanzarás, lanzará;<br>lanzaremos, lanzaréis, lanzarán | |
| *Condit.* | lanzaría, lanzarías, lanzaría;<br>lanzaríamos, lanzaríais, lanzarían | |
| *Pres. Subj.* | lance, lances, lance;<br>lancemos, lancéis, lancen | |
| *Imp. Subj.* | lanzara, lanzaras, lanzara;<br>lanzáramos, lanzarais, lanzaran | |
| | lanzase, lanzases, lanzase;<br>lanzásemos, lanzaseis, lanzasen | |
| *Pres. Perf.* | he lanzado, has lanzado, ha lanzado;<br>hemos lanzado, habéis lanzado, han lanzado | |
| *Pluperf.* | había lanzado, habías lanzado, había lanzado;<br>habíamos lanzado, habíais lanzado, habían lanzado | |
| *Past Ant.* | hube lanzado, hubiste lanzado, hubo lanzado;<br>hubimos lanzado, hubisteis lanzado, hubieron lanzado | |
| *Fut. Perf.* | habré lanzado, habrás lanzado, habrá lanzado;<br>habremos lanzado, habréis lanzado, habrán lanzado | |
| *Cond.<br>Perf.* | habría lanzado, habrías lanzado, habría lanzado;<br>habríamos lanzado, habríais lanzado, habrían lanzado | |
| *Pres. Perf.<br>Subj.* | haya lanzado, hayas lanzado, haya lanzado;<br>hayamos lanzado, hayáis lanzado, hayan lanzado | |
| *Plup. Subj.* | hubiera lanzado, hubieras lanzado, hubiera lanzado;<br>hubiéramos lanzado, hubierais lanzado, hubieran lanzado | |
| | hubiese lanzado, hubieses lanzado, hubiese lanzado;<br>hubiésemos lanzado, hubieseis lanzado, hubiesen lanzado | |
| *Imperative* | —— lanza, lance;<br>lancemos, lanzad, lancen | |

**116**

| | | |
|---|---|---|
| *Pres. Ind.* | me lavo, te lavas, se lava;<br>nos lavamos, os laváis, se lavan | *to wash oneself* |
| *Imp. Ind.* | me lavaba, te lavabas, se lavaba;<br>nos lavábamos, os lavabais, se lavaban | |
| *Pret. Ind.* | me lavé, te lavaste, se lavó;<br>nos lavamos, os lavasteis, se lavaron | |
| *Fut. Ind.* | me lavaré, te lavarás, se lavará;<br>nos lavaremos, os lavaréis, se lavarán | |
| *Condit.* | me lavaría, te lavarías, se lavaría;<br>nos lavaríamos, os lavaríais, se lavarían | |
| *Pres. Subj.* | me lave, te laves, se lave;<br>nos lavemos, os lavéis, se laven | |
| *Imp. Subj.* | me lavara, te lavaras, se lavara;<br>nos laváramos, os lavarais, se lavaran | |
| | me lavase, te lavases, se lavase;<br>nos lavásemos, os lavaseis, se lavasen | |
| *Pres. Perf.* | me he lavado, te has lavado, se ha lavado;<br>nos hemos lavado, os habéis lavado, se han lavado | |
| *Pluperf.* | me había lavado, te habías lavado, se había lavado;<br>nos habíamos lavado, os habíais lavado, se habían lavado | |
| *Past Ant.* | me hube lavado, te hubiste lavado, se hubo lavado;<br>nos hubimos lavado, os hubisteis lavado, se hubieron lavado | |
| *Fut. Perf.* | me habré lavado, te habrás lavado, se habrá lavado;<br>nos habremos lavado, os habréis lavado, se habrán lavado | |
| *Cond.*<br>*Perf.* | me habría lavado, te habrías lavado, se habría lavado;<br>nos habríamos lavado, os habríais lavado, se habrían lavado | |
| *Pres. Perf.*<br>*Subj.* | me haya lavado, te hayas lavado, se haya lavado;<br>nos hayamos lavado, os hayáis lavado, se hayan lavado | |
| *Plup. Subj.* | me hubiera lavado, te hubieras lavado, se hubiera lavado;<br>nos hubiéramos lavado, os hubierais lavado, se hubieran lavado | |
| | me hubiese lavado, te hubieses lavado, se hubiese lavado;<br>nos hubiésemos lavado, os hubieseis lavado, se hubiesen lavado | |
| *Imperative* | —— lávate, lávese;<br>lavémonos, lavaos, lávense | |

117

| | | |
|---|---|---|
| *Pres. Ind.* | leo, lees, lee; <br> leemos, leéis, leen | *to read* |
| *Imp. Ind.* | leía, leías, leía; <br> leíamos, leíais, leían | |
| *Pret. Ind.* | leí, leíste, leyó; <br> leímos, leísteis, leyeron | |
| *Fut. Ind.* | leeré, leerás, leerá; <br> leeremos, leeréis, leerán | |
| *Condit.* | leería, leerías, leería; <br> leeríamos, leeríais, leerían | |
| *Pres. Subj.* | lea, leas, lea; <br> leamos, leáis, lean | |
| *Imp. Subj.* | leyera, leyeras, leyera; <br> leyéramos, leyerais, leyeran | |
| | leyese, leyeses, leyese; <br> leyésemos, leyeseis, leyesen | |
| *Pres. Perf.* | he leído, has leído, ha leído; <br> hemos leído, habéis leído, han leído | |
| *Pluperf.* | había leído, habías leído, había leído; <br> habíamos leído, habíais leído, habían leído | |
| *Past Ant.* | hube leído, hubiste leído, hubo leído; <br> hubimos leído, hubisteis leído, hubieron leído | |
| *Fut. Perf.* | habré leído, habrás leído, habrá leído; <br> habremos leído, habréis leído, habrán leído | |
| *Cond.* <br> *Perf.* | habría leído, habrías leído, habría leído; <br> habríamos leído, habríais leído, habrían leído | |
| *Pres. Perf.* <br> *Subj.* | haya leído, hayas leído, haya leído; <br> hayamos leído, hayáis leído, hayan leído | |
| *Plup. Subj.* | hubiera leído, hubieras leído, hubiera leído; <br> hubiéramos leído, hubierais leído, hubieran leído | |
| | hubiese leído, hubieses leído, hubiese leído; <br> hubiésemos leído, hubieseis leído, hubiesen leído | |
| *Imperative* | —— lee, lea; <br> leamos, leed, lean | |

| | | |
|---|---|---|
| *Pres. Ind.* | me levanto, te levantas, se levanta;<br>nos levantamos, os levantáis, se levantan | *to get up,* |
| *Imp. Ind.* | me levantaba, te levantabas, se levantaba;<br>nos levantábamos, os levantabais, se levantaban | *rise* |
| *Pret. Ind.* | me levanté, te levantaste, se levantó;<br>nos levantamos, os levantasteis, se levantaron | |
| *Fut. Ind.* | me levantaré, te levantarás, se levantará;<br>nos levantaremos, os levantaréis, se levantarán | |
| *Condit.* | me levantaría, te levantarías, se levantaría;<br>nos levantaríamos, os levantaríais, se levantarían | |
| *Pres. Subj.* | me levante, te levantes, se levante;<br>nos levantemos, os levantéis, se levanten | |
| *Imp. Subj.* | me levantara, te levantaras, se levantara;<br>nos levantáramos, os levantarais, se levantaran | |
| | me levantase, te levantases, se levantase;<br>nos levantásemos, os levantaseis, se levantasen | |
| *Pres. Perf.* | me he levantado, te has levantado, se ha levantado;<br>nos hemos levantado, os habéis levantado, se han levantado | |
| *Pluperf.* | me había levantado, te habías levantado, se había levantado;<br>nos habíamos levantado, os habíais levantado, se habían levantado | |
| *Past Ant.* | me hube levantado, te hubiste levantado, se hubo levantado;<br>nos hubimos levantado, os hubisteis levantado, se hubieron levantado | |
| *Fut. Perf.* | me habré levantado, te habrás levantado, se habrá levantado;<br>nos habremos levantado, os habréis levantado, se habrán levantado | |
| *Cond.*<br>*Perf.* | me habría levantado, te habrías levantado, se habría levantado;<br>nos habríamos levantado, os habríais levantado, se habrían levantado | |
| *Pres. Perf.*<br>*Subj.* | me haya levantado, te hayas levantado, se haya levantado;<br>nos hayamos levantado, os hayáis levantado, se hayan levantado | |
| *Plup. Subj.* | me hubiera levantado, te hubieras levantado, se hubiera levantado;<br>nos hubiéramos levantado, os hubierais levantado, se hubieran levantado | |
| | me hubiese levantado, te hubieses levantado, se hubiese levantado;<br>nos hubiésemos levantado, os hubieseis levantado, se hubiesen levantado | |
| *Imperative* | —— levántate, levántese;<br>levantémonos, levantaos, levántense | |

**119**

| | | |
|---|---|---|
| *Pres. Ind.* | limpio, limpias, limpia;<br>limpiamos, limpiáis, limpian | *to clean* |
| *Imp. Ind.* | limpiaba, limpiabas, limpiaba;<br>limpiábamos, limpiabais, limpiaban | |
| *Pret. Ind.* | limpié, limpiaste, limpió;<br>limpiamos, limpiasteis, limpiaron | |
| *Fut. Ind.* | limpiaré, limpiarás, limpiará;<br>limpiaremos, limpiaréis, limpiarán | |
| *Condit.* | limpiaría, limpiarías, limpiaría;<br>limpiaríamos, limpiaríais, limpiarían | |
| *Pres. Subj.* | limpie, limpies, limpie;<br>limpiemos, limpiéis, limpien | |
| *Imp. Subj.* | limpiara, limpiaras, limpiara;<br>limpiáramos, limpiarais, limpiaran | |
| | limpiase, limpiases, limpiase;<br>limpiásemos, limpiaseis, limpiasen | |
| *Pres. Perf.* | he limpiado, has limpiado, ha limpiado;<br>hemos limpiado, habéis limpiado, han limpiado | |
| *Pluperf.* | había limpiado, habías limpiado, había limpiado;<br>habíamos limpiado, habíais limpiado, habían limpiado | |
| *Past Ant.* | hube limpiado, hubiste limpiado, hubo limpiado;<br>hubimos limpiado, hubisteis limpiado, hubieron limpiado | |
| *Fut. Perf.* | habré limpiado, habrás limpiado, habrá limpiado;<br>habremos limpiado, habréis limpiado, habrán limpiado | |
| *Cond.*<br>*Perf.* | habría limpiado, habrías limpiado, habría limpiado;<br>habríamos limpiado, habríais limpiado, habrían limpiado | |
| *Pres. Perf.*<br>*Subj.* | haya limpiado, hayas limpiado, haya limpiado;<br>hayamos limpiado, hayáis limpiado, hayan limpiado | |
| *Plup. Subj.* | hubiera limpiado, hubieras limpiado, hubiera limpiado;<br>hubiéramos limpiado, hubierais limpiado, hubieran limpiado | |
| | hubiese limpiado, hubieses limpiado, hubiese limpiado;<br>hubiésemos limpiado, hubieseis limpiado, hubiesen limpiado | |
| *Imperative* | —— limpia, limpie;<br>limpiemos, limpiad, limpien | |

| | | |
|---|---|---|
| *Pres. Ind.* | me llamo, te llamas, se llama;<br>nos llamamos, os llamáis, se llaman | *to be called,* |
| *Imp. Ind.* | me llamaba, te llamabas, se llamaba;<br>nos llamábamos, os llamabais, se llamaban | *be named* |
| *Pret. Ind.* | me llamé, te llamaste, se llamó;<br>nos llamamos, os llamasteis, se llamaron | |
| *Fut. Ind.* | me llamaré, te llamarás, se llamará;<br>nos llamaremos, os llamaréis, se llamarán | |
| *Condit.* | me llamaría, te llamarías, se llamaría;<br>nos llamaríamos, os llamaríais, se llamarían | |
| *Pres. Subj.* | me llame, te llames, se llame;<br>nos llamemos, os llaméis, se llamen | |
| *Imp. Subj.* | me llamara, te llamaras, se llamara;<br>nos llamáramos, os llamarais, se llamaran | |
| | me llamase, te llamases, se llamase;<br>nos llamásemos, os llamaseis, se llamasen | |
| *Pres. Perf.* | me he llamado, te has llamado, se ha llamado;<br>nos hemos llamado, os habéis llamado, se han llamado | |
| *Pluperf.* | me había llamado, te habías llamado, se había llamado;<br>nos habíamos llamado, os habíais llamado, se habían llamado | |
| *Past Ant.* | me hube llamado, te hubiste llamado, se hubo llamado;<br>nos hubimos llamado, os hubisteis llamado, se hubieron llamado | |
| *Fut. Perf.* | me habré llamado, te habrás llamado, se habrá llamado;<br>nos habremos llamado, os habréis llamado, se habrán llamado | |
| *Cond.*<br>*Perf.* | me habría llamado, te habrías llamado, se habría llamado;<br>nos habríamos llamado, os habríais llamado, se habrían llamado | |
| *Pres. Perf.*<br>*Subj.* | me haya llamado, te hayas llamado, se haya llamado;<br>nos hayamos llamado, os hayáis llamado, se hayan llamado | |
| *Plup. Subj.* | me hubiera llamado, te hubieras llamado, se hubiera llamado;<br>nos hubiéramos llamado, os hubierais llamado, se hubieran llamado | |
| | me hubiese llamado, te hubieses llamado, se hubiese llamado;<br>nos hubiésemos llamado, os hubieseis llamado, se hubiesen llamado | |
| *Imperative* | —— llámate, llámese;<br>llamémonos, llamaos, llámense | |

| | |
|---|---|
| *Pres. Ind.* | llego, llegas, llega; |
| | llegamos, llegáis, llegan |

*to arrive*

| | |
|---|---|
| *Imp. Ind.* | llegaba, llegabas, llegaba; |
| | llegábamos, llegabais, llegaban |
| *Pret. Ind.* | llegué, llegaste, llegó; |
| | llegamos, llegasteis, llegaron |
| *Fut. Ind.* | llegaré, llegarás, llegará; |
| | llegaremos, llegaréis, llegarán |
| *Condit.* | llegaría, llegarías, llegaría; |
| | llegaríamos, llegaríais, llegarían |
| *Pres. Subj.* | llegue, llegues, llegue; |
| | lleguemos, lleguéis, lleguen |
| *Imp. Subj.* | llegara, llegaras, llegara; |
| | llegáramos, llegarais, llegaran |
| | llegase, llegases, llegase; |
| | llegásemos, llegaseis, llegasen |
| *Pres. Perf.* | he llegado, has llegado, ha llegado; |
| | hemos llegado, habéis llegado, han llegado |
| *Pluperf.* | había llegado, habías llegado, había llegado; |
| | habíamos llegado, habíais llegado, habían llegado |
| *Past Ant.* | hube llegado, hubiste llegado, hubo llegado; |
| | hubimos llegado, hubisteis llegado, hubieron llegado |
| *Fut. Perf.* | habré llegado, habrás llegado, habrá llegado; |
| | habremos llegado, habréis llegado, habrán llegado |
| *Cond.* | habría llegado, habrías llegado, habría llegado; |
| *Perf.* | habríamos llegado, habríais llegado, habrían llegado |
| *Pres. Perf.* | haya llegado, hayas llegado, haya llegado; |
| *Subj.* | hayamos llegado, hayáis llegado, hayan llegado |
| *Plup. Subj.* | hubiera llegado, hubieras llegado, hubiera llegado; |
| | hubiéramos llegado, hubierais llegado, hubieran llegado |
| | hubiese llegado, hubieses llegado, hubiese llegado; |
| | hubiésemos llegado, hubieseis llegado, hubiesen llegado |
| *Imperative* | —— llega, llegue; |
| | lleguemos, llegad, lleguen |

| | | |
|---|---|---|
| *Pres. Ind.* | llueve OR está lloviendo | |
| *Imp. Ind.* | llovía OR estaba lloviendo | *to rain* |
| *Pret. Ind.* | llovió | |
| *Fut. Ind.* | lloverá | |
| *Condit.* | llovería | |
| *Pres. Subj.* | llueva | |
| *Imp. Subj.* | lloviera | |
| | lloviese | |
| *Pres. Perf.* | ha llovido | |
| *Pluperf.* | había llovido | |
| *Past Ant.* | hubo llovido | |
| *Fut. Perf.* | habrá llovido | |
| *Cond. Perf.* | habría llovido | |
| *Pres. Perf. Subj.* | haya llovido | |
| *Plup. Subj.* | hubiera llovido | |
| | hubiese llovido | |
| *Imperative* | que llueva | |

| | | |
|---|---|---|
| *Pres. Ind.* | maldigo, maldices, maldice;<br>maldecimos, maldecís, maldicen | *to curse* |
| *Imp. Ind.* | maldecía, maldecías, maldecía;<br>maldecíamos, maldecíais, maldecían | |
| *Pret. Ind.* | maldije, maldijiste, maldijo;<br>maldijimos, maldijisteis, maldijeron | |
| *Fut. Ind.* | maldeciré, maldecirás, maldecirá;<br>maldeciremos, maldeciréis, maldecirán | |
| *Condit.* | maldeciría, maldecirías, maldeciría;<br>maldeciríamos, maldeciríais, maldecirían | |
| *Pres. Subj.* | maldiga, maldigas, maldiga;<br>maldigamos, maldigáis, maldigan | |
| *Imp. Subj.* | maldijera, maldijeras, maldijera;<br>maldijéramos, maldijerais, maldijeran | |
| | maldijese, maldijeses, maldijese;<br>maldijésemos, maldijeseis, maldijesen | |
| *Pres. Perf.* | he maldecido, has maldecido, ha maldecido;<br>hemos maldecido, habéis maldecido, han maldecido | |
| *Pluperf.* | había maldecido, habías maldecido, había maldecido;<br>habíamos maldecido, habíais maldecido, habían maldecido | |
| *Past Ant.* | hube maldecido, hubiste maldecido, hubo maldecido;<br>hubimos maldecido, hubisteis maldecido, hubieron maldecido | |
| *Fut. Perf.* | habré maldecido, habrás maldecido, habrá maldecido;<br>habremos maldecido, habréis maldecido, habrán maldecido | |
| *Cond. Perf.* | habría maldecido, habrías maldecido, habría maldecido;<br>habríamos maldecido, habríais maldecido, habrían maldecido | |
| *Pres. Perf. Subj.* | haya maldecido, hayas maldecido, haya maldecido;<br>hayamos maldecido, hayáis maldecido, hayan maldecido | |
| *Plup. Subj.* | hubiera maldecido, hubieras maldecido, hubiera maldecido;<br>hubiéramos maldecido, hubierais maldecido, hubieran maldecido | |
| | hubiese maldecido, hubieses maldecido, hubiese maldecido;<br>hubiésemos maldecido, hubieseis maldecido, hubiesen maldecido | |
| *Imperative* | —— maldice, maldiga;<br>maldigamos, maldecid, maldigan | |

| | | |
|---|---|---|
| *Pres. Ind.* | me marcho, te marchas, se marcha;<br>nos marchamos, os marcháis, se marchan | *to go away,* |
| *Imp. Ind.* | me marchaba, te marchabas, se marchaba;<br>nos marchábamos, os marchabais, se marchaban | *leave* |
| *Pret. Ind.* | me marché, te marchaste, se marchó;<br>nos marchamos, os marchasteis, se marcharon | |
| *Fut. Ind.* | me marcharé, te marcharás, se marchará;<br>nos marcharemos, os marcharéis, se marcharán | |
| *Condit.* | me marcharía, te marcharías, se marcharía;<br>nos marcharíamos, os marcharíais, se marcharían | |
| *Pres. Subj.* | me marche, te marches, se marche;<br>nos marchemos, os marchéis, se marchen | |
| *Imp. Subj.* | me marchara, te marcharas, se marchara;<br>nos marcháramos, os marcharais, se marcharan | |
| | me marchase, te marchases, se marchase;<br>nos marchásemos, os marchaseis, se marchasen | |
| *Pres. Perf.* | me he marchado, te has marchado, se ha marchado;<br>nos hemos marchado, os habéis marchado, se han marchado | |
| *Pluperf.* | me había marchado, te habías marchado, se había marchado;<br>nos habíamos marchado, os habíais marchado, se habían marchado | |
| *Past Ant.* | me hube marchado, te hubiste marchado, se hubo marchado;<br>nos hubimos marchado, os hubisteis marchado, se hubieron marchado | |
| *Fut. Perf.* | me habré marchado, te habrás marchado, se habrá marchado;<br>nos habremos marchado, os habréis marchado, se habrán marchado | |
| *Cond.*<br>*Perf.* | me habría marchado, te habrías marchado, se habría marchado;<br>nos habríamos marchado, os habríais marchado, se habrían marchado | |
| *Pres. Perf.*<br>*Subj.* | me haya marchado, te hayas marchado, se haya marchado;<br>nos hayamos marchado, os hayáis marchado, se hayan marchado | |
| *Plup. Subj.* | me hubiera marchado, te hubieras marchado, se hubiera marchado;<br>nos hubiéramos marchado, os hubierais marchado, se hubieran marchado | |
| | me hubiese marchado, te hubieses marchado, se hubiese marchado;<br>nos hubiésemos marchado, os hubieseis marchado, se hubiesen marchado | |
| *Imperative* | —— márchate, márchese;<br>marchémonos, marchaos, márchense | |

| | | |
|---|---|---|
| *Pres. Ind.* | miento, mientes, miente;<br>mentimos, mentís, mienten | *to lie,* |
| *Imp. Ind.* | mentía, mentías, mentía;<br>mentíamos, mentíais, mentían | *tell a lie* |
| *Pret. Ind.* | mentí, mentiste, mintió;<br>mentimos, mentisteis, mintieron | |
| *Fut. Ind.* | mentiré, mentirás, mentirá;<br>mentiremos, mentiréis, mentirán | |
| *Condit.* | mentiría, mentirías, mentiría;<br>mentiríamos, mentiríais, mentirían | |
| *Pres. Subj.* | mienta, mientas, mienta;<br>mintamos, mintáis, mientan | |
| *Imp. Subj.* | mintiera, mintieras, mintiera;<br>mintiéramos, mintierais, mintieran | |
| | mintiese, mintieses, mintiese;<br>mintiésemos, mintieseis, mintiesen | |
| *Pres. Perf.* | he mentido, has mentido, ha mentido;<br>hemos mentido, habéis mentido, han mentido | |
| *Pluperf.* | había mentido, habías mentido, había mentido;<br>habíamos mentido, habíais mentido, habían mentido | |
| *Past Ant.* | hube mentido, hubiste mentido, hubo mentido;<br>hubimos mentido, hubisteis mentido, hubieron mentido | |
| *Fut. Perf.* | habré mentido, habrás mentido, habrá mentido;<br>habremos mentido, habréis mentido, habrán mentido | |
| *Cond.*<br>*Perf.* | habría mentido, habrías mentido, habría mentido;<br>habríamos mentido, habríais mentido, habrían mentido | |
| *Pres. Perf.*<br>*Subj.* | haya mentido, hayas mentido, haya mentido;<br>hayamos mentido, hayáis mentido, hayan mentido | |
| *Plup. Subj.* | hubiera mentido, hubieras mentido, hubiera mentido;<br>hubiéramos mentido, hubierais mentido, hubieran mentido | |
| | hubiese mentido, hubieses mentido, hubiese mentido;<br>hubiésemos mentido, hubieseis mentido, hubiesen mentido | |
| *Imperative* | —— miente, mienta;<br>mintamos, mentid, mientan | |

| | | |
|---|---|---|
| *Pres. Ind.* | merezco, mereces, merece;<br>merecemos, merecéis, merecen | *to deserve,* |
| *Imp. Ind.* | merecía, merecías, merecía;<br>merecíamos, merecíais, merecían | *merit* |
| *Pret. Ind.* | merecí, mereciste, mereció;<br>merecimos, merecisteis, merecieron | |
| *Fut. Ind.* | mereceré, merecerás, merecerá;<br>mereceremos, mereceréis, merecerán | |
| *Condit.* | merecería, merecerías, merecería;<br>mereceríamos, mereceríais, merecerían | |
| *Pres. Subj.* | merezca, merezcas, merezca;<br>merezcamos, merezcáis, merezcan | |
| *Imp. Subj.* | mereciera, merecieras, mereciera;<br>mereciéramos, merecierais, merecieran | |
| | mereciese, merecieses, mereciese;<br>mereciésemos, merecieseis, mereciesen | |
| *Pres. Perf.* | he merecido, has merccido, ha merecido;<br>hemos merecido, habéis merecido, han merecido | |
| *Pluperf.* | había merecido, habías merecido, había merecido;<br>habíamos merecido, habíais merecido, habían merecido | |
| *Past Ant.* | hube merecido, hubiste merecido, hubo merecido;<br>hubimos merecido, hubisteis merecido, hubieron merecido | |
| *Fut. Perf.* | habré merecido, habrás merecido, habrá merecido;<br>habremos merecido, habréis merecido, habrán merecido | |
| *Cond.*<br>*Perf.* | habría merecido, habrías merecido, habría merecido;<br>habríamos merecido, habríais merecido, habrían merecido | |
| *Pres. Perf.*<br>*Subj.* | haya merecido, hayas merecido, haya merecido;<br>hayamos merecido, hayáis merecido, hayan merecido | |
| *Plup. Subj.* | hubiera merecido, hubieras merecido, hubiera merecido;<br>hubiéramos merecido, hubierais merecido, hubieran merecido | |
| | hubiese merecido, hubieses merecido, hubiese merecido;<br>hubiésemos merecido, hubieseis merecido, hubiesen merecido | |
| *Imperative* | —— merece, merezca;<br>merezcamos, mereced, merezcan | |

| | | |
|---|---|---|
| *Pres. Ind.* | muerdo, muerdes, muerde;<br>mordemos, mordéis, muerden | *to bite* |
| *Imp. Ind.* | mordía, mordías, mordía;<br>mordíamos, mordíais, mordían | |
| *Pret. Ind.* | mordí, mordiste, mordió;<br>mordimos, mordisteis, mordieron | |
| *Fut. Ind.* | morderé, morderás, morderá;<br>morderemos, morderéis, morderán | |
| *Condit.* | mordería, morderías, mordería;<br>morderíamos, morderíais, morderían | |
| *Pres. Subj.* | muerda, muerdas, muerda;<br>mordamos, mordáis, muerdan | |
| *Imp. Subj.* | mordiera, mordieras, mordiera;<br>mordiéramos, mordierais, mordieran | |
| | mordiese, mordieses, mordiese;<br>mordiésemos, mordieseis, mordiesen | |
| *Pres. Perf.* | he mordido, has mordido, ha mordido;<br>hemos mordido, habéis mordido, han mordido | |
| *Pluperf.* | había mordido, habías mordido, había mordido;<br>habíamos mordido, habíais mordido, habían mordido | |
| *Past Ant.* | hube mordido, hubiste mordido, hubo mordido;<br>hubimos mordido, hubisteis mordido, hubieron mordido | |
| *Fut. Perf.* | habré mordido, habrás mordido, habrá mordido;<br>habremos mordido, habréis mordido, habrán mordido | |
| *Cond.*<br>*Perf.* | habría mordido, habrías mordido, habría mordido;<br>habríamos mordido, habríais mordido, habrían mordido | |
| *Pres. Perf.*<br>*Subj.* | haya mordido, hayas mordido, haya mordido;<br>hayamos mordido, hayáis mordido, hayan mordido | |
| *Plup. Subj.* | hubiera mordido, hubieras mordido, hubiera mordido;<br>hubiéramos mordido, hubierais mordido, hubieran mordido | |
| | hubiese mordido, hubieses mordido, hubiese mordido;<br>hubiésemos mordido, hubieseis mordido, hubiesen mordido | |
| *Imperative* | —— muerde, muerda;<br>mordamos, morded, muerdan | |

| | | |
|---|---|---|
| *Pres. Ind.* | muero, mueres, muere;<br>morimos, morís, mueren | *to die* |
| *Imp. Ind.* | moría, morías, moría;<br>moríamos, moríais, morían | |
| *Pret. Ind.* | morí, moriste, murió;<br>morimos, moristeis, murieron | |
| *Fut. Ind.* | moriré, morirás, morirá;<br>moriremos, moriréis, morirán | |
| *Condit.* | moriría, morirías, moriría;<br>moriríamos, moriríais, morirían | |
| *Pres. Subj.* | muera, mueras, muera;<br>muramos, muráis, mueran | |
| *Imp. Subj.* | muriera, murieras, muriera;<br>muriéramos, murierais, murieran | |
| | muriese, murieses, muriese;<br>muriésemos, murieseis, muriesen | |
| *Pres. Perf.* | he muerto, has muerto, ha muerto;<br>hemos muerto, habéis muerto, han muerto | |
| *Pluperf.* | había muerto, habías muerto, había muerto;<br>habíamos muerto, habíais muerto, habían muerto | |
| *Past Ant.* | hube muerto, hubiste muerto, hubo muerto;<br>hubimos muerto, hubisteis muerto, hubieron muerto | |
| *Fut. Perf.* | habré muerto, habrás muerto, habrá muerto;<br>habremos muerto, habréis muerto, habrán muerto | |
| *Cond.*<br>*Perf.* | habría muerto, habrías muerto, habría muerto;<br>habríamos muerto, habríais muerto, habrían muerto | |
| *Pres. Perf.*<br>*Subj.* | haya muerto, hayas muerto, haya muerto;<br>hayamos muerto, hayáis muerto, hayan muerto | |
| *Plup. Subj.* | hubiera muerto, hubieras muerto, hubiera muerto;<br>hubiéramos muerto, hubierais muerto, hubieran muerto | |
| | hubiese muerto, hubieses muerto, hubiese muerto;<br>hubiésemos muerto, hubieseis muerto, hubiesen muerto | |
| *Imperative* | —— muere, muera;<br>muramos, morid, mueran | |

| | | |
|---|---|---|
| *Pres. Ind.* | muestro, muestras, muestra;<br>mostramos, mostráis, muestran | *to show,* |
| *Imp. Ind.* | mostraba, mostrabas, mostraba;<br>mostrábamos, mostrabais, mostraban | *point out* |
| *Pret. Ind.* | mostré, mostraste, mostró;<br>mostramos, mostrasteis, mostraron | |
| *Fut. Ind.* | mostraré, mostrarás, mostrará;<br>mostraremos, mostraréis, mostrarán | |
| *Condit.* | mostraría, mostrarías, mostraría;<br>mostraríamos, mostraríais, mostrarían | |
| *Pres. Subj.* | muestre, muestres, muestre;<br>mostremos, mostréis, muestren | |
| *Imp. Subj.* | mostrara, mostraras, mostrara;<br>mostráramos, mostrarais, mostraran | |
| | mostrase, mostrases, mostrase;<br>mostrásemos, mostraseis, mostrasen | |
| *Pres. Perf.* | he mostrado, has mostrado, ha mostrado;<br>hemos mostrado, habéis mostrado, han mostrado | |
| *Pluperf.* | había mostrado, habías mostrado, había mostrado;<br>habíamos mostrado, habíais mostrado, habían mostrado | |
| *Past Ant.* | hube mostrado, hubiste mostrado, hubo mostrado;<br>hubimos mostrado, hubisteis mostrado, hubieron mostrado | |
| *Fut. Perf.* | habré mostrado, habrás mostrado, habrá mostrado;<br>habremos mostrado, habréis mostrado, habrán mostrado | |
| *Cond.*<br>*Perf.* | habría mostrado, habrías mostrado, habría mostrado;<br>habríamos mostrado, habríais mostrado, habrían mostrado | |
| *Pres. Perf.*<br>*Subj.* | haya mostrado, hayas mostrado, haya mostrado;<br>hayamos mostrado, hayáis mostrado, hayan mostrado | |
| *Plup. Subj.* | hubiera mostrado, hubieras mostrado, hubiera mostrado;<br>hubiéramos mostrado, hubierais mostrado, hubieran mostrado | |
| | hubiese mostrado, hubieses mostrado, hubiese mostrado;<br>hubiésemos mostrado, hubieseis mostrado, hubiesen mostrado | |
| *Imperative* | —— muestra, muestre;<br>mostremos, mostrad, muestren | |

| | | |
|---|---|---|
| *Pres. Ind.* | muevo, mueves, mueve;<br>movemos, movéis, mueven | *to move,* |
| *Imp. Ind.* | movía, movías, movía;<br>movíamos, movíais, movían | *persuade,* |
| *Pret. Ind.* | moví, moviste, movió;<br>movimos, movisteis, movieron | *excite* |
| *Fut. Ind.* | moveré, moverás, moverá;<br>moveremos, moveréis, moverán | |
| *Condit.* | movería, moverías, movería;<br>moveríamos, moveríais, moverían | |
| *Pres. Subj.* | mueva, muevas, mueva;<br>movamos, mováis, muevan | |
| *Imp. Subj.* | moviera, movieras, moviera;<br>moviéramos, movierais, movieran | |
| | moviese, movieses, moviese;<br>moviésemos, movieseis, moviesen | |
| *Pres. Perf.* | he movido, has movido, ha movido;<br>hemos movido, habéis movido, han movido | |
| *Pluperf.* | había movido, habías movido, había movido;<br>habíamos movido, habíais movido, habían movido | |
| *Past Ant.* | hube movido, hubiste movido, hubo movido;<br>hubimos movido, hubisteis movido, hubieron movido | |
| *Fut. Perf.* | habré movido, habrás movido, habrá movido;<br>habremos movido, habréis movido, habrán movido | |
| *Cond.*<br>*Perf.* | habría movido, habrías movido, habría movido;<br>habríamos movido, habríais movido, habrían movido | |
| *Pres. Perf.*<br>*Subj.* | haya movido, hayas movido, haya movido;<br>hayamos movido, hayáis movido, hayan movido | |
| *Plup. Subj.* | hubiera movido, hubieras movido, hubiera movido;<br>hubiéramos movido, hubierais movido, hubieran movido | |
| | hubiese movido, hubieses movido, hubiese movido;<br>hubiésemos movido, hubieseis movido, hubiesen movido | |
| *Imperative* | —— mueve, mueva;<br>movamos, moved, muevan | |

| | | |
|---|---|---|
| *Pres. Ind.* | nazco, naces, nace; <br> nacemos, nacéis, nacen | *to be born* |
| *Imp. Ind.* | nacía, nacías, nacía; <br> nacíamos, nacíais, nacían | |
| *Pret. Ind.* | nací, naciste, nació; <br> nacimos, nacisteis, nacieron | |
| *Fut. Ind.* | naceré, nacerás, nacerá; <br> naceremos, naceréis, nacerán | |
| *Condit.* | nacería, nacerías, nacería; <br> naceríamos, naceríais, nacerían | |
| *Pres. Subj.* | nazca, nazcas, nazca; <br> nazcamos, nazcáis, nazcan | |
| *Imp. Subj.* | naciera, nacieras, naciera; <br> naciéramos, nacierais, nacieran | |
| | naciese, nacieses, naciese; <br> naciésemos, nacieseis, naciesen | |
| *Pres. Perf.* | he nacido, has nacido, ha nacido; <br> hemos nacido, habéis nacido, han nacido | |
| *Pluperf.* | había nacido, habías nacido, había nacido; <br> habíamos nacido, habíais nacido, habían nacido | |
| *Past Ant.* | hube nacido, hubiste nacido, hubo nacido; <br> hubimos nacido, hubisteis nacido, hubieron nacido | |
| *Fut. Perf.* | habré nacido, habrás nacido, habrá nacido; <br> habremos nacido, habréis nacido, habrán nacido | |
| *Cond. Perf.* | habría nacido, habrías nacido, habría nacido; <br> habríamos nacido, habríais nacido, habrían nacido | |
| *Pres. Perf. Subj.* | haya nacido, hayas nacido, haya nacido; <br> hayamos nacido, hayáis nacido, hayan nacido | |
| *Plup. Subj.* | hubiera nacido, hubieras nacido, hubiera nacido; <br> hubiéramos nacido, hubierais nacido, hubieran nacido | |
| | hubiese nacido, hubieses nacido, hubiese nacido; <br> hubiésemos nacido, hubieseis nacido, hubiesen nacido | |
| *Imperative* | —— nace, nazca; <br> nazcamos, naced, nazcan | |

| | | |
|---|---|---|
| *Pres. Ind.* | niego, niegas, niega;<br>negamos, negáis, niegan | *to deny* |
| *Imp. Ind.* | negaba, negabas, negaba;<br>negábamos, negabais, negaban | |
| *Pret. Ind.* | negué, negaste, negó;<br>negamos, negasteis, negaron | |
| *Fut. Ind.* | negaré, negarás, negará;<br>negaremos, negaréis, negarán | |
| *Condit.* | negaría, negarías, negaría;<br>negaríamos, negaríais, negarían | |
| *Pres. Subj.* | niegue, niegues, niegue;<br>neguemos, neguéis, nieguen | |
| *Imp. Subj.* | negara, negaras, negara;<br>negáramos, negarais, negaran | |
| | negase, negases, negase;<br>negásemos, negaseis, negasen | |
| *Pres. Perf.* | he negado, has negado, ha negado;<br>hemos negado, habéis negado, han negado | |
| *Pluperf.* | había negado, habías negado, había negado;<br>habíamos negado, habíais negado, habían negado | |
| *Past Ant.* | hube negado, hubiste negado, hubo negado;<br>hubimos negado, hubisteis negado, hubieron negado | |
| *Fut. Perf.* | habré negado, habrás negado, habrá negado;<br>habremos negado, habréis negado, habrán negado | |
| *Cond.*<br>*Perf.* | habría negado, habrías negado, habría negado;<br>habríamos negado, habríais negado, habrían negado | |
| *Pres. Perf.*<br>*Subj.* | haya negado, hayas negado, haya negado;<br>hayamos negado, hayáis negado, hayan negado | |
| *Plup. Subj.* | hubiera negado, hubieras negado, hubiera negado;<br>hubiéramos negado, hubierais negado, hubieran negado | |
| | hubiese negado, hubieses negado, hubiese negado;<br>hubiésemos negado, hubieseis negado, hubiesen negado | |
| *Imperative* | —— niega, niegue;<br>neguemos, negad, nieguen | |

| | | |
|---|---|---|
| *Pres. Ind.* | nieva OR está nevando | |
| *Imp. Ind.* | nevaba OR estaba nevando | *to snow* |
| *Pret. Ind.* | nevó | |
| *Fut. Ind.* | nevará | |
| *Condit.* | nevaría | |
| *Pres. Subj.* | nieve | |
| *Imp. Subj.* | nevara | |
| | nevase | |
| *Pres. Perf.* | ha nevado | |
| *Pluperf.* | había nevado | |
| *Past Ant.* | hubo nevado | |
| *Fut. Perf.* | habrá nevado | |
| *Cond. Perf.* | habría nevado | |
| *Pres. Perf. Subj.* | haya nevado | |
| *Plup. Subj.* | hubiera nevado | |
| | hubiese nevado | |
| *Imperative* | que nieve | |

| | | |
|---|---|---|
| *Pres. Ind.* | obedezco, obedeces, obedece; <br> obedecemos, obedecéis, obedecen | *to obey* |
| *Imp. Ind.* | obedecía, obedecías, obedecía; <br> obedecíamos, obedecíais, obedecían | |
| *Pret. Ind.* | obedecí, obedeciste, obedeció; <br> obedecimos, obedecisteis, obedecieron | |
| *Fut. Ind.* | obedeceré, obedecerás, obedecerá; <br> obedeceremos, obedeceréis, obedecerán | |
| *Condit.* | obedecería, obedecerías, obedecería; <br> obedeceríamos, obedeceríais, obedecerían | |
| *Pres. Subj.* | obedezca, obedezcas, obedezca; <br> obedezcamos, obedezcáis, obedezcan | |
| *Imp. Subj.* | obedeciera, obedecieras, obedeciera; <br> obedeciéramos, obedecierais, obedecieran | |
| | obedeciese, obedecieses, obedeciese; <br> obedeciésemos, obedecieseis, obedeciesen | |
| *Pres. Perf.* | he obedecido, has obedecido, ha obedecido; <br> hemos obedecido, habéis obedecido, han obedecido | |
| *Pluperf.* | había obedecido, habías obedecido, había obedecido; <br> habíamos obedecido, habíais obedecido, habían obedecido | |
| *Past Ant.* | hube obedecido, hubiste obedecido, hubo obedecido; <br> hubimos obedecido, hubisteis obedecido, hubieron obedecido | |
| *Fut. Perf.* | habré obedecido, habrás obedecido, habrá obedecido; <br> habremos obedecido, habréis obedecido, habrán obedecido | |
| *Cond. Perf.* | habría obedecido, habrías obedecido, habría obedecido; <br> habríamos obedecido, habríais obedecido, habrían obedecido | |
| *Pres. Perf. Subj.* | haya obedecido, hayas obedecido, haya obedecido; <br> hayamos obedecido, hayáis obedecido, hayan obedecido | |
| *Plup. Subj.* | hubiera obedecido, hubieras obedecido, hubiera obedecido; <br> hubiéramos obedecido, hubierais obedecido, hubieran obedecido | |
| | hubiese obedecido, hubieses obedecido, hubiese obedecido; <br> hubiésemos obedecido, hubieseis obedecido, hubiesen obedecido | |
| *Imperative* | —— obedece, obedezca; <br> obedezcamos, obedeced, obedezcan | |

| | | |
|---|---|---|
| *Pres. Ind.* | obtengo, obtienes, obtiene; obtenemos, obtenéis, obtienen | *to obtain,* |
| *Imp. Ind.* | obtenía, obtenías, obtenía; obteníamos, obteníais, obtenían | *get* |
| *Pret. Ind.* | obtuve, obtuviste, obtuvo; obtuvimos, obtuvisteis, obtuvieron | |
| *Fut. Ind.* | obtendré, obtendrás, obtendrá; obtendremos, obtendréis, obtendrán | |
| *Condit.* | obtendría, obtendrías, obtendría; obtendríamos, obtendríais, obtendrían | |
| *Pres. Subj.* | obtenga, obtengas, obtenga; obtengamos, obtengáis, obtengan | |
| *Imp. Subj.* | obtuviera, obtuvieras, obtuviera; obtuviéramos, obtuvierais, obtuvieran | |
| | obtuviese, obtuvieses, obtuviese; obtuviésemos, obtuvieseis, obtuviesen | |
| *Pres. Perf.* | he obtenido, has obtenido, ha obtenido; hemos obtenido, habéis obtenido, han obtenido | |
| *Pluperf.* | había obtenido, habías obtenido, había obtenido; habíamos obtenido, habíais obtenido, habían obtenido | |
| *Past Ant.* | hube obtenido, hubiste obtenido, hubo obtenido; hubimos obtenido, hubisteis obtenido, hubieron obtenido | |
| *Fut. Perf.* | habré obtenido, habrás obtenido, habrá obtenido; habremos obtenido, habréis obtenido, habrán obtenido | |
| *Cond. Perf.* | habría obtenido, habrías obtenido, habría obtenido; habríamos obtenido, habríais obtenido, habrían obtenido | |
| *Pres. Perf. Subj.* | haya obtenido, hayas obtenido, haya obtenido; hayamos obtenido, hayáis obtenido, hayan obtenido | |
| *Plup. Subj.* | hubiera obtenido, hubieras obtenido, hubiera obtenido; hubiéramos obtenido, hubierais obtenido, hubieran obtenido | |
| | hubiese obtenido, hubieses obtenido, hubiese obtenido; hubiésemos obtenido, hubieseis obtenido, hubiesen obtenido | |
| *Imperative* | —— obtén, obtenga; obtengamos, obtened, obtengan | |

| | |
|---|---|
| *Pres. Ind.* | ofrezco, ofreces, ofrece;<br>ofrecemos, ofrecéis, ofrecen |
| *Imp. Ind.* | ofrecía, ofrecías, ofrecía;<br>ofrecíamos, ofrecíais, ofrecían |
| *Pret. Ind.* | ofrecí, ofreciste, ofreció;<br>ofrecimos, ofrecisteis, ofrecieron |
| *Fut. Ind.* | ofreceré, ofrecerás, ofrecerá;<br>ofreceremos, ofreceréis, ofrecerán |
| *Condit.* | ofrecería, ofrecerías, ofrecería;<br>ofreceríamos, ofreceríais, ofrecerían |
| *Pres. Subj.* | ofrezca, ofrezcas, ofrezca;<br>ofrezcamos, ofrezcáis, ofrezcan |
| *Imp. Subj.* | ofreciera, ofrecieras, ofreciera;<br>ofreciéramos, ofrecierais, ofrecieran |
| | ofreciese, ofrecieses, ofreciese;<br>ofreciésemos, ofrecieseis, ofreciesen |
| *Pres. Perf.* | he ofrecido, has ofrecido, ha ofrecido;<br>hemos ofrecido, habéis ofrecido, han ofrecido |
| *Pluperf.* | había ofrecido, habías ofrecido, había ofrecido;<br>habíamos ofrecido, habíais ofrecido, habían ofrecido |
| *Past Ant.* | hube ofrecido, hubiste ofrecido, hubo ofrecido;<br>hubimos ofrecido, hubisteis ofrecido, hubieron ofrecido |
| *Fut. Perf.* | habré ofrecido, habrás ofrecido, habrá ofrecido;<br>habremos ofrecido, habréis ofrecido, habrán ofrecido |
| *Cond.*<br>*Perf.* | habría ofrecido, habrías ofrecido, habría ofrecido;<br>habríamos ofrecido, habríais ofrecido, habrían ofrecido |
| *Pres. Perf.*<br>*Subj.* | haya ofrecido, hayas ofrecido, haya ofrecido;<br>hayamos ofrecido, hayáis ofrecido, hayan ofrecido |
| *Plup. Subj.* | hubiera ofrecido, hubieras ofrecido, hubiera ofrecido;<br>hubiéramos ofrecido, hubierais ofrecido, hubieran ofrecido |
| | hubiese ofrecido, hubieses ofrecido, hubiese ofrecido;<br>hubiésemos ofrecido, hubieseis ofrecido, hubiesen ofrecido |
| *Imperative* | —— ofrece, ofrezca;<br>ofrezcamos, ofreced, ofrezcan |

*to offer*

137

| | | |
|---|---|---|
| *Pres. Ind.* | oigo, oyes, oye;<br>oímos, oís, oyen | *to hear* |
| *Imp. Ind.* | oía, oías, oía;<br>oíamos, oíais, oían | |
| *Pret. Ind.* | oí, oíste, oyó;<br>oímos, oísteis, oyeron | |
| *Fut. Ind.* | oiré, oirás, oirá;<br>oiremos, oiréis, oirán | |
| *Condit.* | oiría, oirías, oiría;<br>oiríamos, oiríais, oirían | |
| *Pres. Subj.* | oiga, oigas, oiga;<br>oigamos, oigáis, oigan | |
| *Imp. Subj.* | oyera, oyeras, oyera;<br>oyéramos, oyerais, oyeran | |
| | oyese, oyeses, oyese;<br>oyésemos, oyeseis, oyesen | |
| *Pres. Perf.* | he oído, has oído, ha oído;<br>hemos oído, habéis oído, han oído | |
| *Pluperf.* | había oído, habías oído, había oído;<br>habíamos oído, habíais oído, habían oído | |
| *Past Ant.* | hube oído, hubiste oído, hubo oído;<br>hubimos oído, hubisteis oído, hubieron oído | |
| *Fut. Perf.* | habré oído, habrás oído, habrá oído;<br>habremos oído, habréis oído, habrán oído | |
| *Cond.*<br>*Perf.* | habría oído, habrías oído, habría oído;<br>habríamos oído, habríais oído, habrían oído | |
| *Pres. Perf.*<br>*Subj.* | haya oído, hayas oído, haya oído;<br>hayamos oído, hayáis oído, hayan oído | |
| *Plup. Subj.* | hubiera oído, hubieras oído, hubiera oído;<br>hubiéramos oído, hubierais oído, hubieran oído | |
| | hubiese oído, hubieses oído, hubiese oído;<br>hubiésemos oído, hubieseis oído, hubiesen oído | |
| *Imperative* | —— oye, oiga;<br>oigamos, oíd, oigan | |

| | | |
|---|---|---|
| *Pres. Ind.* | huelo, hueles, huele;<br>olemos, oléis, huelen | *to smell,* |
| *Imp. Ind.* | olía, olías, olía;<br>olíamos, olíais, olían | *scent* |
| *Pret. Ind.* | olí, oliste, olió;<br>olimos, olisteis, olieron | |
| *Fut. Ind.* | oleré, olerás, olerá;<br>oleremos, oleréis, olerán | |
| *Condit.* | olería, olerías, olería;<br>oleríamos, oleríais, olerían | |
| *Pres. Subj.* | huela, huelas, huela;<br>olamos, oláis, huelan | |
| *Imp. Subj.* | oliera, olieras, oliera;<br>oliéramos, olierais, olieran | |
| | oliese, olieses, oliese;<br>oliésemos, olieseis, oliesen | |
| *Pres. Perf.* | he olido, has olido, ha olido;<br>hemos olido, habéis olido, han olido | |
| *Pluperf.* | había olido, habías olido, había olido;<br>habíamos olido, habíais olido, habían olido | |
| *Past Ant.* | hube olido, hubiste olido, hubo olido;<br>hubimos olido, hubisteis olido, hubieron olido | |
| *Fut. Perf.* | habré olido, habrás olido, habrá olido;<br>habremos olido, habréis olido, habrán olido | |
| *Cond.*<br>*Perf.* | habría olido, habrías olido, habría olido;<br>habríamos olido, habríais olido, habrían olido | |
| *Pres. Perf.*<br>*Subj.* | haya olido, hayas olido, haya olido;<br>hayamos olido, hayáis olido, hayan olido | |
| *Plup. Subj.* | hubiera olido, hubieras olido, hubiera olido;<br>hubiéramos olido, hubierais olido, hubieran olido | |
| | hubiese olido, hubieses olido, hubiese olido;<br>hubiésemos olido, hubieseis olido, hubiesen olido | |
| *Imperative* | —— huele, huela;<br>olamos, oled, huelan | |

| | | |
|---|---|---|
| *Pres. Ind.* | me olvido, te olvidas, se olvida;<br>nos olvidamos, os olvidáis, se olvidan | *to forget* |
| *Imp. Ind.* | me olvidaba, te olvidabas, se olvidaba;<br>nos olvidábamos, os olvidabais, se olvidaban | |
| *Pret. Ind.* | me olvidé, te olvidaste, se olvidó;<br>nos olvidamos, os olvidasteis, se olvidaron | |
| *Fut. Ind.* | me olvidaré, te olvidarás, se olvidará;<br>nos olvidaremos, os olvidaréis, se olvidarán | |
| *Condit.* | me olvidaría, te olvidarías, se olvidaría;<br>nos olvidaríamos, os olvidaríais, se olvidarían | |
| *Pres. Subj.* | me olvide, te olvides, se olvide;<br>nos olvidemos, os olvidéis, se olviden | |
| *Imp. Subj.* | me olvidara, te olvidaras, se olvidara;<br>nos olvidáramos, os olvidarais, se olvidaran | |
| | me olvidase, te olvidases, se olvidase;<br>nos olvidásemos, os olvidaseis, se olvidasen | |
| *Pres. Perf.* | me he olvidado, te has olvidado, se ha olvidado;<br>nos hemos olvidado, os habéis olvidado, se han olvidado | |
| *Pluperf.* | me había olvidado, te habías olvidado, se había olvidado;<br>nos habíamos olvidado, os habíais olvidado, se habían olvidado | |
| *Past Ant.* | me hube olvidado, te hubiste olvidado, se hubo olvidado;<br>nos hubimos olvidado, os hubisteis olvidado, se hubieron olvidado | |
| *Fut. Perf.* | me habré olvidado, te habrás olvidado, se habrá olvidado;<br>nos habremos olvidado, os habréis olvidado, se habrán olvidado | |
| *Cond.*<br>*Perf.* | me habría olvidado, te habrías olvidado, se habría olvidado;<br>nos habríamos olvidado, os habríais olvidado, se habrían olvidado | |
| *Pres. Perf.*<br>*Subj.* | me haya olvidado, te hayas olvidado, se haya olvidado;<br>nos hayamos olvidado, os hayáis olvidado, se hayan olvidado | |
| *Plup. Subj.* | me hubiera olvidado, te hubieras olvidado, se hubiera olvidado;<br>nos hubiéramos olvidado, os hubierais olvidado, se hubieran olvidado | |
| | me hubiese olvidado, te hubieses olvidado, se hubiese olvidado;<br>nos hubiésemos olvidado, os hubieseis olvidado, se hubiesen olvidado | |
| *Imperative* | —— olvídate, olvídese;<br>olvidémonos, olvidaos, olvídense | |

140

| | | |
|---|---|---|
| *Pres. Ind.* | opongo, opones, opone;<br>oponemos, oponéis, oponen | *to oppose* |
| *Imp. Ind.* | oponía, oponías, oponía;<br>oponíamos, oponíais, oponían | |
| *Pret. Ind.* | opuse, opusiste, opuso;<br>opusimos, opusisteis, opusieron | |
| *Fut. Ind.* | opondré, opondrás, opondrá;<br>opondremos, opondréis, opondrán | |
| *Condit.* | opondría, opondrías, opondría;<br>opondríamos, opondríais, opondrían | |
| *Pres. Subj.* | oponga, opongas, oponga;<br>opongamos, opongáis, opongan | |
| *Imp. Subj.* | opusiera, opusieras, opusiera;<br>opusiéramos, opusierais, opusieran | |
| | opusiese, opusieses, opusiese;<br>opusiésemos, opusieseis, opusiesen | |
| *Pres. Perf.* | he opuesto, has opuesto, ha opuesto;<br>hemos opuesto, habéis opuesto, han opuesto | |
| *Pluperf.* | había opuesto, habías opuesto, había opuesto;<br>habíamos opuesto, habíais opuesto, habían opuesto | |
| *Past Ant.* | hube opuesto, hubiste opuesto, hubo opuesto;<br>hubimos opuesto, hubisteis opuesto, hubieron opuesto | |
| *Fut. Perf.* | habré opuesto, habrás opuesto, habrá opuesto;<br>habremos opuesto, habréis opuesto, habrán opuesto | |
| *Cond. Perf.* | habría opuesto, habrías opuesto, habría opuesto;<br>habríamos opuesto, habríais opuesto, habrían opuesto | |
| *Pres. Perf. Subj.* | haya opuesto, hayas opuesto, haya opuesto;<br>hayamos opuesto, hayáis opuesto, hayan opuesto | |
| *Plup. Subj.* | hubiera opuesto, hubieras opuesto, hubiera opuesto;<br>hubiéramos opuesto, hubierais opuesto, hubieran opuesto | |
| | hubiese opuesto, hubieses opuesto, hubiese opuesto;<br>hubiésemos opuesto, hubieseis opuesto, hubiesen opuesto | |
| *Imperative* | —— opón, oponga;<br>opongamos, oponed, opongan | |

| | | |
|---|---|---|
| *Pres. Ind.* | pago, pagas, paga;<br>pagamos, pagáis, pagan | *to pay* |
| *Imp. Ind.* | pagaba, pagabas, pagaba;<br>pagábamos, pagabais, pagaban | |
| *Pret. Ind.* | pagué, pagaste, pagó;<br>pagamos, pagasteis, pagaron | |
| *Fut. Ind.* | pagaré, pagarás, pagará;<br>pagaremos, pagaréis, pagarán | |
| *Condit.* | pagaría, pagarías, pagaría;<br>pagaríamos, pagaríais, pagarían | |
| *Pres. Subj.* | pague, pagues, pague;<br>paguemos, paguéis, paguen | |
| *Imp. Subj.* | pagara, pagaras, pagara;<br>pagáramos, pagarais, pagaran | |
| | pagase, pagases, pagase;<br>pagásemos, pagaseis, pagasen | |
| *Pres. Perf.* | he pagado, has pagado, ha pagado;<br>hemos pagado, habéis pagado, han pagado | |
| *Pluperf.* | había pagado, habías pagado, había pagado;<br>habíamos pagado, habíais pagado, habían pagado | |
| *Past Ant.* | hube pagado, hubiste pagado, hubo pagado;<br>hubimos pagado, hubisteis pagado, hubieron pagado | |
| *Fut. Perf.* | habré pagado, habrás pagado, habrá pagado;<br>habremos pagado, habréis pagado, habrán pagado | |
| *Cond.*<br>*Perf.* | habría pagado, habrías pagado, habría pagado;<br>habríamos pagado, habríais pagado, habrían pagado | |
| *Pres. Perf.*<br>*Subj.* | haya pagado, hayas pagado, haya pagado;<br>hayamos pagado, hayáis pagado, hayan pagado | |
| *Plup. Subj.* | hubiera pagado, hubieras pagado, hubiera pagado;<br>hubiéramos pagado, hubierais pagado, hubieran pagado | |
| | hubiese pagado, hubieses pagado, hubiese pagado;<br>hubiésemos pagado, hubieseis pagado, hubiesen pagado | |
| *Imperative* | —— paga, pague;<br>paguemos, pagad, paguen | |

| | | |
|---|---|---|
| *Pres. Ind.* | parezco, pareces, parece; parecemos, parecéis, parecen | *to seem,* |
| *Imp. Ind.* | parecía, parecías, parecía; parecíamos, parecíais, parecían | *appear* |
| *Pret. Ind.* | parecí, pareciste, pareció; parecimos, parecisteis, parecieron | |
| *Fut. Ind.* | pareceré, parecerás, parecerá; pareceremos, pareceréis, parecerán | |
| *Condit.* | parecería, parecerías, parecería; pareceríamos, pareceríais, parecerían | |
| *Pres. Subj.* | parezca, parezcas, parezca; parezcamos, parezcáis, parezcan | |
| *Imp. Subj.* | pareciera, parecieras, pareciera; pareciéramos, parecierais, parecieran | |
| | pareciese, parecieses, pareciese; pareciésemos, parecieseis, pareciesen | |
| *Pres. Perf.* | he parecido, has parecido, ha parecido; hemos parecido, habéis parecido, han parecido | |
| *Pluperf.* | había parecido, habías parecido, había parecido; habíamos parecido, habíais parecido, habían parecido | |
| *Past Ant.* | hube parecido, hubiste parecido, hubo parecido; hubimos parecido, hubisteis parecido, hubieron parecido | |
| *Fut. Perf.* | habré parecido, habrás parecido, habrá parecido; habremos parecido, habréis parecido, habrán parecido | |
| *Cond. Perf.* | habría parecido, habrías parecido, habría parecido; habríamos parecido, habríais parecido, habrían parecido | |
| *Pres. Perf. Subj.* | haya parecido, hayas parecido, haya parecido; hayamos parecido, hayáis parecido, hayan parecido | |
| *Plup. Subj.* | hubiera parecido, hubieras parecido, hubiera parecido; hubiéramos parecido, hubierais parecido, hubieran parecido | |
| | hubiese parecido, hubieses parecido, hubiese parecido; hubiésemos parecido, hubieseis parecido, hubiesen parecido | |
| *Imperative* | —— parece, parezca; parezcamos, pareced, parezcan | |

143

*Pres. Ind.*    me paseo, te paseas, se pasea;
           nos paseamos, os paseáis, se pasean

*Imp. Ind.*    me paseaba, te paseabas, se paseaba;
           nos paseábamos, os paseabais, se paseaban

*Pret. Ind.*    me paseé, te paseaste, se paseó;
           nos paseamos, os paseasteis, se pasearon

*Fut. Ind.*    me pasearé, te pasearás, se paseará;
           nos pasearemos, os pasearéis, se pasearán

*Condit.*    me pasearía, te pasearías, se pasearía;
           nos pasearíamos, os pasearíais, se pasearían

*Pres. Subj.*    me pasee, te pasees, se pasee;
           nos paseemos, os paseéis, se paseen

*Imp. Subj.*    me paseara, te pasearas, se paseara;
           nos paseáramos, os pasearais, se pasearan

           me pasease, te paseases, se pasease;
           nos paseásemos, os paseaseis, se paseasen

*Pres. Perf.*    me he paseado, te has paseado, se ha paseado;
           nos hemos paseado, os habéis paseado, se han paseado

*Pluperf.*    me había paseado, te habías paseado, se había paseado;
           nos habíamos paseado, os habíais paseado, se habían paseado

*Past Ant.*    me hube paseado, te hubiste paseado, se hubo paseado;
           nos hubimos paseado, os hubisteis paseado, se hubieron paseado

*Fut. Perf.*    me habré paseado, te habrás paseado, se habrá paseado;
           nos habremos paseado, os habréis paseado, se habrán paseado

*Cond.*    me habría paseado, te habrías paseado, se habría paseado;
*Perf.*    nos habríamos paseado, os habríais paseado, se habrían paseado

*Pres. Perf.*    me haya paseado, te hayas paseado, se haya paseado;
*Subj.*    nos hayamos paseado, os hayáis paseado, se hayan paseado

*Plup. Subj.*    me hubiera paseado, te hubieras paseado, se hubiera paseado;
           nos hubiéramos paseado, os hubierais paseado, se hubieran paseado

           me hubiese paseado, te hubieses paseado, se hubiese paseado;
           nos hubiésemos paseado, os hubieseis paseado, se hubiesen paseado

*Imperative*    —— paséate, paséese;
           paseémonos, paseaos, paséense

*to take a walk,*
*parade, promenade*

*to ask for, request*

| | |
|---|---|
| *Pres. Ind.* | pido, pides, pide; pedimos, pedís, piden |
| *Imp. Ind.* | pedía, pedías, pedía; pedíamos, pedíais, pedían |
| *Pret. Ind.* | pedí, pediste, pidió; pedimos, pedisteis, pidieron |
| *Fut. Ind.* | pediré, pedirás, pedirá; pediremos, pediréis, pedirán |
| *Condit.* | pediría, pedirías, pediría; pediríamos, pediríais, pedirían |
| *Pres. Subj.* | pida, pidas, pida; pidamos, pidáis, pidan |
| *Imp. Subj.* | pidiera, pidieras, pidiera; pidiéramos, pidierais, pidieran<br>pidiese, pidieses, pidiese; pidiésemos, pidieseis, pidiesen |
| *Pres. Perf.* | he pedido, has pedido, ha pedido; hemos pedido, habéis pedido, han pedido |
| *Pluperf.* | había pedido, habías pedido, había pedido; habíamos pedido, habíais pedido, habían pedido |
| *Past Ant.* | hube pedido, hubiste pedido, hubo pedido; hubimos pedido, hubisteis pedido, hubieron pedido |
| *Fut. Perf.* | habré pedido, habrás pedido, habrá pedido; habremos pedido, habréis pedido, habrán pedido |
| *Cond. Perf.* | habría pedido, habrías pedido, habría pedido; habríamos pedido, habríais pedido, habrían pedido |
| *Pres. Perf. Subj.* | haya pedido, hayas pedido, haya pedido; hayamos pedido, hayáis pedido, hayan pedido |
| *Plup. Subj.* | hubiera pedido, hubieras pedido, hubiera pedido; hubiéramos pedido, hubierais pedido, hubieran pedido<br>hubiese pedido, hubieses pedido, hubiese pedido; hubiésemos pedido, hubieseis pedido, hubiesen pedido |
| *Imperative* | —— pide, pida; pidamos, pedid, pidan |

| | | |
|---|---|---|
| *Pres. Ind.* | me peino, te peinas, se peina; <br> nos peinamos, os peináis, se peinan | *to comb oneself,* |
| *Imp. Ind.* | me peinaba, te peinabas, se peinaba; <br> nos peinábamos, os peinabais, se peinaban | *comb one's hair* |
| *Pret. Ind.* | me peiné, te peinaste, se peinó; <br> nos peinamos, os peinasteis, se peinaron | |
| *Fut. Ind.* | me peinaré, te peinarás, se peinará; <br> nos peinaremos, os peinaréis, se peinarán | |
| *Condit.* | me peinaría, te peinarías, se peinaría; <br> nos peinaríamos, os peinaríais, se peinarían | |
| *Pres. Subj.* | me peine, te peines, se peine; <br> nos peinemos, os peinéis, se peinen | |
| *Imp. Subj.* | me peinara, te peinaras, se peinara; <br> nos peináramos, os peinarais, se peinaran | |
| | me peinase, te peinases, se peinase; <br> nos peinásemos, os peinaseis, se peinasen | |
| *Pres. Perf.* | me he peinado, te has peinado, se ha peinado; <br> nos hemos peinado, os habéis peinado, se han peinado | |
| *Pluperf.* | me había peinado, te habías peinado, se había peinado; <br> nos habíamos peinado, os habíais peinado, se habían peinado | |
| *Past Ant.* | me hube peinado, te hubiste peinado, se hubo peinado; <br> nos hubimos peinado, os hubisteis peinado, se hubieron peinado | |
| *Fut. Perf.* | me habré peinado, te habrás peinado, se habrá peinado; <br> nos habremos peinado, os habréis peinado, se habrán peinado | |
| *Cond. Perf.* | me habría peinado, te habrías peinado, se habría peinado; <br> nos habríamos peinado, os habríais peinado, se habrían peinado | |
| *Pres. Perf. Subj.* | me haya peinado, te hayas peinado, se haya peinado; <br> nos hayamos peinado, os hayáis peinado, se hayan peinado | |
| *Plup. Subj.* | me hubiera peinado, te hubieras peinado, se hubiera peinado; <br> nos hubiéramos peinado, os hubierais peinado, se hubieran peinado | |
| | me hubiese peinado, te hubieses peinado, se hubiese peinado; <br> nos hubiésemos peinado, os hubieseis peinado, se hubiesen peinado | |
| *Imperative* | —— péinate, péinese; <br> peinémonos, peinaos, péinense | |

**pensar**

| | |
|---|---|
| *Pres. Ind.* | pienso, piensas, piensa;<br>pensamos, pensáis, piensan |
| *Imp. Ind.* | pensaba, pensabas, pensaba;<br>pensábamos, pensabais, pensaban |
| *Pret. Ind.* | pensé, pensaste, pensó;<br>pensamos, pensasteis, pensaron |
| *Fut. Ind.* | pensaré, pensarás, pensará;<br>pensaremos, pensaréis, pensarán |
| *Condit.* | pensaría, pensarías, pensaría;<br>pensaríamos, pensaríais, pensarían |
| *Pres. Subj.* | piense, pienses, piense;<br>pensemos, penséis, piensen |
| *Imp. Subj.* | pensara, pensaras, pensara;<br>pensáramos, pensarais, pensaran |
| | pensase, pensases, pensase;<br>pensásemos, pensaseis, pensasen |
| *Pres. Perf.* | he pensado, has pensado, ha pensado;<br>hemos pensado, habéis pensado, han pensado |
| *Pluperf.* | había pensado, habías pensado, había pensado;<br>habíamos pensado, habíais pensado, habían pensado |
| *Past Ant.* | hube pensado, hubiste pensado, hubo pensado;<br>hubimos pensado, hubisteis pensado, hubieron pensado |
| *Fut. Perf.* | habré pensado, habrás pensado, habrá pensado;<br>habremos pensado, habréis pensado, habrán pensado |
| *Cond.*<br>*Perf.* | habría pensado, habrías pensado, habría pensado;<br>habríamos pensado, habríais pensado, habrían pensado |
| *Pres. Perf.*<br>*Subj.* | haya pensado, hayas pensado, haya pensado;<br>hayamos pensado, hayáis pensado, hayan pensado |
| *Plup. Subj.* | hubiera pensado, hubieras pensado, hubiera pensado;<br>hubiéramos pensado, hubierais pensado, hubieran pensado |
| | hubiese pensado, hubieses pensado, hubiese pensado;<br>hubiésemos pensado, hubieseis pensado, hubiesen pensado |
| *Imperative* | —— piensa, piense;<br>pensemos, pensad, piensen |

*to think*

| | |
|---|---|
| *Pres. Ind.* | pierdo, pierdes, pierde;<br>perdemos, perdéis, pierden |
| *Imp. Ind.* | perdía, perdías, perdía;<br>perdíamos, perdíais, perdían |
| *Pret. Ind.* | perdí, perdiste, perdió;<br>perdimos, perdisteis, perdieron |
| *Fut. Ind.* | perderé, perderás, perderá;<br>perderemos, perderéis, perderán |
| *Condit.* | perdería, perderías, perdería;<br>perderíamos, perderíais, perderían |
| *Pres. Subj.* | pierda, pierdas, pierda;<br>perdamos, perdáis, pierdan |
| *Imp. Subj.* | perdiera, perdieras, perdiera;<br>perdiéramos, perdierais, perdieran<br><br>perdiese, perdieses, perdiese;<br>perdiésemos, perdieseis, perdiesen |
| *Pres. Perf.* | he perdido, has perdido, ha perdido;<br>hemos perdido, habéis perdido, han perdido |
| *Pluperf.* | había perdido, habías perdido, había perdido;<br>habíamos perdido, habíais perdido, habían perdido |
| *Past Ant.* | hube perdido, hubiste perdido, hubo perdido;<br>hubimos perdido, hubisteis perdido, hubieron perdido |
| *Fut. Perf.* | habré perdido, habrás perdido, habrá perdido;<br>habremos perdido, habréis perdido, habrán perdido |
| *Cond. Perf.* | habría perdido, habrías perdido, habría perdido;<br>habríamos perdido, habríais perdido, habrían perdido |
| *Pres. Perf. Subj.* | haya perdido, hayas perdido, haya perdido;<br>hayamos perdido, hayáis perdido, hayan perdido |
| *Plup. Subj.* | hubiera perdido, hubieras perdido, hubiera perdido;<br>hubiéramos perdido, hubierais perdido, hubieran perdido<br><br>hubiese perdido, hubieses perdido, hubiese perdido;<br>hubiésemos perdido, hubieseis perdido, hubiesen perdido |
| *Imperative* | —— pierde, pierda;<br>perdamos, perded, pierdan |

*to lose*

| | | |
|---|---|---|
| *Pres. Ind.* | puedo, puedes, puede;<br>podemos, podéis, pueden | *to be able,* |
| *Imp. Ind.* | podía, podías, podía;<br>podíamos, podíais, podían | *can* |
| *Pret. Ind.* | pude, pudiste, pudo;<br>pudimos, pudisteis, pudieron | |
| *Fut. Ind.* | podré, podrás, podrá;<br>podremos, podréis, podrán | |
| *Condit.* | podría, podrías, podría;<br>podríamos, podríais, podrían | |
| *Pres. Subj.* | pueda, puedas, pueda;<br>podamos, podáis, puedan | |
| *Imp. Subj.* | pudiera, pudieras, pudiera;<br>pudiéramos, pudierais, pudieran | |
| | pudiese, pudieses, pudiese;<br>pudiésemos, pudieseis, pudiesen | |
| *Pres. Perf.* | he podido, has podido, ha podido;<br>hemos podido, habéis podido, han podido | |
| *Pluperf.* | había podido, habías podido, había podido;<br>habíamos podido, habíais podido, habían podido | |
| *Past Ant.* | hube podido, hubiste podido, hubo podido;<br>hubimos podido, hubisteis podido, hubieron podido | |
| *Fut. Perf.* | habré podido, habrás podido, habrá podido;<br>habremos podido, habréis podido, habrán podido | |
| *Cond.*<br>*Perf.* | habría podido, habrías podido, habría podido;<br>habríamos podido, habríais podido, habrían podido | |
| *Pres. Perf.*<br>*Subj.* | haya podido, hayas podido, haya podido;<br>hayamos podido, hayáis podido, hayan podido | |
| *Plup. Subj.* | hubiera podido, hubieras podido, hubiera podido;<br>hubiéramos podido, hubierais podido, hubieran podido | |
| | hubiese podido, hubieses podido, hubiese podido;<br>hubiésemos podido, hubieseis podido, hubiesen podido | |
| *Imperative* | —— puede, pueda;<br>podamos, poded, puedan [ordinarily not used] | |

| | | |
|---|---|---|
| *Pres. Ind.* | pongo, pones, pone;<br>ponemos, ponéis, ponen | *to put,* |
| *Imp. Ind.* | ponía, ponías, ponía;<br>poníamos, poníais, ponían | *place* |
| *Pret. Ind.* | puse, pusiste, puso;<br>pusimos, pusisteis, pusieron | |
| *Fut. Ind.* | pondré, pondrás, pondrá;<br>pondremos, pondréis, pondrán | |
| *Condit.* | pondría, pondrías, pondría;<br>pondríamos, pondríais, pondrían | |
| *Pres. Subj.* | ponga, pongas, ponga;<br>pongamos, pongáis, pongan | |
| *Imp. Subj.* | pusiera, pusieras, pusiera;<br>pusiéramos, pusierais, pusieran | |
| | pusiese, pusieses, pusiese;<br>pusiésemos, pusieseis, pusiesen | |
| *Pres. Perf.* | he puesto, has puesto, ha puesto;<br>hemos puesto, habéis puesto, han puesto | |
| *Pluperf.* | había puesto, habías puesto, había puesto;<br>habíamos puesto, habíais puesto, habían puesto | |
| *Past Ant.* | hube puesto, hubiste puesto, hubo puesto;<br>hubimos puesto, hubisteis puesto, hubieron puesto | |
| *Fut. Perf.* | habré puesto, habrás puesto, habrá puesto;<br>habremos puesto, habréis puesto, habrán puesto | |
| *Cond.*<br>*Perf.* | habría puesto, habrías puesto, habría puesto;<br>habríamos puesto, habríais puesto, habrían puesto | |
| *Pres. Perf.*<br>*Subj.* | haya puesto, hayas puesto, haya puesto;<br>hayamos puesto, hayáis puesto, hayan puesto | |
| *Plup. Subj.* | hubiera puesto, hubieras puesto, hubiera puesto;<br>hubiéramos puesto, hubierais puesto, hubieran puesto | |
| | hubiese puesto, hubieses puesto, hubiese puesto;<br>hubiésemos puesto, hubieseis puesto, hubiesen puesto | |
| *Imperative* | —— pon, ponga;<br>pongamos, poned, pongan | |

**ponerse**

| | |
|---|---|
| *Pres. Ind.* | me pongo, te pones, se pone; <br> nos ponemos, os ponéis, se ponen |
| *Imp. Ind.* | me ponía, te ponías, se ponía; <br> nos poníamos, os poníais, se ponían |
| *Pret. Ind.* | me puse, te pusiste, se puso; <br> nos pusimos, os pusisteis, se pusieron |
| *Fut. Ind.* | me pondré, te pondrás, se pondrá; <br> nos pondremos, os pondréis, se pondrán |
| *Condit.* | me pondría, te pondrías, se pondría; <br> nos pondríamos, os pondríais, se pondrían |
| *Pres. Subj.* | me ponga, te pongas, se ponga; <br> nos pongamos, os pongáis, se pongan |
| *Imp. Subj.* | me pusiera, te pusieras, se pusiera; <br> nos pusiéramos, os pusierais, se pusieran |
| | me pusiese, te pusieses, se pusiese; <br> nos pusiésemos, os pusieseis, se pusiesen |
| *Pres. Perf.* | me he puesto, te has puesto, se ha puesto; <br> nos hemos puesto, os habéis puesto, se han puesto |
| *Pluperf.* | me había puesto, te habías puesto, se había puesto; <br> nos habíamos puesto, os habíais puesto, se habían puesto |
| *Past Ant.* | me hube puesto, te hubiste puesto, se hubo puesto; <br> nos hubimos puesto, os hubisteis puesto, se hubieron puesto |
| *Fut. Perf.* | me habré puesto, te habrás puesto, se habrá puesto; <br> nos habremos puesto, os habréis puesto, se habrán puesto |
| *Cond. Perf.* | me habría puesto, te habrías puesto, se habría puesto; <br> nos habríamos puesto, os habríais puesto, se habrían puesto |
| *Pres. Perf. Subj.* | me haya puesto, te hayas puesto, se haya puesto; <br> nos hayamos puesto, os hayáis puesto, se hayan puesto |
| *Plup. Subj.* | me hubiera puesto, te hubieras puesto, se hubiera puesto; <br> nos hubiéramos puesto, os hubierais puesto, se hubieran puesto |
| | me hubiese puesto, te hubieses puesto, se hubiese puesto; <br> nos hubiésemos puesto, os hubieseis puesto, se hubiesen puesto |
| *Imperative* | —— ponte, póngase; <br> pongámonos, poneos, pónganse |

*to put on,*
*become,*
*set (of sun)*

**poseer**

| | | |
|---|---|---|
| *Pres. Ind.* | poseo, posees, posee;<br>poseemos, poseéis, poseen | |
| *Imp. Ind.* | poseía, poseías, poseía;<br>poseíamos, poseíais, poseían | |
| *Pret. Ind.* | poseí, poseíste, poseyó;<br>poseímos, poseísteis, poseyeron | |
| *Fut. Ind.* | poseeré, poseerás, poseerá;<br>poseeremos, poseeréis, poseerán | |
| *Condit.* | poseería, poseerías, poseería;<br>poseeríamos, poseeríais, poseerían | |
| *Pres. Subj.* | posea, poseas, posea;<br>poseamos, poseáis, posean | |
| *Imp. Subj.* | poseyera, poseyeras, poseyera;<br>poseyéramos, poseyerais, poseyeran | |
| | poseyese, poseyeses, poseyese;<br>poseyésemos, poseyeseis, poseyesen | |
| *Pres. Perf.* | he poseído, has poseído, ha poseído;<br>hemos poseído, habéis poseído, han poseído | |
| *Pluperf.* | había poseído, habías poseído, había poseído;<br>habíamos poseído, habíais poseído, habían poseído | |
| *Past Ant.* | hube poseído, hubiste poseído, hubo poseído;<br>hubimos poseído, hubisteis poseído, hubieron poseído | |
| *Fut. Perf.* | habré poseído, habrás poseído, habrá poseído;<br>habremos poseído, habréis poseído, habrán poseído | |
| *Cond.*<br>*Perf.* | habría poseído, habrías poseído, habría poseído;<br>habríamos poseído habríais poseído, habrían poseído | |
| *Pres. Perf.*<br>*Subj.* | haya poseído, hayas poseído, haya poseído;<br>hayamos poseído, hayáis poseído, hayan poseído | |
| *Plup. Subj.* | hubiera poseído, hubieras poseído, hubiera poseído;<br>hubiéramos poseído, hubierais poseído, hubieran poseído | |
| | hubiese poseído, hubieses poseído, hubiese poseído;<br>hubiésemos poseído, hubieseis poseído, hubiesen poseído | |
| *Imperative* | —— posee, posea;<br>poseamos, poseed, posean | |

*to possess,*
*own*

**152**

| | | |
|---|---|---|
| *Pres. Ind.* | prefiero, prefieres, prefiere;<br>preferimos, preferís, prefieren | *to prefer* |
| *Imp. Ind.* | prefería, preferías, prefería;<br>preferíamos, preferíais, preferían | |
| *Pret. Ind.* | preferí, preferiste, prefirió;<br>preferimos, preferisteis, prefirieron | |
| *Fut. Ind.* | preferiré, preferirás, preferirá;<br>preferiremos, preferiréis, preferirán | |
| *Condit.* | preferiría, preferirías, preferiría;<br>preferiríamos, preferiríais, preferirían | |
| *Pres. Subj.* | prefiera, prefieras, prefiera;<br>prefiramos, prefiráis, prefieran | |
| *Imp. Subj.* | prefiriera, prefirieras, prefiriera;<br>prefiriéramos, prefirierais, prefirieran | |
| | prefiriese, prefirieses, prefiriese;<br>prefiriésemos, prefirieseis, prefiriesen | |
| *Pres. Perf.* | he preferido, has preferido, ha preferido;<br>hemos preferido, habéis preferido, han preferido | |
| *Pluperf.* | había preferido, habías preferido, había preferido;<br>habíamos preferido, habíais preferido, habían preferido | |
| *Past Ant.* | hube preferido, hubiste preferido, hubo preferido;<br>hubimos preferido, hubisteis preferido, hubieron preferido | |
| *Fut. Perf.* | habré preferido, habrás preferido, habrá preferido;<br>habremos preferido, habréis preferido, habrán preferido | |
| *Cond.*<br>*Perf.* | habría preferido, habrías preferido, habría preferido;<br>habríamos preferido, habríais preferido, habrían preferido | |
| *Pres. Perf.*<br>*Subj.* | haya preferido, hayas preferido, haya preferido;<br>hayamos preferido, hayáis preferido, hayan preferido | |
| *Plup. Subj.* | hubiera preferido, hubieras preferido, hubiera preferido;<br>hubiéramos preferido, hubierais preferido, hubieran preferido | |
| | hubiese preferido, hubieses preferido, hubiese preferido;<br>hubiésemos preferido, hubieseis preferido, hubiesen preferido | |
| *Imperative* | —— prefiere, prefiera;<br>prefiramos, preferid, prefieran | |

| | | |
|---|---|---|
| *Pres. Ind.* | principio, principias, principia;<br>principiamos, principiáis, principian | *to begin* |
| *Imp. Ind.* | principiaba, principiabas, principiaba;<br>principiábamos, principiabais, principiaban | |
| *Pret. Ind.* | principié, principiaste, principió;<br>principiamos, principiasteis, principiaron | |
| *Fut. Ind.* | principiaré, principiarás, principiará;<br>principiaremos, principiaréis, principiarán | |
| *Condit.* | principiaría, principiarías, principiaría;<br>principiaríamos, principiaríais, principiarían | |
| *Pres. Subj.* | principie, principies, principie;<br>principiemos, principiéis, principien | |
| *Imp. Subj.* | principiara, principiaras, principiara;<br>principiáramos, principiarais, principiaran | |
| | principiase, principiases, principiase;<br>principiásemos, principiaseis, principiasen | |
| *Pres. Perf.* | he principiado, has principiado, ha principiado;<br>hemos principiado, habéis principiado, han principiado | |
| *Pluperf.* | había principiado, habías principiado, había principiado;<br>habíamos principiado, habíais principiado, habían principiado | |
| *Past Ant.* | hube principiado, hubiste principiado, hubo principiado;<br>hubimos principiado, hubisteis principiado, hubieron principiado | |
| *Fut. Perf.* | habré principiado, habrás principiado, habrá principiado;<br>habremos principiado, habréis principiado, habrán principiado | |
| *Cond.*<br>*Perf.* | habría principiado, habrías principiado, habría principiado;<br>habríamos principiado, habríais principiado, habrían principiado | |
| *Pres. Perf.*<br>*Subj.* | haya principiado, hayas principiado, haya principiado;<br>hayamos principiado, hayáis principiado, hayan principiado | |
| *Plup. Subj.* | hubiera principiado, hubieras principiado, hubiera principiado;<br>hubiéramos principiado, hubierais principiado, hubieran principiado | |
| | hubiese principiado, hubieses principiado, hubiese principiado;<br>hubiésemos principiado, hubieseis principiado, hubiesen principiado | |
| *Imperative* | —— principia, principie;<br>principiemos, principiad, principien | |

| | | |
|---|---|---|
| *Pres. Ind.* | pruebo, pruebas, prueba;<br>probamos, probáis, prueban | *to test,* |
| *Imp. Ind.* | probaba, probabas, probaba;<br>probábamos, probabais, probaban | *prove,* |
| *Pret. Ind.* | probé, probaste, probó;<br>probamos, probasteis, probaron | *try,*<br>*try on* |
| *Fut. Ind.* | probaré, probarás, probará;<br>probaremos, probaréis, probarán | |
| *Condit.* | probaría, probarías, probaría;<br>probaríamos, probaríais, probarían | |
| *Pres. Subj.* | pruebe, pruebes, pruebe;<br>probemos, probéis, prueben | |
| *Imp. Subj.* | probara, probaras, probara;<br>probáramos, probarais, probaran | |
| | probase, probases, probase;<br>probásemos, probaseis, probasen | |
| *Pres. Perf.* | he probado, has probado, ha probado;<br>hemos probado, habéis probado, han probado | |
| *Plupert.* | había probado, habías probado, había probado;<br>habíamos probado, habíais probado, habían probado | |
| *Past Ant.* | hube probado, hubiste probado, hubo probado;<br>hubimos probado, hubisteis probado, hubieron probado | |
| *Fut. Perf.* | habré probado, habrás probado, habrá probado;<br>habremos probado, habréis probado, habrán probado | |
| *Cond.*<br>*Perf.* | habría probado, habrías probado, habría probado;<br>habríamos probado, habríais probado, habrían probado | |
| *Pres. Perf.*<br>*Subj.* | haya probado, hayas probado, haya probado;<br>hayamos probado, hayáis probado, hayan probado | |
| *Plup. Subj.* | hubiera probado, hubieras probado, hubiera probado;<br>hubiéramos probado, hubierais probado, hubieran probado | |
| | hubiese probado, hubieses probado, hubiese probado;<br>hubiésemos probado, hubieseis probado, hubiesen probado | |
| *Imperative* | —— prueba, pruebe;<br>probemos, probad, prueben | |

| | | |
|---|---|---|
| *Pres. Ind.* | produzco, produces, produce;<br>producimos, producís, producen | *to produce,* |
| *Imp. Ind.* | producía, producías, producía;<br>producíamos, producíais, producían | *cause* |
| *Pret. Ind.* | produje, produjiste, produjo;<br>produjimos, produjisteis, produjeron | |
| *Fut. Ind.* | produciré, producirás, producirá;<br>produciremos, produciréis, producirán | |
| *Condit.* | produciría, producirías, produciría;<br>produciríamos, produciríais, producirían | |
| *Pres. Subj.* | produzca, produzcas, produzca;<br>produzcamos, produzcáis, produzcan | |
| *Imp. Subj.* | produjera, produjeras, produjera;<br>produjéramos, produjerais, produjeran | |
| | produjese, produjeses, produjese;<br>produjésemos, produjeseis, produjesen | |
| *Pres. Perf.* | he producido, has producido, ha producido;<br>hemos producido, habéis producido, han producido | |
| *Pluperf.* | había producido, habías producido, había producido;<br>habíamos producido, habíais producido, habían producido | |
| *Past Ant.* | hube producido, hubiste producido, hubo producido;<br>hubimos producido, hubisteis producido, hubieron producido | |
| *Fut. Perf.* | habré producido, habrás producido, habrá producido;<br>habremos producido, habréis producido, habrán producido | |
| *Cond.*<br>*Perf.* | habría producido, habrías producido, habría producido;<br>habríamos producido, habríais producido, habrían producido | |
| *Pres. Perf.*<br>*Subj.* | haya producido, hayas producido, haya producido;<br>hayamos producido, hayáis producido, hayan producido | |
| *Plup. Subj.* | hubiera producido, hubieras producido, hubiera producido;<br>hubiéramos producido, hubierais producido, hubieran producido | |
| | hubiese producido, hubieses producido, hubiese producido;<br>hubiésemos producido, hubieseis producido, hubiesen producido | |
| *Imperative* | —— produce, produzca;<br>produzcamos, producid, produzcan | |

| | |
|---|---|
| *Pres. Ind.* | protejo, proteges, protege;<br>protegemos, protegéis, protegen |
| *Imp. Ind.* | protegía, protegías, protegía;<br>protegíamos, protegíais, protegían |
| *Pret. Ind.* | protegí, protegiste, protegió;<br>protegimos, protegisteis, protegieron |
| *Fut. Ind.* | protegeré, protegerás, protegerá;<br>protegeremos, protegeréis, protegerán |
| *Condit.* | protegería, protegerías, protegería;<br>protegeríamos, protegeríais, protegerían |
| *Pres. Subj.* | proteja, protejas, proteja;<br>protejamos, protejáis, protejan |
| *Imp. Subj.* | protegiera, protegieras, protegiera;<br>protegiéramos, protegierais, protegieran |
| | protegiese, protegieses, protegiese;<br>protegiésemos, protegieseis, protegiesen |
| *Pres. Perf.* | he protegido, has protegido, ha protegido;<br>hemos protegido, habéis protegido, han protegido |
| *Pluperf.* | había protegido, habías protegido, había protegido;<br>habíamos protegido, habíais protegido, habían protegido |
| *Past Ant.* | hube protegido, hubiste protegido, hubo protegido;<br>hubimos protegido, hubisteis protegido, hubieron protegido |
| *Fut. Perf.* | habré protegido, habrás protegido, habrá protegido;<br>habremos protegido, habréis protegido, habrán protegido |
| *Cond.*<br>*Perf.* | habría protegido, habrías protegido, habría protegido;<br>habríamos protegido, habríais protegido, habrían protegido |
| *Pres. Perf.*<br>*Subj.* | haya protegido, hayas protegido, haya protegido;<br>hayamos protegido, hayáis protegido, hayan protegido |
| *Plup. Subj.* | hubiera protegido, hubieras protegido, hubiera protegido;<br>hubiéramos protegido, hubierais protegido, hubieran protegido |
| | hubiese protegido, hubieses protegido, hubiese protegido;<br>hubiésemos protegido, hubieseis protegido, hubiesen protegido |
| *Imperative* | —— protege, proteja;<br>protejamos, proteged, protejan |

*to protect*

| | | |
|---|---|---|
| *Pres. Ind.* | me quedo, te quedas, se queda;<br>nos quedamos, os quedáis, se quedan | *to remain,* |
| *Imp. Ind.* | me quedaba, te quedabas, se quedaba;<br>nos quedábamos, os quedabais, se quedaban | *stay* |
| *Pret. Ind.* | me quedé, te quedaste, se quedó;<br>nos quedamos, os quedasteis, se quedaron | |
| *Fut. Ind.* | me quedaré, te quedarás, se quedará;<br>nos quedaremos, os quedaréis, se quedarán | |
| *Condit.* | me quedaría, te quedarías, se quedaría;<br>nos quedaríamos, os quedaríais, se quedarían | |
| *Pres. Subj.* | me quede, te quedes, se quede;<br>nos quedemos, os quedéis, se queden | |
| *Imp. Subj.* | me quedara, te quedaras, se quedara;<br>nos quedáramos, os quedarais, se quedaran | |
| | me quedase, te quedases, se quedase;<br>nos quedásemos, os quedaseis, se quedasen | |
| *Pres. Perf.* | me he quedado, te has quedado, se ha quedado;<br>nos hemos quedado, os habéis quedado, se han quedado | |
| *Pluperf.* | me había quedado, te habías quedado, se había quedado;<br>nos habíamos quedado, os habíais quedado, se habían quedado | |
| *Past Ant.* | me hube quedado, te hubiste quedado, se hubo quedado;<br>nos hubimos quedado, os hubisteis quedado, se hubieron quedado | |
| *Fut. Perf.* | me habré quedado, te habrás quedado, se habrá quedado;<br>nos habremos quedado, os habréis quedado, se habrán quedado | |
| *Cond.*<br>*Perf.* | me habría quedado, te habrías quedado, se habría quedado;<br>nos habríamos quedado, os habríais quedado, se habrían quedado | |
| *Pres. Perf.*<br>*Subj.* | me haya quedado, te hayas quedado, se haya quedado;<br>nos hayamos quedado, os hayáis quedado, se hayan quedado | |
| *Plup. Subj.* | me hubiera quedado, te hubieras quedado, se hubiera quedado;<br>nos hubiéramos quedado, os hubierais quedado, se hubieran quedado | |
| | me hubiese quedado, te hubieses quedado, se hubiese quedado;<br>nos hubiésemos quedado, os hubieseis quedado, se hubiesen quedado | |
| *Imperative* | ——— quédate, quédese;<br>quedémonos, quedaos, quédense | |

| | |
|---|---|
| *Pres. Ind.* | me quejo, te quejas, se queja;<br>nos quejamos, os quejáis, se quejan |
| *Imp. Ind.* | me quejaba, te quejabas, se quejaba;<br>nos quejábamos, os quejabais, se quejaban |
| *Pret. Ind.* | me quejé, te quejaste, se quejó;<br>nos quejamos, os quejasteis, se quejaron |
| *Fut. Ind.* | me quejaré, te quejarás, se quejará;<br>nos quejaremos, os quejaréis, se quejarán |
| *Condit.* | me quejaría, te quejarías, se quejaría;<br>nos quejaríamos, os quejaríais, se quejarían |
| *Pres. Subj.* | me queje, te quejes, se queje;<br>nos quejemos, os quejéis, se quejen |
| *Imp. Subj.* | me quejara, te quejaras, se quejara;<br>nos quejáramos, os quejarais, se quejaran |
| | me quejase, te quejases, se quejase;<br>nos quejásemos, os quejaseis, se quejasen |
| *Pres. Perf.* | me he quejado, te has quejado, se ha quejado;<br>nos hemos quejado, os habéis quejado, se han quejado |
| *Pluperf.* | me había quejado, te habías quejado, se había quejado;<br>nos habíamos quejado, os habíais quejado, se habían quejado |
| *Past Ant.* | me hube quejado, te hubiste quejado, se hubo quejado;<br>nos hubimos quejado, os hubisteis quejado, se hubieron quejado |
| *Fut. Perf.* | me habré quejado, te habrás quejado, se habrá quejado;<br>nos habremos quejado, os habréis quejado, se habrán quejado |
| *Cond.*<br>*Perf.* | me habría quejado, te habrías quejado, se habría quejado;<br>nos habríamos quejado, os habríais quejado, se habrían quejado |
| *Pres. Perf.*<br>*Subj.* | me haya quejado, te hayas quejado, se haya quejado;<br>nos hayamos quejado, os hayáis quejado, se hayan quejado |
| *Plup. Subj.* | me hubiera quejado, te hubieras quejado, se hubiera quejado;<br>nos hubiéramos quejado, os hubierais quejado, se hubieran quejado |
| | me hubiese quejado, te hubieses quejado, se hubiese quejado;<br>nos hubiésemos quejado, os hubieseis quejado, se hubiesen quejado |
| *Imperative* | —— quéjate, quéjese;<br>quejémonos, quejaos, quéjense |

*to complain,*
*grumble*

159

| | |
|---|---|
| *Pres. Ind.* | quiero, quieres, quiere;<br>queremos, queréis, quieren |
| *Imp. Ind.* | quería, querías, quería;<br>queríamos, queríais, querían |
| *Pret. Ind.* | quise, quisiste, quiso;<br>quisimos, quisisteis, quisieron |
| *Fut. Ind.* | querré, querrás, querrá;<br>querremos, querréis, querrán |
| *Condit.* | querría, querrías, querría;<br>querríamos, querríais, querrían |
| *Pres. Subj.* | quiera, quieras, quiera;<br>queramos, queráis, quieran |
| *Imp. Subj.* | quisiera, quisieras, quisiera;<br>quisiéramos, quisierais, quisieran |
| | quisiese, quisieses, quisiese;<br>quisiésemos, quisieseis, quisiesen |
| *Pres. Perf.* | he querido, has querido, ha querido;<br>hemos querido, habéis querido, han querido |
| *Pluperf.* | había querido, habías querido, había querido;<br>habíamos querido, habíais querido, habían querido |
| *Past Ant.* | hube querido, hubiste querido, hubo querido;<br>hubimos querido, hubisteis querido, hubieron querido |
| *Fut. Perf.* | habré querido, habrás querido, habrá querido;<br>habremos querido, habréis querido, habrán querido |
| *Cond.*<br>*Perf.* | habría querido, habrías querido, habría querido;<br>habríamos querido, habríais querido, habrían querido |
| *Pres. Perf.*<br>*Subj.* | haya querido, hayas querido, haya querido;<br>hayamos querido, hayáis querido, hayan querido |
| *Plup. Subj.* | hubiera querido, hubieras querido, hubiera querido;<br>hubiéramos querido, hubierais querido, hubieran querido |
| | hubiese querido, hubieses querido, hubiese querido;<br>hubiésemos querido, hubieseis querido, hubiesen querido |
| *Imperative* | —— quiere, quiera;<br>queramos, quered, quieran |

*to want,*
*wish*

160

| | | |
|---|---|---|
| *Pres. Ind.* | me quito, te quitas, se quita;<br>nos quitamos, os quitáis, se quitan | *to take off* |
| *Imp. Ind.* | me quitaba, te quitabas, se quitaba;<br>nos quitábamos, os quitabais, se quitaban | *(clothing),* |
| *Pret. Ind.* | me quité, te quitaste, se quitó;<br>nos quitamos, os quitasteis, se quitaron | *to remove oneself,*<br>*to withdraw* |
| *Fut. Ind.* | me quitaré, te quitarás, se quitará;<br>nos quitaremos, os quitaréis, se quitarán | |
| *Condit.* | me quitaría, te quitarías, se quitaría;<br>nos quitaríamos, os quitaríais, se quitarían | |
| *Pres. Subj.* | me quite, te quites, se quite;<br>nos quitemos, os quitéis, se quiten | |
| *Imp. Subj.* | me quitara, te quitaras, se quitara;<br>nos quitáramos, os quitarais, se quitaran | |
| | me quitase, te quitases, se quitase;<br>nos quitásemos, os quitaseis, se quitasen | |
| *Pres. Perf.* | me he quitado, te has quitado, se ha quitado;<br>nos hemos quitado, os habéis quitado, se han quitado | |
| *Pluperf.* | me había quitado, te habías quitado, se había quitado;<br>nos habíamos quitado, os habíais quitado, se habían quitado | |
| *Past Ant.* | me hube quitado, te hubiste quitado, se hubo quitado;<br>nos hubimos quitado, os hubisteis quitado, se hubieron quitado | |
| *Fut. Perf.* | me habré quitado, te habrás quitado, se habrá quitado;<br>nos habremos quitado, os habréis quitado, se habrán quitado | |
| *Cond.*<br>*Perf.* | me habría quitado, te habrías quitado, se habría quitado;<br>nos habríamos quitado, os habríais quitado, se habrían quitado | |
| *Pres. Perf.*<br>*Subj.* | me haya quitado, te hayas quitado, se haya quitado;<br>nos hayamos quitado, os hayáis quitado, se hayan quitado | |
| *Plup. Subj.* | me hubiera quitado, te hubieras quitado, se hubiera quitado;<br>nos hubiéramos quitado, os hubierais quitado, se hubieran quitado | |
| | me hubiese quitado, te hubieses quitado, se hubiese quitado;<br>nos hubiésemos quitado, os hubieseis quitado, se hubiesen quitado | |
| *Imperative* | —— quítate, quítese;<br>quitémonos, quitaos, quítense | |

| | | |
|---|---|---|
| *Pres. Ind.* | recibo, recibes, recibe;<br>recibimos, recibís, reciben | *to receive,* |
| *Imp. Ind.* | recibía, recibías, recibía;<br>recibíamos, recibíais, recibían | *get* |
| *Pret. Ind.* | recibí, recibiste, recibió;<br>recibimos, recibisteis, recibieron | |
| *Fut. Ind.* | recibiré, recibirás, recibirá;<br>recibiremos, recibiréis, recibirán | |
| *Condit.* | recibiría, recibirías, recibiría;<br>recibiríamos, recibiríais, recibirían | |
| *Pres. Subj.* | reciba, recibas, reciba;<br>recibamos, recibáis, reciban | |
| *Imp. Subj.* | recibiera, recibieras, recibiera;<br>recibiéramos, recibierais, recibieran | |
| | recibiese, recibieses, recibiese;<br>recibiésemos, recibieseis, recibiesen | |
| *Pres. Perf.* | he recibido, has recibido, ha recibido;<br>hemos recibido, habéis recibido, han recibido | |
| *Pluperf.* | había recibido, habías recibido, había recibido;<br>habíamos recibido, habíais recibido, habían recibido | |
| *Past Ant.* | hube recibido, hubiste recibido, hubo recibido;<br>hubimos recibido, hubisteis recibido, hubieron recibido | |
| *Fut. Perf.* | habré recibido, habrás recibido, habrá recibido;<br>habremos recibido, habréis recibido, habrán recibido | |
| *Cond.*<br>*Perf.* | habría recibido, habrías recibido, habría recibido;<br>habríamos recibido, habríais recibido, habrían recibido | |
| *Pres. Perf.*<br>*Subj.* | haya recibido, hayas recibido, haya recibido;<br>hayamos recibido, hayáis recibido, hayan recibido | |
| *Plup. Subj.* | hubiera recibido, hubieras recibido, hubiera recibido;<br>hubiéramos recibido, hubierais recibido, hubieran recibido | |
| | hubiese recibido, hubieses recibido, hubiese recibido;<br>hubiésemos recibido, hubieseis recibido, hubiesen recibido | |
| *Imperative* | —— recibe, reciba;<br>recibamos, recibid, reciban | |

| | | |
|---|---|---|
| *Pres. Ind.* | recojo, recoges, recoge;<br>recogemos, recogéis, recogen | *to pick up,* |
| *Imp. Ind.* | recogía, recogías, recogía;<br>recogíamos, recogíais, recogían | *pick, gather* |
| *Pret. Ind.* | recogí, recogiste, recogió;<br>recogimos, recogisteis, recogieron | |
| *Fut. Ind.* | recogeré, recogerás, recogerá;<br>recogeremos, recogeréis, recogerán | |
| *Condit.* | recogería, recogerías, recogería;<br>recogeríamos, recogeríais, recogerían | |
| *Pres. Subj.* | recoja, recojas, recoja;<br>recojamos, recojáis, recojan | |
| *Imp. Subj.* | recogiera, recogieras, recogiera;<br>recogiéramos, recogierais, recogieran | |
| | recogiese, recogieses, recogiese;<br>recogiésemos, recogieseis, recogiesen | |
| *Pres. Perf.* | he recogido, has recogido, ha recogido;<br>hemos recogido, habéis recogido, han recogido | |
| *Pluperf.* | había recogido, habías recogido, había recogido;<br>habíamos recogido, habíais recogido, habían recogido | |
| *Past Ant.* | hube recogido, hubiste recogido, hubo recogido;<br>hubimos recogido, hubisteis recogido, hubieron recogido | |
| *Fut. Perf.* | habré recogido, habrás recogido, habrá recogido;<br>habremos recogido, habréis recogido, habrán recogido | |
| *Cond.*<br>*Perf.* | habría recogido, habrías recogido, habría recogido;<br>habríamos recogido, habríais recogido, habrían recogido | |
| *Pres. Perf.*<br>*Subj.* | haya recogido, hayas recogido, haya recogido;<br>hayamos recogido, hayáis recogido, hayan recogido | |
| *Plup. Subj.* | hubiera recogido, hubieras recogido, hubiera recogido;<br>hubiéramos recogido, hubierais recogido, hubieran recogido | |
| | hubiese recogido, hubieses recogido, hubiese recogido;<br>hubiésemos recogido, hubieseis recogido, hubiesen recogido | |
| *Imperative* | —— recoge, recoja;<br>recojamos, recoged, recojan | |

| | |
|---|---|
| *Pres. Ind.* | recuerdo, recuerdas, recuerda;<br>recordamos, recordáis, recuerdan |
| *Imp. Ind.* | recordaba, recordabas, recordaba;<br>recordábamos, recordabais, recordaban |
| *Pret. Ind.* | recordé, recordaste, recordó;<br>recordamos, recordasteis, recordaron |
| *Fut. Ind.* | recordaré, recordarás, recordará;<br>recordaremos, recordaréis, recordarán |
| *Condit.* | recordaría, recordarías, recordaría;<br>recordaríamos, recordaríais, recordarían |
| *Pres. Subj.* | recuerde, recuerdes, recuerde;<br>recordemos, recordéis, recuerden |
| *Imp. Subj.* | recordara, recordaras, recordara;<br>recordáramos, recordarais, recordaran |
| | recordase, recordases, recordase;<br>recordásemos, recordaseis, recordasen |
| *Pres. Perf.* | he recordado, has recordado, ha recordado;<br>hemos recordado, habéis recordado, han recordado |
| *Pluperf.* | había recordado, habías recordado, había recordado;<br>habíamos recordado, habíais recordado, habían recordado |
| *Past Ant.* | hube recordado, hubiste recordado, hubo recordado;<br>hubimos recordado, hubisteis recordado, hubieron recordado |
| *Fut. Perf.* | habré recordado, habrás recordado, habrá recordado;<br>habremos recordado, habréis recordado, habrán recordado |
| *Cond.*<br>*Perf.* | habría recordado, habrías recordado, habría recordado;<br>habríamos recordado, habríais recordado, habrían recordado |
| *Pres. Perf.*<br>*Subj.* | haya recordado, hayas recordado, haya recordado;<br>hayamos recordado, hayáis recordado, hayan recordado |
| *Plup. Subj.* | hubiera recordado, hubieras recordado, hubiera recordado;<br>hubiéramos recordado, hubierais recordado, hubieran recordado |
| | hubiese recordado, hubieses recordado, hubiese recordado;<br>hubiésemos recordado, hubieseis recordado, hubiesen recordado |
| *Imperative* | —— recuerda, recuerde;<br>recordemos, recordad, recuerden |

*to remember, recall*

| | | |
|---|---|---|
| *Pres. Ind.* | refiero, refieres, refiere;<br>referimos, referís, refieren | *to refer,* |
| *Imp. Ind.* | refería, referías, refería;<br>referíamos, referíais, referían | *relate* |
| *Pret. Ind.* | referí, referiste, refirió;<br>referimos, referisteis, refirieron | |
| *Fut. Ind.* | referiré, referirás, referirá;<br>referiremos, referiréis, referirán | |
| *Condit.* | referiría, referirías, referiría;<br>referiríamos, referiríais, referirían | |
| *Pres. Subj.* | refiera, refieras, refiera;<br>refiramos, refiráis, refieran | |
| *Imp. Subj.* | refiriera, refirieras, refiriera;<br>refiriéramos, refirierais, refirieran | |
| | refiriese, refirieses, refiriese;<br>refiriésemos, refirieseis, refiriesen | |
| *Pres. Perf.* | he referido, has referido, ha referido;<br>hemos referido, habéis referido, han referido | |
| *Pluperf.* | había referido, habías referido, había referido;<br>habíamos referido, habíais referido, habían referido | |
| *Past Ant.* | hube referido, hubiste referido, hubo referido;<br>hubimos referido, hubisteis referido, hubieron referido | |
| *Fut. Perf.* | habré referido, habrás referido, habrá referido;<br>habremos referido, habréis referido, habrán referido | |
| *Cond.*<br>*Perf.* | habría referido, habrías referido, habría referido;<br>habríamos referido, habríais referido, habrían referido | |
| *Pres. Perf.*<br>*Subj.* | haya referido, hayas referido, haya referido;<br>hayamos referido, hayáis referido, hayan referido | |
| *Plup. Subj.* | hubiera referido, hubieras referido, hubiera referido;<br>hubiéramos referido, hubierais referido, hubieran referido | |
| | hubiese referido, hubieses referido, hubiese referido;<br>hubiésemos referido, hubieseis referido, hubiesen referido | |
| *Imperative* | —— refiere, refiera;<br>refiramos, referid, refieran | |

**165**

| | |
|---|---|
| *Pres. Ind.* | río, ríes, ríe;<br>reímos, reís, ríen |

*to laugh*

| | |
|---|---|
| *Imp. Ind.* | reía, reías, reía;<br>reíamos, reíais, reían |
| *Pret. Ind.* | reí, reíste, rió;<br>reímos, reísteis, rieron |
| *Fut. Ind.* | reiré, reirás, reirá;<br>reiremos, reiréis, reirán |
| *Condit.* | reiría, reirías, reiría;<br>reiríamos, reiríais, reirían |
| *Pres. Subj.* | ría, rías, ría;<br>riamos, riáis, rían |
| *Imp. Subj.* | riera, rieras, riera;<br>riéramos, rierais, rieran |
| | riese, rieses, riese;<br>riésemos, rieseis, riesen |
| *Pres. Perf.* | he reído, has reído, ha reído;<br>hemos reído, habéis reído, han reído |
| *Pluperf.* | había reído, habías reído, había reído;<br>habíamos reído, habíais reído, habían reído |
| *Past Ant.* | hube reído, hubiste reído, hubo reído;<br>hubimos reído, hubisteis reído, hubieron reído |
| *Fut. Perf.* | habré reído, habrás reído, habrá reído;<br>habremos reído, habréis reído, habrán reído |
| *Cond.*<br>*Perf.* | habría reído, habrías reído, habría reído;<br>habríamos reído, habríais reído, habrían reído |
| *Pres. Perf.*<br>*Subj.* | haya reído, hayas reído, haya reído;<br>hayamos reído, hayáis reído, hayan reído |
| *Plup. Subj.* | hubiera reído, hubieras reído, hubiera reído;<br>hubiéramos reído, hubierais reído, hubieran reído |
| | hubiese reído, hubieses reído, hubiese reído;<br>hubiésemos reído, hubieseis reído, hubiesen reído |
| *Imperative* | —— ríe, ría;<br>riamos, reíd, rían |

|            |                                                                              |            |
|------------|------------------------------------------------------------------------------|------------|
| *Pres. Ind.* | me río, te ríes, se ríe;<br>nos reímos, os reís, se ríen                    | *to laugh* |
| *Imp. Ind.*  | me reía, te reías, se reía;<br>nos reíamos, os reíais, se reían             |            |
| *Pret. Ind.* | me reí, te reíste, se rió;<br>nos reímos, os reísteis, se rieron            |            |
| *Fut. Ind.*  | me reiré, te reirás, se reirá;<br>nos reiremos, os reiréis, se reirán       |            |
| *Condit.*    | me reiría, te reirías, se reiría;<br>nos reiríamos, os reiríais, se reirían |            |
| *Pres. Subj.*| me ría, te rías, se ría;<br>nos riamos, os riáis, se rían                   |            |
| *Imp. Subj.* | me riera, te rieras, se riera;<br>nos riéramos, os rierais, se rieran       |            |
|              | me riese, te rieses, se riese;<br>nos riésemos, os rieseis, se riesen       |            |
| *Pres. Perf.*| me he reído, te has reído, se ha reído;<br>nos hemos reído, os habéis reído, se han reído |  |
| *Pluperf.*   | me había reído, te habías reído, se había reído;<br>nos habíamos reído, os habíais reído, se habían reído |  |
| *Past Ant.*  | me hube reído, te hubiste reído, se hubo reído;<br>nos hubimos reído, os hubisteis reído, se hubieron reído |  |
| *Fut. Perf.* | me habré reído, te habrás reído, se habrá reído;<br>nos habremos reído, os habréis reído, se habrán reído |  |
| *Cond.*<br>*Perf.* | me habría reído, te habrías reído, se habría reído;<br>nos habríamos reído, os habríais reído, se habrían reído |  |
| *Pres. Perf.*<br>*Subj.* | me haya reído, te hayas reído, se haya reído;<br>nos hayamos reído, os hayáis reído, se hayan reído |  |
| *Plup. Subj.*| me hubiera reído, te hubieras reído, se hubiera reído;<br>nos hubiéramos reído, os hubierais reído, se hubieran reído |  |
|              | me hubiese reído, te hubieses reído, se hubiese reído;<br>nos hubiésemos reído, os hubieseis reído, se hubiesen reído |  |
| *Imperative* | —— ríete, ríase;<br>riámonos, reíos, rianse                                |            |

167

| | |
|---|---|
| *Pres. Ind.* | riño, riñes, riñe;<br>reñimos, reñís, riñen |
| *Imp. Ind.* | reñía, reñías, reñía;<br>reñíamos, reñíais, reñían |
| *Pret. Ind.* | reñí, reñiste, riñó;<br>reñimos, reñisteis, riñeron |
| *Fut. Ind.* | reñiré, reñirás, reñirá;<br>reñiremos, reñiréis, reñirán |
| *Condit.* | reñiría, reñirías, reñiría;<br>reñiríamos, reñiríais, reñirían |
| *Pres. Subj.* | riña, riñas, riña;<br>riñamos, riñáis, riñan |
| *Imp. Subj.* | riñera, riñeras, riñera;<br>riñéramos, riñerais, riñeran |
| | riñese, riñeses, riñese;<br>riñésemos, riñeseis, riñesen |
| *Pres. Perf.* | he reñido, has reñido, ha reñido;<br>hemos reñido, habéis reñido, han reñido |
| *Pluperf.* | había reñido, habías reñido, había reñido;<br>habíamos reñido, habíais reñido, habían reñido |
| *Past Ant.* | hube reñido, hubiste reñido, hubo reñido;<br>hubimos reñido, hubisteis reñido, hubieron reñido |
| *Fut. Perf.* | habré reñido, habrás reñido, habrá reñido;<br>habremos reñido, habréis reñido, habrán reñido |
| *Cond.*<br>*Perf.* | habría reñido, habrías reñido, habría reñido;<br>habríamos reñido, habríais reñido, habrían reñido |
| *Pres. Perf.*<br>*Subj.* | haya reñido, hayas reñido, haya reñido;<br>hayamos reñido, hayáis reñido, hayan reñido |
| *Plup. Subj.* | hubiera reñido, hubieras reñido, hubiera reñido;<br>hubiéramos reñido, hubierais reñido, hubieran reñido |
| | hubiese reñido, hubieses reñido, hubiese reñido;<br>hubiésemos reñido, hubieseis reñido, hubiesen reñido |
| *Imperative* | —— riñe, riña;<br>riñamos, reñid, riñan |

*to scold,*
*quarrel*

| | | |
|---|---|---|
| *Pres. Ind.* | repito, repites, repite;<br>repetimos, repetís, repiten | *to repeat* |
| *Imp. Ind.* | repetía, repetías, repetía;<br>repetíamos, repetíais, repetían | |
| *Pret. Ind.* | repetí, repetiste, repitió;<br>repetimos, repetisteis, repitieron | |
| *Fut. Ind.* | repetiré, repetirás, repetirá;<br>repetiremos, repetiréis, repetirán | |
| *Condit.* | repetiría, repetirías, repetiría;<br>repetiríamos, repetiríais, repetirían | |
| *Pres. Subj.* | repita, repitas, repita;<br>repitamos, repitáis, repitan | |
| *Imp. Subj.* | repitiera, repitieras, repitiera;<br>repitiéramos, repitierais, repitieran | |
| | repitiese, repitieses, repitiese;<br>repitiésemos, repitieseis, repitiesen | |
| *Pres. Perf.* | he repetido, has repetido, ha repetido;<br>hemos repetido, habéis repetido, han repetido | |
| *Pluperf.* | había repetido, habías repetido, había repetido;<br>habíamos repetido, habíais repetido, habían repetido | |
| *Past Ant.* | hube repetido, hubiste repetido, hubo repetido;<br>hubimos repetido, hubisteis repetido, hubieron repetido | |
| *Fut. Perf.* | habré repetido, habrás repetido, habrá repetido;<br>habremos repetido, habréis repetido, habrán repetido | |
| *Cond.*<br>*Perf.* | habría repetido, habrías repetido, habría repetido;<br>habríamos repetido, habríais repetido, habrían repetido | |
| *Pres. Perf.*<br>*Subj.* | haya repetido, hayas repetido, haya repetido;<br>hayamos repetido, hayáis repetido, hayan repetido | |
| *Plup. Subj.* | hubiera repetido, hubieras repetido, hubiera repetido;<br>hubiéramos repetido, hubierais repetido, hubieran repetido | |
| | hubiese repetido, hubieses repetido, hubiese repetido;<br>hubiésemos repetido, hubieseis repetido, hubiesen repetido | |
| *Imperative* | —— repite, repita;<br>repitamos, repetid, repitan | |

**169**

| | | |
|---|---|---|
| *Pres. Ind.* | ruego, ruegas, ruega;<br>rogamos, rogáis, ruegan | |
| *Imp. Ind.* | rogaba, rogabas, rogaba;<br>rogábamos, rogabais, rogaban | |
| *Pret. Ind.* | rogué, rogaste, rogó;<br>rogamos, rogasteis, rogaron | |
| *Fut. Ind.* | rogaré, rogarás, rogará;<br>rogaremos, rogaréis, rogarán | |
| *Condit.* | rogaría, rogarías, rogaría;<br>rogaríamos, rogaríais, rogarían | |
| *Pres. Subj.* | ruegue, ruegues, ruegue;<br>roguemos, roguéis, rueguen | |
| *Imp. Subj.* | rogara, rogaras, rogara;<br>rogáramos, rogarais, rogaran | |
| | rogase, rogases, rogase;<br>rogásemos, rogaseis, rogasen | |
| *Pres. Perf.* | he rogado, has rogado, ha rogado;<br>hemos rogado, habéis rogado, han rogado | |
| *Pluperf.* | había rogado, habías rogado, había rogado;<br>habíamos rogado, habíais rogado, habían rogado | |
| *Past Ant.* | hube rogado, hubiste rogado, hubo rogado;<br>hubimos rogado, hubisteis rogado, hubieron rogado | |
| *Fut. Perf.* | habré rogado, habrás rogado, habrá rogado;<br>habremos rogado, habréis rogado, habrán rogado | |
| *Cond.*<br>*Perf.* | habría rogado, habrías rogado, habría rogado;<br>habríamos rogado, habríais rogado, habrían rogado | |
| *Pres. Perf.*<br>*Subj.* | haya rogado, hayas rogado, haya rogado;<br>hayamos rogado, hayáis rogado, hayan rogado | |
| *Plup. Subj.* | hubiera rogado, hubieras rogado, hubiera rogado;<br>hubiéramos rogado, hubierais rogado, hubieran rogado | |
| | hubiese rogado, hubieses rogado, hubiese rogado;<br>hubiésemos rogado, hubieseis rogado, hubiesen rogado | |
| *Imperative* | —— ruega, ruegue;<br>roguemos, rogad, rueguen | |

*to ask, ask for, request, beg*

| | | |
|---|---|---|
| *Pres. Ind.* | rompo, rompes, rompe;<br>rompemos, rompéis, rompen | *to break,* |
| *Imp. Ind.* | rompía, rompías, rompía;<br>rompíamos, rompíais, rompían | *tear, shatter* |
| *Pret. Ind.* | rompí, rompiste, rompió;<br>rompimos, rompisteis, rompieron | |
| *Fut. Ind.* | romperé, romperás, romperá;<br>romperemos, romperéis, romperán | |
| *Condit.* | rompería, romperías, rompería;<br>romperíamos, romperíais, romperían | |
| *Pres. Subj.* | rompa, rompas, rompa;<br>rompamos, rompáis, rompan | |
| *Imp. Subj.* | rompiera, rompieras, rompiera;<br>rompiéramos, rompierais, rompieran | |
| | rompiese, rompieses, rompiese;<br>rompiésemos, rompieseis, rompiesen | |
| *Pres. Perf.* | he roto, has roto, ha roto;<br>hemos roto, habéis roto, han roto | |
| *Pluperf.* | había roto, habías roto, había roto;<br>habíamos roto, habíais roto, habían roto | |
| *Past Ant.* | hube roto, hubiste roto, hubo roto;<br>hubimos roto, hubisteis roto, hubieron roto | |
| *Fut. Perf.* | habré roto, habrás roto, habrá roto;<br>habremos roto, habréis roto, habrán roto | |
| *Cond.*<br>*Perf.* | habría roto, habrías roto, habría roto;<br>habríamos roto, habríais roto, habrían roto | |
| *Pres. Perf.*<br>*Subj.* | haya roto, hayas roto, haya roto;<br>hayamos roto, hayáis roto, hayan roto | |
| *Plup. Subj.* | hubiera roto, hubieras roto, hubiera roto;<br>hubiéramos roto, hubierais roto, hubieran roto | |
| | hubiese roto, hubieses roto, hubiese roto;<br>hubiésemos roto, hubieseis roto, hubiesen roto | |
| *Imperative* | —— rompe, rompa;<br>rompamos, romped, rompan | |

171

| | | |
|---|---|---|
| *Pres. Ind.* | sé, sabes, sabe; <br> sabemos, sabéis, saben | *to know,* |
| *Imp. Ind.* | sabía, sabías, sabía; <br> sabíamos, sabíais, sabían | *know how* |
| *Pret. Ind.* | supe, supiste, supo; <br> supimos, supisteis, supieron | |
| *Fut. Ind.* | sabré, sabrás, sabrá; <br> sabremos, sabréis, sabrán | |
| *Condit.* | sabría, sabrías, sabría; <br> sabríamos, sabríais, sabrían | |
| *Pres. Subj.* | sepa, sepas, sepa; <br> sepamos, sepáis, sepan | |
| *Imp. Subj.* | supiera, supieras, supiera; <br> supiéramos, supierais, supieran | |
| | supiese, supieses, supiese; <br> supiésemos, supieseis, supiesen | |
| *Pres. Perf.* | he sabido, has sabido, ha sabido; <br> hemos sabido, habéis sabido, han sabido | |
| *Pluperf.* | había sabido, habías sabido, había sabido; <br> habíamos sabido, habíais sabido, habían sabido | |
| *Past Ant.* | hube sabido, hubiste sabido, hubo sabido; <br> hubimos sabido, hubisteis sabido, hubieron sabido | |
| *Fut. Perf.* | habré sabido, habrás sabido, habrá sabido; <br> habremos sabido, habréis sabido, habrán sabido | |
| *Cond. Perf.* | habría sabido, habrías sabido, habría sabido; <br> habríamos sabido, habríais sabido, habrían sabido | |
| *Pres. Perf. Subj.* | haya sabido, hayas sabido, haya sabido; <br> hayamos sabido, hayáis sabido, hayan sabido | |
| *Plup. Subj.* | hubiera sabido, hubieras sabido, hubiera sabido; <br> hubiéramos sabido, hubierais sabido, hubieran sabido | |
| | hubiese sabido, hubieses sabido, hubiese sabido; <br> hubiésemos sabido, hubieseis sabido, hubiesen sabido | |
| *Imperative* | —— sabe, sepa; <br> sepamos, sabed, sepan | |

**172**

| | | |
|---|---|---|
| *Pres. Ind.* | saco, sacas, saca;<br>sacamos, sacáis, sacan | *to take out,* |
| *Imp. Ind.* | sacaba, sacabas, sacaba;<br>sacábamos, sacabais, sacaban | *get* |
| *Pret. Ind.* | saqué, sacaste, sacó;<br>sacamos, sacasteis, sacaron | |
| *Fut. Ind.* | sacaré, sacarás, sacará;<br>sacaremos, sacaréis, sacarán | |
| *Condit.* | sacaría, sacarías, sacaría;<br>sacaríamos, sacaríais, sacarían | |
| *Pres. Subj.* | saque, saques, saque;<br>saquemos, saquéis, saquen | |
| *Imp. Subj.* | sacara, sacaras, sacara;<br>sacáramos, sacarais, sacaran | |
| | sacase, sacases, sacase;<br>sacásemos, sacaseis, sacasen | |
| *Pres. Perf.* | he sacado, has sacado, ha sacado;<br>hemos sacado, habéis sacado, han sacado | |
| *Pluperf.* | había sacado, habías sacado, había sacado;<br>habíamos sacado, habíais sacado, habían sacado | |
| *Past Ant.* | hube sacado, hubiste sacado, hubo sacado;<br>hubimos sacado, hubisteis sacado, hubieron sacado | |
| *Fut. Perf.* | habré sacado, habrás sacado, habrá sacado;<br>habremos sacado, habréis sacado, habrán sacado | |
| *Cond.*<br>*Perf.* | habría sacado, habrías sacado, habría sacado;<br>habríamos sacado, habríais sacado, habrían sacado | |
| *Pres. Perf.*<br>*Subj.* | haya sacado, hayas sacado, haya sacado;<br>hayamos sacado, hayáis sacado, hayan sacado | |
| *Plup. Subj.* | hubiera sacado, hubieras sacado, hubiera sacado;<br>hubiéramos sacado, hubierais sacado, hubieran sacado | |
| | hubiese sacado, hubieses sacado, hubiese sacado;<br>hubiésemos sacado, hubieseis sacado, hubiesen sacado | |
| *Imperative* | —— saca, saque;<br>saquemos, sacad, saquen | |

| | |
|---|---|
| *Pres. Ind.* | salgo, sales, sale;<br>salimos, salís, salen |
| *Imp. Ind.* | salía, salías, salía;<br>salíamos, salíais, salían |
| *Pret. Ind.* | salí, saliste, salió;<br>salimos, salisteis, salieron |
| *Fut. Ind.* | saldré, saldrás, saldrá;<br>saldremos, saldréis, saldrán |
| *Condit.* | saldría, saldrías, saldría;<br>saldríamos, saldríais, saldrían |
| *Pres. Subj.* | salga, salgas, salga;<br>salgamos, salgáis, salgan |
| *Imp. Subj.* | saliera, salieras, saliera;<br>saliéramos, salierais, salieran |
| | saliese, salieses, saliese;<br>saliésemos, salieseis, saliesen |
| *Pres. Perf.* | he salido, has salido, ha salido;<br>hemos salido, habéis salido, han salido |
| *Pluperf.* | había salido, habías salido, había salido;<br>habíamos salido, habíais salido, habían salido |
| *Past Ant.* | hube salido, hubiste salido, hubo salido;<br>hubimos salido, hubisteis salido, hubieron salido |
| *Fut. Perf.* | habré salido, habrás salido, habrá salido;<br>habremos salido, habréis salido, habrán salido |
| *Cond.*<br>*Perf.* | habría salido, habrías salido, habría salido;<br>habríamos salido, habríais salido, habrían salido |
| *Pres. Perf.*<br>*Subj.* | haya salido, hayas salido, haya salido;<br>hayamos salido, hayáis salido, hayan salido |
| *Plup. Subj.* | hubiera salido, hubieras salido, hubiera salido;<br>hubiéramos salido, hubierais salido, hubieran salido |
| | hubiese salido, hubieses salido, hubiese salido;<br>hubiésemos salido, hubieseis salido, hubiesen salido |
| *Imperative* | —— sal, salga;<br>salgamos, salid, salgan |

*to go out, leave*

174

| | | |
|---|---|---|
| *Pres. Ind.* | satisfago, satisfaces, satisface; <br> satisfacemos, satisfacéis, satisfacen | *to satisfy* |
| *Imp. Ind.* | satisfacía, satisfacías, satisfacía; <br> satisfacíamos, satisfacíais, satisfacían | |
| *Pret. Ind.* | satisfice, satisficiste, satisfizo; <br> satisficimos, satisficisteis, satisficieron | |
| *Fut. Ind.* | satisfaré, satisfarás, satisfará; <br> satisfaremos, satisfaréis, satisfarán | |
| *Condit.* | satisfaría, satisfarías, satisfaría; <br> satisfaríamos, satisfaríais, satisfarían | |
| *Pres. Subj.* | satisfaga, satisfagas, satisfaga; <br> satisfagamos, satisfagáis, satisfagan | |
| *Imp. Subj.* | satisficiera, satisficieras, satisficiera; <br> satisficiéramos, satisficierais, satisficieran | |
| | satisficiese, satisficieses, satisficiese; <br> satisficiésemos, satisficieseis, satisficiesen | |
| *Pres. Perf.* | he satisfecho, has satisfecho, ha satisfecho; <br> hemos satisfecho, habéis satisfecho, han satisfecho | |
| *Pluperf.* | había satisfecho, habías satisfecho, había satisfecho; <br> habíamos satisfecho, habíais satisfecho, habían satisfecho | |
| *Past Ant.* | hube satisfecho, hubiste satisfecho, hubo satisfecho; <br> hubimos satisfecho, hubisteis satisfecho, hubieron satisfecho | |
| *Fut. Perf.* | habré satisfecho, habrás satisfecho, habrá satisfecho; <br> habremos satisfecho, habréis satisfecho, habrán satisfecho | |
| *Cond. Perf.* | habría satisfecho, habrías satisfecho, habría satisfecho; <br> habríamos satisfecho, habríais satisfecho, habrían satisfecho | |
| *Pres. Perf. Subj.* | haya satisfecho, hayas satisfecho, haya satisfecho; <br> hayamos satisfecho, hayáis satisfecho, hayan satisfecho | |
| *Plup. Subj.* | hubiera satisfecho, hubieras satisfecho, hubiera satisfecho; <br> hubiéramos satisfecho, hubierais satisfecho, hubieran satisfecho | |
| | hubiese satisfecho, hubieses satisfecho, hubiese satisfecho; <br> hubiésemos satisfecho, hubieseis satisfecho, hubiesen satisfecho | |
| *Imperative* | —— satisfaz, satisfaga; <br> satisfagamos, satisfaced, satisfagan | |

| | | |
|---|---|---|
| *Pres. Ind.* | sigo, sigues, sigue;<br>seguimos, seguís, siguen | *to follow,* |
| *Imp. Ind.* | seguía, seguías, seguía;<br>seguíamos, seguíais, seguían | *pursue,* |
| *Pret. Ind.* | seguí, seguiste, siguió;<br>seguimos, seguisteis, siguieron | *continue* |
| *Fut. Ind.* | seguiré, seguirás, seguirá;<br>seguiremos, seguiréis, seguirán | |
| *Condit.* | seguiría, seguirías, seguiría;<br>seguiríamos, seguiríais, seguirían | |
| *Pres. Subj.* | siga, sigas, siga;<br>sigamos, sigáis, sigan | |
| *Imp. Subj.* | siguiera, siguieras, siguiera;<br>siguiéramos, siguierais, siguieran | |
| | siguiese, siguieses, siguiese;<br>siguiésemos, siguieseis, siguiesen | |
| *Pres. Perf.* | he seguido, has seguido, ha seguido;<br>hemos seguido, habéis seguido, han seguido | |
| *Pluperf.* | había seguido, habías seguido, había seguido;<br>habíamos seguido, habíais seguido, habían seguido | |
| *Past Ant.* | hube seguido, hubiste seguido, hubo seguido;<br>hubimos seguido, hubisteis seguido, hubieron seguido | |
| *Fut. Perf.* | habré seguido, habrás seguido, habrá seguido;<br>habremos seguido, habréis seguido, habrán seguido | |
| *Cond.*<br>*Perf.* | habría seguido, habrías seguido, habría seguido;<br>habríamos seguido, habríais seguido, habrían seguido | |
| *Pres. Perf.*<br>*Subj.* | haya seguido, hayas seguido, haya seguido;<br>hayamos seguido, hayáis seguido, hayan seguido | |
| *Plup. Subj.* | hubiera seguido, hubieras seguido, hubiera seguido;<br>hubiéramos seguido, hubierais seguido, hubieran seguido | |
| | hubiese seguido, hubieses seguido, hubiese seguido;<br>hubiésemos seguido, hubieseis seguido, hubiesen seguido | |
| *Imperative* | —— sigue, siga;<br>sigamos, seguid, sigan | |

| | |
|---|---|
| *Pres. Ind.* | me siento, te sientas, se sienta; |
| | nos sentamos, os sentáis, se sientan |

*to sit down*

*Imp. Ind.*  me sentaba, te sentabas, se sentaba;
nos sentábamos, os sentabais, se sentaban

*Pret. Ind.*  me senté, te sentaste, se sentó;
nos sentamos, os sentasteis, se sentaron

*Fut. Ind.*  me sentaré, te sentarás, se sentará;
nos sentaremos, os sentaréis, se sentarán

*Condit.*  me sentaría, te sentarías, se sentaría;
nos sentaríamos, os sentaríais, se sentarían

*Pres. Subj.*  me siente, te sientes, se siente;
nos sentemos, os sentéis, se sienten

*Imp. Subj.*  me sentara, te sentaras, se sentara;
nos sentáramos, os sentarais, se sentaran

me sentase, te sentases, se sentase;
nos sentásemos, os sentaseis, se sentasen

*Pres. Perf.*  me he sentado, te has sentado, se ha sentado;
nos hemos sentado, os habéis sentado, se han sentado

*Pluperf.*  me había sentado, te habías sentado, se había sentado;
nos habíamos sentado, os habíais sentado, se habían sentado

*Past Ant.*  me hube sentado, te hubiste sentado, se hubo sentado;
nos hubimos sentado, os hubisteis sentado, se hubieron sentado

*Fut. Perf.*  me habré sentado, te habrás sentado, se habrá sentado;
nos habremos sentado, os habréis sentado, se habrán sentado

*Cond.*
*Perf.*  me habría sentado, te habrías sentado, se habría sentado;
nos habríamos sentado, os habríais sentado, se habrían sentado

*Pres. Perf.*
*Subj.*  me haya sentado, te hayas sentado, se haya sentado;
nos hayamos sentado, os hayáis sentado, se hayan sentado

*Plup. Subj.*  me hubiera sentado, te hubieras sentado, se hubiera sentado;
nos hubiéramos sentado, os hubierais sentado, se hubieran sentado

me hubiese sentado, te hubieses sentado, se hubiese sentado;
nos hubiésemos sentado, os hubieseis sentado, se hubiesen sentado

*Imperative*  ——— siéntate, siéntese;
sentémonos, sentaos, siéntense

| | | |
|---|---|---|
| *Pres. Ind.* | siento, sientes, siente;<br>sentimos, sentís, sienten | *to feel sorry,* |
| *Imp. Ind.* | sentía, sentías, sentía;<br>sentíamos, sentíais, sentían | *regret* |
| *Pret. Ind.* | sentí, sentiste, sintió;<br>sentimos, sentisteis, sintieron | |
| *Fut. Ind.* | sentiré, sentirás, sentirá;<br>sentiremos, sentiréis, sentirán | |
| *Condit.* | sentiría, sentirías, sentiría;<br>sentiríamos, sentiríais, sentirían | |
| *Pres. Subj.* | sienta, sientas, sienta;<br>sintamos, sintáis, sientan | |
| *Imp. Subj.* | sintiera, sintieras, sintiera;<br>sintiéramos, sintierais, sintieran | |
| | sintiese, sintieses, sintiese;<br>sintiésemos, sintieseis, sintiesen | |
| *Pres. Perf.* | he sentido, has sentido, ha sentido;<br>hemos sentido, habéis sentido, han sentido | |
| *Pluperf.* | había sentido, habías sentido, había sentido;<br>habíamos sentido, habíais sentido, habían sentido | |
| *Past Ant.* | hube sentido, hubiste sentido, hubo sentido;<br>hubimos sentido, hubisteis sentido, hubieron sentido | |
| *Fut. Perf.* | habré sentido, habrás sentido, habrá sentido;<br>habremos sentido, habréis sentido, habrán sentido | |
| *Cond.*<br>*Perf.* | habría sentido, habrías sentido, habría sentido;<br>habríamos sentido, habríais sentido, habrían sentido | |
| *Pres. Perf.*<br>*Subj.* | haya sentido, hayas sentido, haya sentido;<br>hayamos sentido, hayáis sentido, hayan sentido | |
| *Plup. Subj.* | hubiera sentido, hubieras sentido, hubiera sentido;<br>hubiéramos sentido, hubierais sentido, hubieran sentido | |
| | hubiese sentido, hubieses sentido, hubiese sentido;<br>hubiésemos sentido, hubieseis sentido, hubiesen sentido | |
| *Imperative* | —— siente, sienta;<br>sintamos, sentid, sientan | |

| | | |
|---|---|---|
| *Pres. Ind.* | me siento, te sientes, se siente;<br>nos sentimos, os sentís, se sienten | *to feel* |
| *Imp. Ind.* | me sentía, te sentías, se sentía;<br>nos sentíamos, os sentíais, se sentían | |
| *Pret. Ind.* | me sentí, te sentiste, se sintió;<br>nos sentimos, os sentisteis, se sintieron | |
| *Fut. Ind.* | me sentiré, te sentirás, se sentirá;<br>nos sentiremos, os sentiréis, se sentirán | |
| *Condit.* | me sentiría, te sentirías, se sentiría;<br>nos sentiríamos, os sentiríais, se sentirían | |
| *Pres. Subj.* | me sienta, te sientas, se sienta;<br>nos sintamos, os sintáis, se sientan | |
| *Imp. Subj.* | me sintiera, te sintieras, se sintiera;<br>nos sintiéramos, os sintierais, se sintieran | |
| | me sintiese, te sintieses, se sintiese;<br>nos sintiésemos, os sintieseis, se sintiesen | |
| *Pres. Perf.* | me he sentido, te has sentido, se ha sentido;<br>nos hemos sentido, os habéis sentido, se han sentido | |
| *Pluperf.* | me había sentido, te habías sentido, se había sentido;<br>nos habíamos sentido, os habíais sentido, se habían sentido | |
| *Past Ant.* | me hube sentido, te hubiste sentido, se hubo sentido;<br>nos hubimos sentido, os hubisteis sentido, se hubieron sentido | |
| *Fut. Perf.* | me habré sentido, te habrás sentido, se habrá sentido;<br>nos habremos sentido, os habréis sentido, se habrán sentido | |
| *Cond.*<br>*Perf.* | me habría sentido, te habrías sentido, se habría sentido;<br>nos habríamos sentido, os habríais sentido, se habrían sentido | |
| *Pres. Perf.*<br>*Subj.* | me haya sentido, te hayas sentido, se haya sentido;<br>nos hayamos sentido, os hayáis sentido, se hayan sentido | |
| *Plup. Subj.* | me hubiera sentido, te hubieras sentido, se hubiera sentido;<br>nos hubiéramos sentido, os hubierais sentido, se hubieran sentido | |
| | me hubiese sentido, te hubieses sentido, se hubiese sentido;<br>nos hubiésemos sentido, os hubieseis sentido, se hubiesen sentido | |
| *Imperative* | —— siéntete, siéntase;<br>sintámonos, sentíos, siéntanse | |

| | | |
|---|---|---|
| *Pres. Ind.* | soy, eres, es;<br>somos, sois, son | *to be* |
| *Imp. Ind.* | era, eras, era;<br>éramos, erais, eran | |
| *Pret. Ind.* | fui, fuiste, fue;<br>fuimos, fuisteis, fueron | |
| *Fut. Ind.* | seré, serás, será;<br>seremos, seréis, serán | |
| *Condit.* | sería, serías, sería;<br>seríamos, seríais, serían | |
| *Pres. Subj.* | sea, seas, sea;<br>seamos, seáis, sean | |
| *Imp. Subj.* | fuera, fueras, fuera;<br>fuéramos, fuerais, fueran | |
| | fuese, fueses, fuese;<br>fuésemos, fueseis, fuesen | |
| *Pres. Perf.* | he sido, has sido, ha sido;<br>hemos sido, habéis sido, han sido | |
| *Pluperf.* | había sido, habías sido, había sido;<br>habíamos sido, habíais sido, habían sido | |
| *Past Ant.* | hube sido, hubiste sido, hubo sido;<br>hubimos sido, hubisteis sido, hubieron sido | |
| *Fut. Perf.* | habré sido, habrás sido, habrá sido;<br>habremos sido, habréis sido, habrán sido | |
| *Cond.*<br>*Perf.* | habría sido, habrías sido, habría sido;<br>habríamos sido, habríais sido, habrían sido | |
| *Pres. Perf.*<br>*Subj.* | haya sido, hayas sido, haya sido;<br>hayamos sido, hayáis sido, hayan sido | |
| *Plup. Subj.* | hubiera sido, hubieras sido, hubiera sido;<br>hubiéramos sido, hubierais sido, hubieran sido | |
| | hubiese sido, hubieses sido, hubiese sido;<br>hubiésemos sido, hubieseis sido, hubiesen sido | |
| *Imperative* | —— sé, sea;<br>seamos, sed, sean | |

| | | |
|---|---|---|
| *Pres. Ind.* | sirvo, sirves, sirve;<br>servimos, servís, sirven | *to serve* |
| *Imp. Ind.* | servía, servías, servía;<br>servíamos, servíais, servían | |
| *Pret. Ind.* | serví, serviste, sirvió;<br>servimos, servisteis, sirvieron | |
| *Fut. Ind.* | serviré, servirás, servirá;<br>serviremos, serviréis, servirán | |
| *Condit.* | serviría, servirías, serviría;<br>serviríamos, serviríais, servirían | |
| *Pres. Subj.* | sirva, sirvas, sirva;<br>sirvamos, sirváis, sirvan | |
| *Imp. Subj.* | sirviera, sirvieras, sirviera;<br>sirviéramos, sirvierais, sirvieran | |
| | sirviese, sirvieses, sirviese;<br>sirviésemos, sirvieseis, sirviesen | |
| *Pres. Perf.* | he servido, has servido, ha servido;<br>hemos servido, habéis servido, han servido | |
| *Pluperf.* | había servido, habías servido, había servido;<br>habíamos servido, habíais servido, habían servido | |
| *Past Ant.* | hube servido, hubiste servido, hubo servido;<br>hubimos servido, hubisteis servido, hubieron servido | |
| *Fut. Perf.* | habré servido, habrás servido, habrá servido;<br>habremos servido, habréis servido, habrán servido | |
| *Cond.*<br>*Perf.* | habría servido, habrías servido, habría servido;<br>habríamos servido, habríais servido, habrían servido | |
| *Pres. Perf.*<br>*Subj.* | haya servido, hayas servido, haya servido;<br>hayamos servido, hayáis servido, hayan servido | |
| *Plup. Subj.* | hubiera servido, hubieras servido, hubiera servido;<br>hubiéramos servido, hubierais servido, hubieran servido | |
| | hubiese servido, hubieses servido, hubiese servido;<br>hubiésemos servido, hubieseis servido, hubiesen servido | |
| *Imperative* | —— sirve, sirva;<br>sirvamos, servid, sirvan | |

| | | |
|---|---|---|
| *Pres. Ind.* | suelo, sueles, suele;<br>solemos, soléis, suelen | |
| *Imp. Ind.* | solía, solías, solía;<br>solíamos, solíais, solían | *to have the custom of,*<br>*be in the habit of* |
| *Pret. Ind.* | solí, soliste, solió;<br>solimos, solisteis, solieron | |
| *Fut. Ind.* | soleré, solerás, solerá;<br>soleremos, soleréis, solerán | |
| *Condit.* | solería, solerías, solería;<br>soleríamos, soleríais, solerían | |
| *Pres. Subj.* | suela, suelas, suela;<br>solamos, soláis, suelan | |
| *Imp. Subj.* | soliera, solieras, soliera;<br>soliéramos, solierais, solieran | |
| | soliese, solieses, soliese;<br>soliésemos, solieseis, soliesen | |
| *Pres. Perf.* | he solido, has solido, ha solido;<br>hemos solido, habéis solido, han solido | |
| *Pluperf.* | había solido, habías solido, había solido;<br>habíamos solido, habíais solido, habían solido | |
| *Past Ant.* | hube solido, hubiste solido, hubo solido;<br>hubimos solido, hubisteis solido, hubieron solido | |
| *Fut. Perf.* | habré solido, habrás solido, habrá solido;<br>habremos solido, habréis solido, habrán solido | |
| *Cond.*<br>*Perf.* | habría solido, habrías solido, habría solido;<br>habríamos solido, habríais solido, habrían solido | |
| *Pres. Perf.*<br>*Subj.* | haya solido, hayas solido, haya solido;<br>hayamos solido, hayáis solido, hayan solido | |
| *Plup. Subj.* | hubiera solido, hubieras solido, hubiera solido;<br>hubiéramos solido, hubierais solido, hubieran solido | |
| | hubiese solido, hubieses solido, hubiese solido;<br>hubiésemos solido, hubieseis solido, hubiesen solido | |
| *Imperative* | —— suele, suela;<br>solamos, soled, suelan | |

**soñar**

| | | |
|---|---|---|
| *Pres. Ind.* | sueño, sueñas, sueña;<br>soñamos, soñáis, sueñan | *to dream* |
| *Imp. Ind.* | soñaba, soñabas, soñaba;<br>soñábamos, soñabais, soñaban | |
| *Pret. Ind.* | soñé, soñaste, soñó;<br>soñamos, soñasteis, soñaron | |
| *Fut. Ind.* | soñaré, soñarás, soñará;<br>soñaremos, soñaréis, soñarán | |
| *Condit.* | soñaría, soñarías, soñaría;<br>soñaríamos, soñaríais, soñarían | |
| *Pres. Subj.* | sueñe, sueñes, sueñe;<br>soñemos, soñéis, sueñen | |
| *Imp. Subj.* | soñara, soñaras, soñara;<br>soñáramos, soñarais, soñaran | |
| | soñase, soñases, soñase;<br>soñásemos, soñaseis, soñasen | |
| *Pres. Perf.* | he soñado, has soñado, ha soñado;<br>hemos soñado, habéis soñado, han soñado | |
| *Pluperf.* | había soñado, habías soñado, había soñado;<br>habíamos soñado, habíais soñado, habían soñado | |
| *Past Ant.* | hube soñado, hubiste soñado, hubo soñado;<br>hubimos soñado, hubisteis soñado, hubieron soñado | |
| *Fut. Perf.* | habré soñado, habrás soñado, habrá soñado;<br>habremos soñado, habréis soñado, habrán soñado | |
| *Cond.*<br>*Perf.* | habría soñado, habrías soñado, habría soñado;<br>habríamos soñado, habríais soñado, habrían soñado | |
| *Pres. Perf.*<br>*Subj.* | haya soñado, hayas soñado, haya soñado;<br>hayamos soñado, hayáis soñado, hayan soñado | |
| *Plup. Subj.* | hubiera soñado, hubieras soñado, hubiera soñado;<br>hubiéramos soñado, hubierais soñado, hubieran soñado | |
| | hubiese soñado, hubieses soñado, hubiese soñado;<br>hubiésemos soñado, hubieseis soñado, hubiesen soñado | |
| *Imperative* | —— sueña, sueñe;<br>soñemos, soñad, sueñen | |

*Pres. Ind.*   sonrío, sonríes, sonríe;                          *to smile*
             sonreímos, sonreís, sonríen

*Imp. Ind.*   sonreía, sonreías, sonreía;
             sonreíamos, sonreíais, sonreían

*Pret. Ind.*   sonreí, sonreíste, sonrió;
             sonreímos, sonreísteis, sonrieron

*Fut. Ind.*   sonreiré, sonreirás, sonreirá;
             sonreiremos, sonreiréis, sonreirán

*Condit.*   sonreiría, sonreirías, sonreiría;
             sonreiríamos, sonreiríais, sonreirían

*Pres. Subj.*   sonría, sonrías, sonría;
             sonriamos, sonriáis, sonrían

*Imp. Subj.*   sonriera, sonrieras, sonriera;
             sonriéramos, sonrierais, sonrieran

             sonriese, sonrieses, sonriese;
             sonriésemos, sonrieseis, sonriesen

*Pres. Perf.*   he sonreído, has sonreído, ha sonreído;
             hemos sonreído, habéis sonreído, han sonreído

*Pluperf.*   había sonreído, habías sonreído, había sonreído;
             habíamos sonreído, habíais sonreído, habían sonreído

*Past Ant.*   hube sonreído, hubiste sonreído, hubo sonreído;
             hubimos sonreído, hubisteis sonreído, hubieron sonreído

*Fut. Perf.*   habré sonreído, habrás sonreído, habrá sonreído;
             habremos sonreído, habréis sonreído, habrán sonreído

*Cond.*   habría sonreído, habrías sonreído, habría sonreído;
*Perf.*   habríamos sonreído, habríais sonreído, habrían sonreído

*Pres. Perf.*   haya sonreído, hayas sonreído, haya sonreído;
*Subj.*   hayamos sonreído, hayáis sonreído, hayan sonreído

*Plup. Subj.*   hubiera sonreído, hubieras sonreído, hubiera sonreído;
             hubiéramos sonreído, hubierais sonreído, hubieran sonreído

             hubiese sonreído, hubieses sonreído, hubiese sonreído;
             hubiésemos sonreído, hubieseis sonreído, hubiesen sonreído

*Imperative*   —— sonríe, sonría;
             sonriamos, sonreíd, sonrían

| | | |
|---|---|---|
| *Pres. Ind.* | tengo, tienes, tiene;<br>tenemos, tenéis, tienen | *to have,* |
| *Imp. Ind.* | tenía, tenías, tenía;<br>teníamos, teníais, tenían | *to hold* |
| *Pret. Ind.* | tuve, tuviste, tuvo;<br>tuvimos, tuvisteis, tuvieron | |
| *Fut. Ind.* | tendré, tendrás, tendrá;<br>tendremos, tendréis, tendrán | |
| *Condit.* | tendría, tendrías, tendría;<br>tendríamos, tendríais, tendrían | |
| *Pres. Subj.* | tenga, tengas, tenga;<br>tengamos, tengáis, tengan | |
| *Imp. Subj.* | tuviera, tuvieras, tuviera;<br>tuviéramos, tuvierais, tuvieran | |
| | tuviese, tuvieses, tuviese;<br>tuviésemos, tuvieseis, tuviesen | |
| *Pres. Perf.* | he tenido, has tenido, ha tenido;<br>hemos tenido, habéis tenido, han tenido | |
| *Pluperf.* | había tenido, habías tenido, había tenido;<br>habíamos tenido, habíais tenido, habían tenido | |
| *Past Ant.* | hube tenido, hubiste tenido, hubo tenido;<br>hubimos tenido, hubisteis tenido, hubieron tenido | |
| *Fut. Perf.* | habré tenido, habrás tenido, habrá tenido;<br>habremos tenido, habréis tenido, habrán tenido | |
| *Cond.*<br>*Perf.* | habría tenido, habrías tenido, habría tenido;<br>habríamos tenido, habríais tenido, habrían tenido | |
| *Pres. Perf.*<br>*Subj.* | haya tenido, hayas tenido, haya tenido;<br>hayamos tenido, hayáis tenido, hayan tenido | |
| *Plup. Subj.* | hubiera tenido, hubieras tenido, hubiera tenido;<br>hubiéramos tenido, hubierais tenido, hubieran tenido | |
| | hubiese tenido, hubieses tenido, hubiese tenido;<br>hubiésemos tenido, hubieseis tenido, hubiesen tenido | |
| *Imperative* | —— ten, tenga;<br>tengamos, tened, tengan | |

| | |
|---|---|
| *Pres. Ind.* | toco, tocas, toca;<br>tocamos, tocáis, tocan |
| *Imp. Ind.* | tocaba, tocabas, tocaba;<br>tocábamos, tocabais, tocaban |
| *Pret. Ind.* | toqué, tocaste, tocó;<br>tocamos, tocasteis, tocaron |
| *Fut. Ind.* | tocaré, tocarás, tocará;<br>tocaremos, tocaréis, tocarán |
| *Condit.* | tocaría, tocarías, tocaría;<br>tocaríamos, tocaríais, tocarían |
| *Pres. Subj.* | toque, toques, toque;<br>toquemos, toquéis, toquen |
| *Imp. Subj.* | tocara, tocaras, tocara;<br>tocáramos, tocarais, tocaran |
| | tocase, tocases, tocase;<br>tocásemos, tocaseis, tocasen |
| *Pres. Perf.* | he tocado, has tocado, ha tocado;<br>hemos tocado, habéis tocado, han tocado |
| *Pluperf.* | había tocado, habías tocado, había tocado;<br>habíamos tocado, habíais tocado, habían tocado |
| *Past Ant.* | hube tocado, hubiste tocado, hubo tocado;<br>hubimos tocado, hubisteis tocado, hubieron tocado |
| *Fut. Perf.* | habré tocado, habrás tocado, habrá tocado;<br>habremos tocado, habréis tocado, habrán tocado |
| *Cond.*<br>*Perf.* | habría tocado, habrías tocado, habría tocado;<br>habríamos tocado, habríais tocado, habrían tocado |
| *Pres. Perf.*<br>*Subj.* | haya tocado, hayas tocado, haya tocado;<br>hayamos tocado, hayáis tocado, hayan tocado |
| *Plup. Subj.* | hubiera tocado, hubieras tocado, hubiera tocado;<br>hubiéramos tocado, hubierais tocado, hubieran tocado |
| | hubiese tocado, hubieses tocado, hubiese tocado;<br>hubiésemos tocado, hubieseis tocado, hubiesen tocado |
| *Imperative* | —— toca, toque;<br>toquemos, tocad, toquen |

*to play (music or a musical instrument), touch*

| | | |
|---|---|---|
| *Pres. Ind.* | tomo, tomas, toma;<br>tomamos, tomáis, toman | *to take* |
| *Imp. Ind.* | tomaba, tomabas, tomaba;<br>tomábamos, tomabais, tomaban | |
| *Pret. Ind.* | tomé, tomaste, tomó;<br>tomamos, tomasteis, tomaron | |
| *Fut. Ind.* | tomaré, tomarás, tomará;<br>tomaremos, tomaréis, tomarán | |
| *Condit.* | tomaría, tomarías, tomaría;<br>tomaríamos, tomaríais, tomarían | |
| *Pres. Subj.* | tome, tomes, tome;<br>tomemos, toméis, tomen | |
| *Imp. Subj.* | tomara, tomaras, tomara;<br>tomáramos, tomarais, tomaran | |
| | tomase, tomases, tomase;<br>tomásemos, tomaseis, tomasen | |
| *Pres. Perf.* | he tomado, has tomado, ha tomado;<br>hemos tomado, habéis tomado, han tomado | |
| *Pluperf.* | había tomado, habías tomado, había tomado;<br>habíamos tomado, habíais tomado, habían tomado | |
| *Past Ant.* | hube tomado, hubiste tomado, hubo tomado;<br>hubimos tomado, hubisteis tomado, hubieron tomado | |
| *Fut. Perf.* | habré tomado, habrás tomado, habrá tomado;<br>habremos tomado, habréis tomado, habrán tomado | |
| *Cond.*<br>*Perf.* | habría tomado, habrías tomado, habría tomado;<br>habríamos tomado, habríais tomado, habrían tomado | |
| *Pres. Perf.*<br>*Subj.* | haya tomado, hayas tomado, haya tomado;<br>hayamos tomado, hayáis tomado, hayan tomado | |
| *Plup. Subj.* | hubiera tomado, hubieras tomado, hubiera tomado;<br>hubiéramos tomado, hubierais tomado, hubieran tomado | |
| | hubiese tomado, hubieses tomado, hubiese tomado;<br>hubiésemos tomado, hubieseis tomado, hubiesen tomado | |
| *Imperative* | —— toma, tome;<br>tomemos, tomad, tomen | |

187

| | | |
|---|---|---|
| *Pres. Ind.* | traduzco, traduces, traduce;<br>traducimos, traducís, traducen | *to translate* |
| *Imp. Ind.* | traducía, traducías, traducía;<br>traducíamos, traducíais, traducían | |
| *Pret. Ind.* | traduje, tradujiste, tradujo;<br>tradujimos, tradujisteis, tradujeron | |
| *Fut. Ind.* | traduciré, traducirás, traducirá;<br>traduciremos, traduciréis, traducirán | |
| *Condit.* | traduciría, traducirías, traduciría;<br>traduciríamos, traduciríais, traducirían | |
| *Pres. Subj.* | traduzca, traduzcas, traduzca;<br>traduzcamos, traduzcáis, traduzcan | |
| *Imp. Subj.* | tradujera, tradujeras, tradujera;<br>tradujéramos, tradujerais, tradujeran | |
| | tradujese, tradujeses, tradujese;<br>tradujésemos, tradujeseis, tradujesen | |
| *Pres. Perf.* | he traducido, has traducido, ha traducido;<br>hemos traducido, habéis traducido, han traducido | |
| *Pluperf.* | había traducido, habías traducido, había traducido;<br>habíamos traducido, habíais traducido, habían traducido | |
| *Past Ant.* | hube traducido, hubiste traducido, hubo traducido;<br>hubimos traducido, hubisteis traducido, hubieron traducido | |
| *Fut. Perf.* | habré traducido, habrás traducido, habrá traducido;<br>habremos traducido, habréis traducido, habrán traducido | |
| *Cond.*<br>*Perf.* | habría traducido, habrías traducido, habría traducido;<br>habríamos traducido, habríais traducido, habrían traducido | |
| *Pres. Perf.*<br>*Subj.* | haya traducido, hayas traducido, haya traducido;<br>hayamos traducido, hayáis traducido, hayan traducido | |
| *Plup. Subj.* | hubiera traducido, hubieras traducido, hubiera traducido;<br>hubiéramos traducido, hubierais traducido, hubieran traducido | |
| | hubiese traducido, hubieses traducido, hubiese traducido;<br>hubiésemos traducido, hubieseis traducido, hubiesen traducido | |
| *Imperative* | —— traduce, traduzca;<br>traduzcamos, traducid, traduzcan | |

| | | |
|---|---|---|
| *Pres. Ind.* | traigo, traes, trae;<br>traemos, traéis, traen | *to bring* |
| *Imp. Ind.* | traía, traías, traía;<br>traíamos, traíais, traían | |
| *Pret. Ind.* | traje, trajiste, trajo;<br>trajimos, trajisteis, trajeron | |
| *Fut. Ind.* | traeré, traerás, traerá;<br>traeremos, traeréis, traerán | |
| *Condit.* | traería, traerías, traería;<br>traeríamos, traeríais, traerían | |
| *Pres. Subj.* | traiga, traigas, traiga;<br>traigamos, traigáis, traigan | |
| *Imp. Subj.* | trajera, trajeras, trajera;<br>trajéramos, trajerais, trajeran | |
| | trajese, trajeses, trajese;<br>trajésemos, trajeseis, trajesen | |
| *Pres. Perf.* | he traído, has traído, ha traído;<br>hemos traído, habéis traído, han traído | |
| *Pluperf.* | había traído, habías traído, había traído;<br>habíamos traído, habíais traído, habían traído | |
| *Past Ant.* | hube traído, hubiste traído, hubo traído;<br>hubimos traído, hubisteis traído, hubieron traído | |
| *Fut. Perf.* | habré traído, habrás traído, habrá traído;<br>habremos traído, habréis traído, habrán traído | |
| *Cond.*<br>*Perf.* | habría traído, habrías traído, habría traído;<br>habríamos traído, habríais traído, habrían traído | |
| *Pres. Perf.*<br>*Subj.* | haya traído, hayas traído, haya traído;<br>hayamos traído, hayáis traído, hayan traído | |
| *Plup. Subj.* | hubiera traído, hubieras traído, hubiera traído;<br>hubiéramos traído, hubierais traído, hubieran traído | |
| | hubiese traído, hubieses traído, hubiese traído;<br>hubiésemos traído, hubieseis traído, hubiesen traído | |
| *Imperative* | —— trae, traiga;<br>traigamos, traed, traigan | |

| | | |
|---|---|---|
| *Pres. Ind.* | tropiezo, tropiezas, tropieza;<br>tropezamos, tropezáis, tropiezan | *to stumble,*<br>*blunder* |
| *Imp. Ind.* | tropezaba, tropezabas, tropezaba;<br>tropezábamos, tropezabais, tropezaban | |
| *Pret. Ind.* | tropecé, tropezaste, tropezó;<br>tropezamos, tropezasteis, tropezaron | |
| *Fut. Ind.* | tropezaré, tropezarás, tropezará;<br>tropezaremos, tropezaréis, tropezarán | |
| *Condit.* | tropezaría, tropezarías, tropezaría;<br>tropezaríamos, tropezaríais, tropezarían | |
| *Pres. Subj.* | tropiece, tropieces, tropiece;<br>tropecemos, tropecéis, tropiecen | |
| *Imp. Subj.* | tropezara, tropezaras, tropezara;<br>tropezáramos, tropezarais, tropezaran | |
| | tropezase, tropezases, tropezase;<br>tropezásemos, tropezaseis, tropezasen | |
| *Pres. Perf.* | he tropezado, has tropezado, ha tropezado;<br>hemos tropezado, habéis tropezado, han tropezado | |
| *Pluperf.* | había tropezado, habías tropezado, había tropezado;<br>habíamos tropezado, habíais tropezado, habían tropezado | |
| *Past Ant.* | hube tropezado, hubiste tropezado, hubo tropezado;<br>hubimos tropezado, hubisteis tropezado, hubieron tropezado | |
| *Fut. Perf.* | habré tropezado, habrás tropezado, habrá tropezado;<br>habremos tropezado, habréis tropezado, habrán tropezado | |
| *Cond.*<br>*Perf.* | habría tropezado, habrías tropezado, habría tropezado;<br>habríamos tropezado, habríais tropezado, habrían tropezado | |
| *Pres. Perf.*<br>*Subj.* | haya tropezado, hayas tropezado, haya tropezado;<br>hayamos tropezado, hayáis tropezado, hayan tropezado | |
| *Plup. Subj.* | hubiera tropezado, hubieras tropezado, hubiera tropezado;<br>hubiéramos tropezado, hubierais tropezado, hubieran tropezado | |
| | hubiese tropezado, hubieses tropezado, hubiese tropezado;<br>hubiésemos tropezado, hubieseis tropezado, hubiesen tropezado | |
| *Imperative* | ——— tropieza, tropiece;<br>tropecemos, tropezad, tropiecen | |

| | | |
|---|---|---|
| *Pres. Ind.* | valgo, vales, vale; <br> valemos, valéis, valen | *to be worth* |
| *Imp. Ind.* | valía, valías, valía; <br> valíamos, valíais, valían | |
| *Pret. Ind.* | valí, valiste, valió; <br> valimos, valisteis, valieron | |
| *Fut. Ind.* | valdré, valdrás, valdrá; <br> valdremos, valdréis, valdrán | |
| *Condit.* | valdría, valdrías, valdría; <br> valdríamos, valdríais, valdrían | |
| *Pres. Subj.* | valga, valgas, valga; <br> valgamos, valgáis, valgan | |
| *Imp. Subj.* | valiera, valieras, valiera; <br> valiéramos, valierais, valieran | |
| | valiese, valieses, valiese; <br> valiésemos, valieseis, valiesen | |
| *Pres. Perf.* | he valido, has valido, ha valido; <br> hemos valido, habéis valido, han valido | |
| *Pluperf.* | había valido, habías valido, había valido; <br> habíamos valido, habíais valido, habían valido | |
| *Past Ant.* | hube valido, hubiste valido, hubo valido; <br> hubimos valido, hubisteis valido, hubieron valido | |
| *Fut. Perf.* | habré valido, habrás valido, habrá valido; <br> habremos valido, habréis valido, habrán valido | |
| *Cond. Perf.* | habría valido, habrías valido, habría valido; <br> habríamos valido, habríais valido, habrían valido | |
| *Pres. Perf. Subj.* | haya valido, hayas valido, haya valido; <br> hayamos valido, hayáis valido, hayan valido | |
| *Plup. Subj.* | hubiera valido, hubieras valido, hubiera valido; <br> hubiéramos valido, hubierais valido, hubieran valido | |
| | hubiese valido, hubieses valido, hubiese valido; <br> hubiésemos valido, hubieseis valido, hubiesen valido | |
| *Imperative* | —— val, valga; <br> valgamos, valed, valgan | |

| | | |
|---|---|---|
| *Pres. Ind.* | venzo, vences, vence;<br>vencemos, vencéis, vencen | *to conquer* |
| *Imp. Ind.* | vencía, vencías, vencía;<br>vencíamos, vencíais, vencían | |
| *Pret. Ind.* | vencí, venciste, venció;<br>vencimos, vencisteis, vencieron | |
| *Fut. Ind.* | venceré, vencerás, vencerá;<br>venceremos, venceréis, vencerán | |
| *Condit.* | vencería, vencerías, vencería;<br>venceríamos, venceríais, vencerían | |
| *Pres. Subj.* | venza, venzas, venza;<br>venzamos, venzáis, venzan | |
| *Imp. Subj.* | venciera, vencieras, venciera;<br>venciéramos, vencierais, vencieran | |
| | venciese, vencieses, venciese;<br>venciésemos, vencieseis, venciesen | |
| *Pres. Perf.* | he vencido, has vencido, ha vencido;<br>hemos vencido, habéis vencido, han vencido | |
| *Pluperf.* | había vencido, habías vencido, había vencido;<br>habíamos vencido, habíais vencido, habían vencido | |
| *Past Ant.* | hube vencido, hubiste vencido, hubo vencido;<br>hubimos vencido, hubisteis vencido, hubieron vencido | |
| *Fut. Perf.* | habré vencido, habrás vencido, habrá vencido;<br>habremos vencido, habréis vencido, habrán vencido | |
| *Cond.*<br>*Perf.* | habría vencido, habrías vencido, habría vencido;<br>habríamos vencido, habríais vencido, habrían vencido | |
| *Pres. Perf.*<br>*Subj.* | haya vencido, hayas vencido, haya vencido;<br>hayamos vencido, hayáis vencido, hayan vencido | |
| *Plup. Subj.* | hubiera vencido, hubieras vencido, hubiera vencido;<br>hubiéramos vencido, hubierais vencido, hubieran vencido | |
| | hubiese vencido, hubieses vencido, hubiese vencido;<br>hubiésemos vencido, hubieseis vencido, hubiesen vencido | |
| *Imperative* | —— vence, venza;<br>venzamos, venced, venzan | |

| | | |
|---|---|---|
| *Pres. Ind.* | vendo, vendes, vende;<br>vendemos, vendéis, venden | *to sell* |
| *Imp. Ind.* | vendía, vendías, vendía;<br>vendíamos, vendíais, vendían | |
| *Pret. Ind.* | vendí, vendiste, vendió;<br>vendimos, vendisteis, vendieron | |
| *Fut. Ind.* | venderé, venderás, venderá;<br>venderemos, venderéis, venderán | |
| *Condit.* | vendería, venderías, vendería;<br>venderíamos, venderíais, venderían | |
| *Pres. Subj.* | venda, vendas, venda;<br>vendamos, vendáis, vendan | |
| *Imp. Subj.* | vendiera, vendieras, vendiera;<br>vendiéramos, vendierais, vendieran | |
| | vendiese, vendieses, vendiese;<br>vendiésemos, vendieseis, vendiesen | |
| *Pres. Perf.* | he vendido, has vendido, ha vendido;<br>hemos vendido, habéis vendido, han vendido | |
| *Pluperf.* | había vendido, habías vendido, había vendido;<br>habíamos vendido, habíais vendido, habían vendido | |
| *Past Ant.* | hube vendido, hubiste vendido, hubo vendido;<br>hubimos vendido, hubisteis vendido, hubieron vendido | |
| *Fut. Perf.* | habré vendido, habrás vendido, habrá vendido;<br>habremos vendido, habréis vendido, habrán vendido | |
| *Cond.*<br>*Perf.* | habría vendido, habrías vendido, habría vendido;<br>habríamos vendido, habríais vendido, habrían vendido | |
| *Pres. Perf.*<br>*Subj.* | haya vendido, hayas vendido, haya vendido;<br>hayamos vendido, hayáis vendido, hayan vendido | |
| *Plup. Subj.* | hubiera vendido, hubieras vendido, hubiera vendido;<br>hubiéramos vendido, hubierais vendido, hubieran vendido | |
| | hubiese vendido, hubieses vendido, hubiese vendido;<br>hubiésemos vendido, hubieseis vendido, hubiesen vendido | |
| *Imperative* | —— vende, venda;<br>vendamos, vended, vendan | |

| | | |
|---|---|---|
| *Pres. Ind.* | vengo, vienes, viene;<br>venimos, venís, vienen | *to come* |
| *Imp. Ind.* | venía, venías, venía;<br>veníamos, veníais, venían | |
| *Pret. Ind.* | vine, viniste, vino;<br>vinimos, vinisteis, vinieron | |
| *Fut. Ind.* | vendré, vendrás, vendrá;<br>vendremos, vendréis, vendrán | |
| *Condit.* | vendría, vendrías, vendría;<br>vendríamos, vendríais, vendrían | |
| *Pres. Subj.* | venga, vengas, venga;<br>vengamos, vengáis, vengan | |
| *Imp. Subj.* | viniera, vinieras, viniera;<br>viniéramos, vinierais, vinieran | |
| | viniese, vinieses, viniese;<br>viniésemos, vinieseis, viniesen | |
| *Pres. Perf.* | he venido, has venido, ha venido;<br>hemos venido, habéis venido, han venido | |
| *Pluperf.* | había venido, habías venido, había venido;<br>habíamos venido, habíais venido, habían venido | |
| *Past Ant.* | hube venido, hubiste venido, hubo venido;<br>hubimos venido, hubisteis venido, hubieron venido | |
| *Fut. Perf.* | habré venido, habrás venido, habrá venido;<br>habremos venido, habréis venido, habrán venido | |
| *Cond.*<br>*Perf.* | habría venido, habrías venido, habría venido;<br>habríamos venido, habríais venido, habrían venido | |
| *Pres. Perf.*<br>*Subj.* | haya venido, hayas venido, haya venido;<br>hayamos venido, hayáis venido, hayan venido | |
| *Plup. Subj.* | hubiera venido, hubieras venido, hubiera venido;<br>hubiéramos venido, hubierais venido, hubieran venido | |
| | hubiese venido, hubieses venido, hubiese venido;<br>hubiésemos venido, hubieseis venido, hubiesen venido | |
| *Imperative* | —— ven, venga;<br>vengamos, venid, vengan | |

| | | |
|---|---|---|
| *Pres. Ind.* | veo, ves, ve;<br>vemos, veis, ven | *to see* |
| *Imp. Ind.* | veía, veías, veía;<br>veíamos, veíais, veían | |
| *Pret. Ind.* | vi, viste, vio;<br>vimos, visteis, vieron | |
| *Fut. Ind.* | veré, verás, verá;<br>veremos, veréis, verán | |
| *Condit.* | vería, verías, vería;<br>veríamos, veríais, verían | |
| *Pres. Subj.* | vea, veas, vea;<br>veamos, veáis, vean | |
| *Imp. Subj.* | viera, vieras, viera;<br>viéramos, vierais, vieran | |
| | viese, vieses, viese;<br>viésemos, vieseis, viesen | |
| *Pres. Perf.* | he visto, has visto, ha visto;<br>hemos visto, habéis visto, han visto | |
| *Pluperf.* | había visto, habías visto, había visto;<br>habíamos visto, habíais visto, habían visto | |
| *Past Ant.* | hube visto, hubiste visto, hubo visto;<br>hubimos visto, hubisteis visto, hubieron visto | |
| *Fut. Perf.* | habré visto, habrás visto, habrá visto;<br>habremos visto, habréis visto, habrán visto | |
| *Cond.*<br>*Perf.* | habría visto, habrías visto, habría visto;<br>habríamos visto, habríais visto, habrían visto | |
| *Pres. Perf.*<br>*Subj.* | haya visto, hayas visto, haya visto;<br>hayamos visto, hayáis visto, hayan visto | |
| *Plup. Subj.* | hubiera visto, hubieras visto, hubiera visto;<br>hubiéramos visto, hubierais visto, hubieran visto | |
| | hubiese visto, hubieses visto, hubiese visto;<br>hubiésemos visto, hubieseis visto, hubiesen visto | |
| *Imperative* | —— ve, vea;<br>veamos, ved, vean | |

| | | |
|---|---|---|
| *Pres. Ind.* | me visto, te vistes, se viste;<br>nos vestimos, os vestís, se visten | *to dress,* |
| *Imp. Ind.* | me vestía, te vestías, se vestía;<br>nos vestíamos, os vestíais, se vestían | *get dressed* |
| *Pret. Ind.* | me vestí, te vestiste, se vistió;<br>nos vestimos, os vestisteis, se vistieron | |
| *Fut. Ind.* | me vestiré, te vestirás, se vestirá;<br>nos vestiremos, os vestiréis, se vestirán | |
| *Condit.* | me vestiría, te vestirías, se vestiría;<br>nos vestiríamos, os vestiríais, se vestirían | |
| *Pres. Subj.* | me vista, te vistas, se vista;<br>nos vistamos, os vistáis, se vistan | |
| *Imp. Subj.* | me vistiera, te vistieras, se vistiera;<br>nos vistiéramos, os vistierais, se vistieran | |
| | me vistiese, te vistieses, se vistiese;<br>nos vistiésemos, os vistieseis, se vistiesen | |
| *Pres. Perf.* | me he vestido, te has vestido, se ha vestido;<br>nos hemos vestido, os habéis vestido, se han vestido | |
| *Pluperf.* | me había vestido, te habías vestido, se había vestido;<br>nos habíamos vestido, os habíais vestido, se habían vestido | |
| *Past Ant.* | me hube vestido, te hubiste vestido, se hubo vestido;<br>nos hubimos vestido, os hubisteis vestido, se hubieron vestido | |
| *Fut. Perf.* | me habré vestido, te habrás vestido, se habrá vestido;<br>nos habremos vestido, os habréis vestido, se habrán vestido | |
| *Cond.*<br>*Perf.* | me habría vestido, te habrías vestido, se habría vestido;<br>nos habríamos vestido, os habríais vestido, se habrían vestido | |
| *Pres. Perf.*<br>*Subj.* | me haya vestido, te hayas vestido, se haya vestido;<br>nos hayamos vestido, os hayáis vestido, se hayan vestido | |
| *Plup. Subj.* | me hubiera vestido, te hubieras vestido, se hubiera vestido;<br>nos hubiéramos vestido, os hubierais vestido, se hubieran vestido | |
| | me hubiese vestido, te hubieses vestido, se hubiese vestido;<br>nos hubiésemos vestido, os hubieseis vestido, se hubiesen vestido | |
| *Imperative* | —— vístete, vístase;<br>vistámonos, vestíos, vístanse | |

| | |
|---|---|
| *Pres. Ind.* | viajo, viajas, viaja;<br>viajamos, viajáis, viajan |
| *Imp. Ind.* | viajaba, viajabas, viajaba;<br>viajábamos, viajabais, viajaban |
| *Pret. Ind.* | viajé, viajaste, viajó;<br>viajamos, viajasteis, viajaron |
| *Fut. Ind.* | viajaré, viajarás, viajará;<br>viajaremos, viajaréis, viajarán |
| *Condit.* | viajaría, viajarías, viajaría;<br>viajaríamos, viajaríais, viajarían |
| *Pres. Subj.* | viaje, viajes, viaje;<br>viajemos, viajéis, viajen |
| *Imp. Subj.* | viajara, viajaras, viajara;<br>viajáramos, viajarais, viajaran |
| | viajase, viajases, viajase;<br>viajásemos, viajaseis, viajasen |
| *Pres. Perf.* | he viajado, has viajado, ha viajado;<br>hemos viajado, habéis viajado, han viajado |
| *Pluperf.* | había viajado, habías viajado, había viajado;<br>habíamos viajado, habíais viajado, habían viajado |
| *Past Ant.* | hube viajado, hubiste viajado, hubo viajado;<br>hubimos viajado, hubisteis viajado, hubieron viajado |
| *Fut. Perf.* | habré viajado, habrás viajado, habrá viajado;<br>habremos viajado, habréis viajado, habrán viajado |
| *Cond. Perf.* | habría viajado, habrías viajado, habría viajado;<br>habríamos viajado, habríais viajado, habrían viajado |
| *Pres. Perf. Subj.* | haya viajado, hayas viajado, haya viajado;<br>hayamos viajado, hayáis viajado, hayan viajado |
| *Plup. Subj.* | hubiera viajado, hubieras viajado, hubiera viajado;<br>hubiéramos viajado, hubierais viajado, hubieran viajado |
| | hubiese viajado, hubieses viajado, hubiese viajado;<br>hubiésemos viajado, hubieseis viajado, hubiesen viajado |
| *Imperative* | —— viaja, viaje;<br>viajemos, viajad, viajen |

*to travel*

| | | |
|---|---|---|
| *Pres. Ind.* | visito, visitas, visita; <br> visitamos, visitáis, visitan | *to visit* |
| *Imp. Ind.* | visitaba, visitabas, visitaba; <br> visitábamos, visitabais, visitaban | |
| *Pret. Ind.* | visité, visitaste, visitó; <br> visitamos, visitasteis, visitaron | |
| *Fut. Ind.* | visitaré, visitarás, visitará; <br> visitaremos, visitaréis, visitarán | |
| *Condit.* | visitaría, visitarías, visitaría; <br> visitaríamos, visitaríais, visitarían | |
| *Pres. Subj.* | visite, visites, visite; <br> visitemos, visitéis, visiten | |
| *Imp. Subj.* | visitara, visitaras, visitara; <br> visitáramos, visitarais, visitaran | |
| | visitase, visitases, visitase; <br> visitásemos, visitaseis, visitasen | |
| *Pres. Perf.* | he visitado, has visitado, ha visitado; <br> hemos visitado, habéis visitado, han visitado | |
| *Pluperf.* | había visitado, habías visitado, había visitado; <br> habíamos visitado, habíais visitado, habían visitado | |
| *Past Ant.* | hube visitado, hubiste visitado, hubo visitado; <br> hubimos visitado, hubisteis visitado, hubieron visitado | |
| *Fut. Perf.* | habré visitado, habrás visitado, habrá visitado; <br> habremos visitado, habréis visitado, habrán visitado | |
| *Cond. Perf.* | habría visitado, habrías visitado, habría visitado; <br> habríamos visitado, habríais visitado, habrían visitado | |
| *Pres. Perf. Subj.* | haya visitado, hayas visitado, haya visitado; <br> hayamos visitado, hayáis visitado, hayan visitado | |
| *Plup. Subj.* | hubiera visitado, hubieras visitado, hubiera visitado; <br> hubiéramos visitado, hubierais visitado, hubieran visitado | |
| | hubiese visitado, hubieses visitado, hubiese visitado; <br> hubiésemos visitado, hubieseis visitado, hubiesen visitado | |
| *Imperative* | —— visita, visite; <br> visitemos, visitad, visiten | |

| | | |
|---|---|---|
| *Pres. Ind.* | vivo, vives, vive;<br>vivimos, vivís, viven | *to live* |
| *Imp. Ind.* | vivía, vivías, vivía;<br>vivíamos, vivíais, vivían | |
| *Pret. Ind.* | viví, viviste, vivió;<br>vivimos, vivisteis, vivieron | |
| *Fut. Ind.* | viviré, vivirás, vivirá;<br>viviremos, viviréis, vivirán | |
| *Condit.* | viviría, vivirías, viviría;<br>viviríamos, viviríais, vivirían | |
| *Pres. Subj.* | viva, vivas, viva;<br>vivamos, viváis, vivan | |
| *Imp. Subj.* | viviera, vivieras, viviera;<br>viviéramos, vivierais, vivieran | |
| | viviese, vivieses, viviese;<br>viviésemos, vivieseis, viviesen | |
| *Pres. Perf.* | he vivido, has vivido, ha vivido;<br>hemos vivido, habéis vivido, han vivido | |
| *Pluperf.* | había vivido, habías vivido, había vivido;<br>habíamos vivido, habíais vivido, habían vivido | |
| *Past Ant.* | hube vivido, hubiste vivido, hubo vivido;<br>hubimos vivido, hubisteis vivido, hubieron vivido | |
| *Fut. Perf.* | habré vivido, habrás vivido, habrá vivido;<br>habremos vivido, habréis vivido, habrán vivido | |
| *Cond.*<br>*Perf.* | habría vivido, habrías vivido, habría vivido;<br>habríamos vivido, habríais vivido, habrían vivido | |
| *Pres. Perf.*<br>*Subj.* | haya vivido, hayas vivido, haya vivido;<br>hayamos vivido, hayáis vivido, hayan vivido | |
| *Plup. Subj.* | hubiera vivido, hubieras vivido, hubiera vivido;<br>hubiéramos vivido, hubierais vivido, hubieran vivido | |
| | hubiese vivido, hubieses vivido, hubiese vivido;<br>hubiésemos vivido, hubieseis vivido, hubiesen vivido | |
| *Imperative* | —— vive, viva;<br>vivamos, vivid, vivan | |

| | | |
|---|---|---|
| *Pres. Ind.* | me vuelo, te vuelas, se vuela;<br>nos volamos, os voláis, se vuelan | *to fly away* |
| *Imp. Ind.* | me volaba, te volabas, se volaba;<br>nos volábamos, os volabais, se volaban | |
| *Pret. Ind.* | me volé, te volaste, se voló;<br>nos volamos, os volasteis, se volaron | |
| *Fut. Ind.* | me volaré, te volarás, se volará;<br>nos volaremos, os volaréis, se volarán | |
| *Condit.* | me volaría, te volarías, se volaría;<br>nos volaríamos, os volaríais, se volarían | |
| *Pres. Subj.* | me vuele, te vueles, se vuele;<br>nos volemos, os voléis, se vuelen | |
| *Imp. Subj.* | me volara, te volaras, se volara;<br>nos voláramos, os volarais, se volaran | |
| | me volase, te volases, se volase;<br>nos volásemos, os volaseis, se volasen | |
| *Pres. Perf.* | me he volado, te has volado, se ha volado;<br>nos hemos volado, os habéis volado, se han volado | |
| *Pluperf.* | me había volado, te habías volado, se había volado;<br>nos habíamos volado, os habíais volado, se habían volado | |
| *Past Ant.* | me hube volado, te hubiste volado, se hubo volado;<br>nos hubimos volado, os hubisteis volado, se hubieron volado | |
| *Fut. Perf.* | me habré volado, te habrás volado, se habrá volado;<br>nos habremos volado, os habréis volado, se habrán volado | |
| *Cond.*<br>*Perf.* | me habría volado, te habrías volado, se habría volado;<br>nos habríamos volado, os habríais volado, se habrían volado | |
| *Pres. Perf.*<br>*Subj.* | me haya volado, te hayas volado, se haya volado;<br>nos hayamos volado, os hayáis volado, se hayan volado | |
| *Plup. Subj.* | me hubiera volado, te hubieras volado, se hubiera volado;<br>nos hubiéramos volado, os hubierais volado, se hubieran volado | |
| | me hubiese volado, te hubieses volado, se hubiese volado;<br>nos hubiésemos volado, os hubieseis volado, se hubiesen volado | |
| *Imperative* | —— vuélate, vuélese;<br>volémonos, volaos, vuélense | |

| | | |
|---|---|---|
| *Pres. Ind.* | vuelvo, vuelves, vuelve;<br>volvemos, volvéis, vuelven | *to return,* |
| *Imp. Ind.* | volvía, volvías, volvía;<br>volvíamos, volvíais, volvían | *go back* |
| *Pret. Ind.* | volví, volviste, volvió;<br>volvimos, volvisteis, volvieron | |
| *Fut. Ind.* | volveré, volverás, volverá;<br>volveremos, volveréis, volverán | |
| *Condit.* | volvería, volverías, volvería;<br>volveríamos, volveríais, volverían | |
| *Pres. Subj.* | vuelva, vuelvas, vuelva;<br>volvamos, volváis, vuelvan | |
| *Imp. Subj.* | volviera, volvieras, volviera;<br>volviéramos, volvierais, volvieran | |
| | volviese, volvieses, volviese;<br>volviésemos, volvieseis, volviesen | |
| *Pres. Perf.* | he vuelto, has vuelto, ha vuelto;<br>hemos vuelto, habéis vuelto, han vuelto | |
| *Pluperf.* | había vuelto, habías vuelto, había vuelto;<br>habíamos vuelto, habíais vuelto, habían vuelto | |
| *Past Ant.* | hube vuelto, hubiste vuelto, hubo vuelto;<br>hubimos vuelto, hubisteis vuelto, hubieron vuelto | |
| *Fut. Perf.* | habré vuelto, habrás vuelto, habrá vuelto;<br>habremos vuelto, habréis vuelto, habrán vuelto | |
| *Cond.*<br>*Perf.* | habría vuelto, habrías vuelto, habría vuelto;<br>habríamos vuelto, habríais vuelto, habrían vuelto | |
| *Pres. Perf.*<br>*Subj.* | haya vuelto, hayas vuelto, haya vuelto;<br>hayamos vuelto, hayáis vuelto, hayan vuelto | |
| *Plup. Subj.* | hubiera vuelto, hubieras vuelto, hubiera vuelto;<br>hubiéramos vuelto, hubierais vuelto, hubieran vuelto | |
| | hubiese vuelto, hubieses vuelto, hubiese vuelto;<br>hubiésemos vuelto, hubieseis vuelto, hubiesen vuelto | |
| *Imperative* | —— vuelve, vuelva;<br>volvamos, volved, vuelvan | |

# English — Spanish Verb Index

## A

able, to be  **poder**
acquainted with, to be  **conocer**
add  **añadir**
advantage, to take  **aprovecharse**
aid  **ayudar**
allow  **dejar**
allure  **atraer**
angry, to become  **enfadarse**
appear  **aparecer, parecer**
approach  **acercarse**
arrive  **llegar**
ask (for)  **pedir, rogar**
assist  **ayudar**
attack  **atacar**
attain  **conseguir**
attend  **asistir**
attract  **atraer**
avail oneself  **aprovecharse**

## B

bath, to take a  **bañarse**
bathe  **bañarse**
be  **estar, ser**
become  **ponerse**
beg  **rogar**
begin  **comenzar, empezar, principiar**
believe  **creer**
bite  **morder**
bless  **bendecir**
blunder  **tropezar**

boil  **bullir**
born, to be  **nacer**
break  **romper**
breakfast, to (have)  **desayunarse**
bring  **traer**
build  **construir**
burden  **cargar**
buy  **comprar**

## C

called, to be  **llamarse**
can  **poder**
catch  **coger**
cause  **producir**
change  **cambiar**
charm  **atraer**
chat  **charlar**
choose  **escoger**
clean  **limpiar**
close  **cerrar**
collect  **colegir**
comb (one's hair) (oneself)  **peinarse**
come  **venir**
commence  **comenzar**
complain  **quejarse**
complete  **acabar**
compose  **componer**
conduct  **conducir**
confess  **confesar**

confide **fiar**
conquer **vencer**
constitute **constituir**
construct **construir**
contain **contener**
contained, to be **caber**
continue **continuar, seguir**
contradict **contradecir**
contribute **contribuir**
convince **convencer**
correct **corregir**
cost **costar**
count **contar**
cover **cubrir**
cross **atravesar, cruzar**
curse **maldecir**
custom, to have the **soler**

dress **vestirse**
drink **beber** (*see page xiii*)
drive (a car) **conducir**

## E

earn **ganar** (*see page xiii*)
eat **comer**
elect **elegir**
encounter **encontrar**
end **acabar**
enjoy **gozar**
enjoy oneself **divertirse**
err **errar**
excite **mover**

## F

fall **caer**
fall asleep **dormirse**
feel **sentir(se)**
feel sorry **sentir**
find **encontrar**
find out **averiguar**
finish **acabar**
fit (into) **caber**
flee **huir**
fling **lanzar**
fly **volar**
fly away **volarse**
follow **seguir**
forget **olvidarse**
freeze **helar**
fun, to make **burlarse**

## D

dare **atreverse**
decide **decidir**
dedicate **dedicar**
defend **defender**
deliver **entregar**
demand **exigir**
demonstrate **demostrar**
deny **negar**
depend on **atenerse**
deserve **merecer**
desire **desear, querer**
destroy **destruir**
devote **dedicar**
die **morir**
direct **dirigir**
discover **descubrir**
dismiss **despedir**
distinguish **distinguir**
do **hacer**
draw near **acercarse**
dream **soñar**

## G

gain **ganar** (*see page xiii*)
gather **recoger**

get **conseguir, obtener, recibir, sacar**
get dressed **vestirse**
get married **casarse**
get up **levantarse**
give **dar, entregar**
glad, to be **alegrarse**
go **andar, ir**
go away **irse, marcharse**
go back **volver**
go out **salir**
go through **atravesar**
go to bed **acostarse**
good-by, to say **despedirse**
good time, to have a **divertirse**
grab **coger**
grasp **asir, coger**
grow **crecer**
grumble **quejarse**

## H

habit, to be in the **soler**
hand over **entregar**
hang (up) **colgar**
have (as auxiliary) **haber**
have **tener**
have a good time **divertirse**
have lunch **almorzar**
have to **deber**
hear **oir**
help **ayudar**
hold **contener, tener**
hurl **lanzar**

## I

influence **influir**
inquire **averiguar**
introduce **introducir**

intrust **fiar**
investigate **averiguar**

## K

keep quiet **callarse**
know **conocer, saber**
know how **saber**

## L

lacking, to be **faltar**
laugh **reir(se)**
launch **lanzar**
lead **conducir, guiar**
learn **aprender**
leave **dejar, marcharse, salir**
let **dejar**
lie **mentir**
lie down **acostarse**
live **vivir**
load **cargar**
look for **buscar**
lose **perder**
lunch **almorzar**

## M

make **hacer**
make fun of **burlarse**
make up **constituir**
marry **casarse**
meet **encontrar**
merit **merecer**
miss **errar**
mistaken, to be **equivocarse**
move **mover**
must **deber**

## N

named, to be  **llamarse**

## O

obey  **obedecer**
obtain  **obtener, conseguir**
offer  **ofrecer**
open  **abrir**
oppose  **oponer**
ought  **deber**
overtake  **alcanzar**
owe  **deber**
own  **poseer**

## P

parade  **pasearse**
pay  **pagar**
permit  **dejar**
persuade  **mover**
pick (up)  **recoger**
place  **colocar, poner**
play (a game)  **jugar**
play (a musical instrument)
  **tocar**
point out  **mostrar**
poke fun  **burlarse**
possess  **poseer**
possession, to take  **apoderarse**
power, to take  **apoderarse**
prattle  **charlar**
prefer  **preferir**
produce  **producir**
protect  **proteger**
prove  **demostrar, probar**
promenade  **pasearse**
purchase  **comprar**
pursue  **seguir**

put  **colocar, poner**
put on  **ponerse**

## Q

quarrel  **reñir**
quiet, to keep  **callarse**

## R

rain  **llover**
reach  **alcanzar**
read  **leer**
recall  **recordar**
receive  **recibir**
refer  **referir**
refund  **devolver**
regret  **sentir**
rejoice  **alegrarse**
relate  **contar, referir**
rely on  **atenerse**
remain  **quedarse**
remember  **acordarse, recordar**
remove (oneself)  **quitarse**
repeat  **repetir**
request  **pedir, rogar**
require  **exigir**
return  **volver**
return (an object)  **devolver**
ridicule  **burlarse**
rise  **levantarse**
roam  **errar**
run through  **atravesar**

## S

satisfy  **satisfacer**
say  **decir**

say good-by to **despedirse**
scatter **esparcir**
scent **oler**
scold **reñir**
see **ver**
seek **buscar**
seem **parecer**
seize **asir, coger**
sell **vender**
send **enviar**
serve **servir**
set (of sun) **ponerse**
shatter **romper**
show **mostrar**
show up **aparecer**
silent, to be **callarse**
sit (down) **sentarse**
sleep **dormir**
smell **oler**
smile **sonreir**
snow **nevar**
speak **hablar**
spread **esparcir**
start **comenzar, empezar**
stay **quedarse**
still, to keep **callarse**
stop **detenerse**
study **estudiar**
stumble **tropezar**

### T

take **coger, tomar**
take a bath **bañarse**
take a walk **pasearse**
take advantage **aprovecharse**
take leave of **despedirse**
take off (clothing) **quitarse**
take out **sacar**
take possession **apoderarse**

take power **apoderarse**
talk **hablar**
tear **romper**
tell **contar, decir**
tell a lie **mentir**
test **probar**
thank **agradecer**
think **pensar**
throw **lanzar**
touch **tocar**
translate **traducir**
travel **viajar**
try (on) **probar**

### U

understand **comprender, entender**
urge **exigir**

### V

visit **visitar**

### W

wake up **despertarse**
walk **andar**
walk, to take a **pasearse**
wander **errar**
want **desear, querer**
wanting, to be **faltar**
wash oneself **lavarse**
win **ganar** (*see page xiii*)
wish **desear, querer**
withdraw **quitarse**
worth, to be **valer**
write **escribir**

## Index of Irregular, Changing or Unusual Verb Forms Identified by Infinitive

Perhaps you have had difficulty in recognizing some Spanish verb forms in your readings. Some verb forms are slightly different from their infinitives, others are very different, and still others are so different from the infinitive form that they do not resemble each other at all. The purpose of the index below is to help you recall infinitives. Once you have the infinitive, you can look it up in this book, where they are all arranged alphabetically, and identify the verb form. For example, if you look up the verb form *vaya* in the index that follows, you will see that its infinitive is **ir**. If you look on the page in this book that contains all the forms of **ir**, you will see that *vaya* is the 1st person or 3rd person, singular, Present Subjunctive of **ir**. If you look further on the same page, you will see that *vaya* is also the 3rd person, singular of the Imperative. You are also reminded to consult the *Sample English Verb Conjugation,* given at the beginning of this book, to help you understand how the different verb tenses are expressed in English. See pages x, xi, xii.

## A

abierto  abrir
abriendo  abrir
abriera  abrir
abriese  abrir
abristeis  abrir
acerque  acercar
acerqué  acercar
acerquéis  acercar
acerquemos  acercar
acuerde  acordar
acuerdo  acordar
acuesten  acostar
acuesto  acostar
agradezca  agradecer
agradezco  agradecer

alcancé  alcanzar
alcancemos  alcanzar
almorcé  almorzar
almuerce  almorzar
almuerzo  almorzar
andemos  andar
anduve  andar
anduviera  andar
anduvierais  andar
anduviéramos  andar
anduvieran  andar
anduvieras  andar
anduvieron  andar
anduviésemos  andar
anduvimos  andar
anduviste  andar

anduvisteis andar
anduvo andar
aparezcamos aparecer
aparezco aparecer
ase asir
ases asir
asga asir
asgamos asir
asgo asir
asiéramos asir
asiésemos asir
ataqué atacar
ataquemos atacar
atendríamos atener
atengámonos atenerse
atengamos atener
atengo atener
atraigamos atraer
atraigo atraer
atrajéramos atraer
atrajésemos atraer
atrajimos atraer
atrayendo atraer
atuve atener
atuviéramos atener
atuvieron atener
atuviésemos atener
averigüemos averiguar

## B

bendigamos bendecir
bendijimos bendecir
busque buscar
busqué buscar
busquemos buscar
busquen buscar

## C

caído caer

caigamos caer
caigan caer
caigo caer
callémonos callarse
cargué cargar
carguemos cargar
carguen cargar
casaos casarse
cayendo caer
cayéramos caer
cayésemos caer
cayó caer
cierran cerrar
cierren cerrar
cierro cerrar
coja coger
cojamos coger
cojo coger
colgué colgar
colguemos colgar
colige colegir
coligen colegir
coliges colegir
coligieron colegir
coligió colegir
colija colegir
colijamos colegir
colijan colegir
colijo colegir
coloque colocar
coloqué colocar
coloquéis colocar
coloquemos colocar
coloquen colocar
comencé comenzar
comencéis comenzar
comencemos comenzar
comience comenzar
comiencen comenzar
comiences comenzar
comienza comenzar

comienzas comenzar
comienzo comenzar
comiéramos comer
comiésemos comer
compondremos componer
compondríamos componer
compongamos componer
compongo componer
compuesto componer
compuse componer
compusiéramos componer
compusieron componer
compusiésemos componer
compusimos componer
compusisteis componer
compuso componer
conduje conducir
condujéramos conducir
condujeron conducir
condujésemos conducir
condujimos conducir
condujiste conducir
condujisteis conducir
condujo conducir
conduzcamos conducir
conduzco conducir
confieso confesar
confiesan confesar
conozcamos conocer
conozco conocer
consigamos conseguir
consigo conseguir
consiguen conseguir
consiguiendo conseguir
consiguiéramos conseguir
consiguiésemos conseguir
consiguió conseguir
constituyen constituir
constituyendo constituir
constituyeron constituir
constituyo constituir

construyamos construir
construyendo construir
construyeron construir
construyo construir
contendremos contener
contendríamos contener
contengamos contener
contengo contener
contienen contener
contradicho contradecir
contradiciendo contradecir
contradijimos contradecir
contribuyéramos contribuir
contribuyésemos contribuir
contuvieron contener
convenzamos convencer
convenzo convencer
corrigiéramos corregir
corrigiésemos corregir
corrigió corregir
corrijamos corregir
corrijo corregir
creamos creer
creciéramos crecer
creciésemos crecer
creí creer
creíamos creer
creído creer
creímos creer
creíste creer
creyendo creer
creyéramos creer
creyeron creer
creyésemos creer
creyó creer
crezcamos crecer
crezco crecer
crucé cruzar
crucemos cruzar
cubierto cubrir
cuelgan colgar

cuelgo colgar
cuelgue colgar
cuelguen colgar
cuentan contar
cuenten contar
cuento contar
cuestan costar
cuesten costar
cupe caber
cupiéramos caber
cupieron caber
cupiésemos caber
cupimos caber
cupiste caber
cupisteis caber
cupo caber

# D

dad dar
dé dar
dediqué dedicar
dediquemos dedicar
defienden defender
defiendo defender
deis dar
dejemos dejar
demos dar
demuestren demostrar
demuestro demostrar
den dar
des dar
descubierto descubrir
deseemos desear
despiden despedir
despidiendo despedir
despidiéramos despedir
despidieron despedir
despidiésemos despedir
despidió despedir
despiertan despertar

despierto despertar
destruyendo destruir
destruyéramos destruir
destruyésemos destruir
detengamos detener
detuviéramos detener
detuviésemos detener
detuvimos detener
devuelto devolver
devuelvan devolver
devuelven devolver
di dar, decir
dice decir
dicen decir
dices decir
dicho decir
diciendo decir
diera dar
dierais dar
diéramos dar
dieran dar
dieras dar
dieron dar
diese dar
diésemos dar
diesen dar
diga decir
digáis decir
digamos decir
digan decir
digas decir
digo decir
dije decir
dijera decir
dijerais decir
dijéramos decir
dijeran decir
dijeras decir
dijeron decir
dijese decir
dijeseis decir

dijésemos decir
dijesen decir
dijeses decir
dijimos decir
dijiste decir
dijisteis decir
dijo decir
dimos dar
dio dar
dirá decir
dirán decir
dirás decir
diré decir
diréis decir
diremos decir
diría decir
diríais decir
diríamos decir
dirían decir
dirías decir
dirijamos dirigir
dirijo dirigir
diste dar
disteis dar
divierten divertir
divierto divertir
divirtiéndose divertirse
divirtió divertir
doy dar
duermen dormir
duermo dormir
durmamos dormir
durmiendo dormir
durmiéramos dormir
durmieron dormir
durmiésemos dormir
durmió dormir

E

eligen elegir

eligiéramos elegir
eligiésemos elegir
eligió elegir
elijamos elegir
elijo elegir
empiece empezar
empiecen empezar
empiezo empezar
encuentran encontrar
entienden entender
entiendo entender
envió enviar
envío enviar
equivoquemos equivocar
era ser
erais ser
éramos ser
eran ser
eras ser
eres ser
es ser
escojamos escoger
escojo escoger
escrito escribir
esparzamos esparcir
esparzo esparcir
esté estar
estéis estar
estemos estar
estén estar
estés estar
estoy estar
estuve estar
estuviera estar
estuvierais estar
estuviéramos estar
estuvieran estar
estuvieras estar
estuvieron estar
estuviésemos estar
estuviesen estar

estuvimos estar
estuviste estar
estuvisteis estar
estuvo estar
exijáis exigir
exijamos exigir
exijo exigir

goces gozar
guié guiar
guíe guiar
guiéis guiar
guiemos guiar
guíen guiar
guíes guiar
guío guiar
guió guiar

# F

fié fiar
fíe fiar
fiemos fiar
fio fiar
fío fiar
fue ir, ser
fuera ir, ser
fuerais ir, ser
fuéramos ir, ser
fueran ir, ser
fueras ir, ser
fueron ir, ser
fuese ir, ser
fueseis ir, ser
fuésemos ir, ser
fuesen ir, ser
fueses ir, ser
fui ir, ser
fuimos ir, ser
fuiste ir, ser
fuisteis ir, ser

# H

ha haber
habed haber
habido haber
habrán haber
habrás haber
habré haber
habréis haber
habremos haber
habría haber
habrían haber
habrías haber
haced hacer
haga hacer
hagáis hacer
hagamos hacer
hagan hacer
hagas hacer
hago hacer
han haber
hará hacer
harán hacer
harás hacer
haré hacer
haréis hacer
haremos hacer
haría hacer
haríais hacer
haríamos hacer

# G

goce gozar
gocé gozar
gocéis gozar
gocemos gozar
gocen gozar

harían    hacer
harías    hacer
has    haber
haya    haber
hayáis    haber
hayamos    haber
hayan    haber
hayas    haber
haz    hacer
he    haber
hecho    hacer
hemos    haber
hice    hacer
hiciera    hacer
hicierais    hacer
hiciéramos    hacer
hicieran    hacer
hicieras    hacer
hicieron    hacer
hiciese    hacer
hicieseis    hacer
hiciésemos    hacer
hiciesen    hacer
hicieses    hacer
hicimos    hacer
hiciste    hacer
hicisteis    hacer
hiela    helar
hiele    helar
hizo    hacer
hube    haber
hubiera    haber
hubierais    haber
hubiéramos    haber
hubieran    haber
hubieras    haber
hubieron    haber
hubiese    haber
hubieseis    haber
hubiésemos    haber
hubiesen    haber

hubieses    haber
hubimos    haber
hubiste    haber
hubisteis    haber
hubo    haber
huela    oler
huele    oler
huelo    oler
huya    huir
huyáis    huir
huyamos    huir
huyan    huir
huyas    huir
huye    huir
huyera    huir
huyéramos    huir
huyeran    huir
huyeron    huir
huyes    huir
huyese    huir
huyésemos    huir
huyo    huir
huyó    huir

I

iba    ir
ibais    ir
íbamos    ir
iban    ir
ibas    ir
id    ir
ido    ir
idos    irse
influyen    influir
influyendo    influir
influyéramos    influir
influyésemos    influir
influyo    influir
introduje    introducir

214

introdujéramos introducir
introdujeron introducir
introdujésemos introducir
introdujimos introducir
introdujiste introducir
introduzcan introducir
introduzco introducir

## J

juegan jugar
juego jugar
jueguen jugar
juguemos jugar

## L

lancé lanzar
lancemos lanzar
leamos leer
lean leer
leí leer
leído leer
leímos leer
leyendo leer
leyéramos leer
leyeron leer
leyésemos leer
leyó leer

## LL

llegué llegar
llueva llover
llueve llover

## M

maldiciendo maldecir

maldigamos maldecir
maldigo maldecir
maldijéramos maldecir
maldijésemos maldecir
maldito maldecir
merezcamos merecer
merezco merecer
mienta mentir
mienten mentir
mintamos mentir
mintiendo mentir
mintiéramos mentir
mintieron mentir
mintiésemos mentir
mintió mentir
muera morir
muerdan morder
mueren morir
muero morir
muerto morir
muestran mostrar
muestren mostrar
muestro mostrar
muevan mover
muevo mover
muramos morir
muriendo morir
muriéramos morir
murieron morir
muriésemos morir
murió morir

## N

nazcamos nacer
nazco nacer
negué negar
neguemos negar
niego negar
nieguen negar

nieva    nevar
nieve    nevar

# O

obedezcamos  obedecer
obedezco  obedecer
obtendremos  obtener
obtendríamos  obtener
obtengamos - obtener
óbtengo  obtener
obtuviéramos  obtener
obtuviésemos  obtener
obtuvimos  obtener
ofrezcamos  ofrecer
ofrezco  ofrecer
oí  oir
oíd  oir
oigamos  oir
oigo  oir
oíste  oir
oliendo  oler
opón  oponer
opondremos  oponer
opondríamos  oponer
opongamos  oponer
opongo  oponer
opuesto  oponer
opuse  oponer
opusiéramos  oponer
opusiésemos  oponer
opusimos  oponer
opusiste  oponer
opuso  oponer
oye  oir
oyen  oir
oyendo  oir
oyéramos  oir
oyeron  oir
oyes  oir

oyésemos  oir
oyó  oir

# P

pagué  pagar
paguemos  pagar
paguen  pagar
parezcamos  parecer
parezco  parecer
pasee  pasear
paseémonos  pasearse
pidamos  pedir
pidan  pedir
piden  pedir
pidiendo  pedir
pidiéramos  pedir
pidiésemos  pedir
pido  pedir
piensan  pensar
pienso  pensar
pierda  perder
pierden  perder
pierdo  perder
pondremos  poner
pondríamos  poner
poneos  ponerse
pongámonos  ponerse
pongamos  poner
póngase  ponerse
pongo  poner
ponte  ponerse
poseyendo  poseer
poseyéramos  poseer
poseyésemos  poseer
poseyó  poseer
prefiero  preferir
prefiriendo  preferir
prefiriéramos  preferir
prefiriésemos  preferir

prefirió preferir  
produje producir  
produjéramos producir  
produjésemos producir  
produjimos producir  
produjo producir  
produzcamos producir  
produzco producir  
protejamos proteger  
protejo proteger  
prueban probar  
prueben probar  
pruebo probar  
pude poder  
pudiendo poder  
pudiéramos poder  
pudieron poder  
pudiésemos poder  
pudimos poder  
pudiste poder  
pudisteis poder  
pudo poder  
pueda poder  
puedan poder  
pueden poder  
puedo poder  
puesto poner  
puse poner  
pusiéramos poner  
pusieron poner  
pusiésemos poner  
pusimos poner  
pusiste poner  
pusisteis poner  
puso poner  

## Q

quejémonos quejarse  
quepa caber  

quepáis caber  
quepamos caber  
quepan caber  
quepas caber  
quepo caber  
querrá querer  
querré querer  
querremos querer  
querría querer  
querríamos querer  
quieren querer  
quiero querer  
quise querer  
quisiéramos querer  
quisieron querer  
quisiésemos querer  
quisimos querer  
quiso querer  

## R

recojamos recoger  
recojo recoger  
recuerden recordar  
recuerdo recordar  
refieran referir  
refiero referir  
refiramos referir  
refiriendo referir  
refirió referir  
repita repetir  
repitiendo repetir  
repitiéramos repetir  
repitiésemos repetir  
repitió repetir  
repito repetir  
ría reir  
riáis reir  
riamos reir  
rían reir

| | | | |
|---|---|---|---|
| ríase | reirse | saliéramos | salir |
| ríe | reir | saliésemos | salir |
| ríen | reir | saqué | sacar |
| riendo | reir | saquemos | sacar |
| riéramos | reir | saquen | sacar |
| rieron | reir | satisfago | satisfacer |
| ríes | reir | satisfecho | satisfacer |
| riésemos | reir | satisfice | satisfacer |
| ríete | reirse | satisfizo | satisfacer |
| riñamos | reñir | sé | saber, ser |
| riñen | reñir | sea | ser |
| riñendo | reñir | seáis | ser |
| riñéramos | reñir | seamos | ser |
| riñésemos | reñir | sean | ser |
| riño | reñir | seas | ser |
| riñó | reñir | sed | ser |
| río | reir | sentaos | sentarse |
| rió | reir | sentémonos | sentarse |
| roguemos | rogar | sentíos | sentirse |
| roto | romper | sepa | saber |
| ruegan | rogar | sepáis | saber |
| ruego | rogar | sepamos | saber |
| rueguen | rogar | sido | ser |
| | | siendo | ser |
| | | sienta | sentar, sentir |
| | | sientan | sentar, sentir |
| **S** | | siéntanse | sentirse |
| | | siéntase | sentirse |
| sabremos | saber | siéntate | sentarse |
| sabríamos | saber | siente | sentar, sentir |
| sal | salir | sienten | sentar, sentir |
| saldrá | salir | siéntese | sentarse |
| saldrán | salir | siéntete | sentirse |
| saldrás | salir | siento | sentar, sentir |
| saldré | salir | siga | seguir |
| saldréis | salir | sigamos | seguir |
| saldremos | salir | sigo | seguir |
| saldríamos | salir | sigue | seguir |
| salga | salir | siguen | seguir |
| salgamos | salir | sigues | seguir |
| salgan | salir | siguiendo | seguir |
| salgo | salir | | |

| | | | |
|---|---|---|---|
| siguiéramos | seguir | tendrán | tener |
| siguiésemos | seguir | tendrás | tener |
| siguió | seguir | tendré | tener |
| sintámonos | sentirse | tendréis | tener |
| sintamos | sentir | tendremos | tener |
| sintiéramos | sentir | tendría | tener |
| sintiésemos | sentir | tendríais | tener |
| sintió | sentir | tendríamos | tener |
| sirva | servir | tendrían | tener |
| sirvamos | servir | tendrías | tener |
| sirven | servir | tenga | tener |
| sirviendo | servir | tengamos | tener |
| sirviéramos | servir | tengo | tener |
| sirviésemos | servir | tienen | tener |
| sirvo | servir | tomásemos | tomar |
| sois | ser | toque | tocar |
| somos | ser | toqué | tocar |
| son | ser | toquemos | tocar |
| sonríe | sonreir | traduje | traducir |
| sonríen | sonreir | tradujéramos | traducir |
| sonriéramos | sonreir | tradujésemos | traducir |
| sonriésemos | sonreir | tradujimos | traducir |
| sonrió | sonreir | traduzcamos | traducir |
| sonrío | sonreir | traduzco | traducir |
| soy | ser | traiga | traer |
| suelan | soler | traigamos | traer |
| suelen | soler | traigo | traer |
| suelo | soler | traje | traer |
| supe | saber | trajéramos | traer |
| supiéramos | saber | trajésemos | traer |
| supieron | saber | trajimos | traer |
| supiésemos | saber | trajo | traer |
| supimos | saber | trayendo | traer |
| supiste | saber | tropecé | tropezar |
| supisteis | saber | tropecemos | tropezar |
| supo | saber | tropiecen | tropezar |
| | | tropiezo | tropezar |
| | | tuve | tener |
| **T** | | tuviéramos | tener |
| | | tuvieron | tener |
| ten | tener | tuviésemos | tener |

| | |
|---|---|
| tuvimos | tener |
| tuviste | tener |
| tuvisteis | tener |
| tuvo | tener |

## V

| | |
|---|---|
| va | ir |
| vais | ir |
| val | valer |
| valgamos | valer |
| valgo | valer |
| valiéramos | valer |
| valiésemos | valer |
| vámonos | irse |
| vamos | ir |
| van | ir |
| vaya | ir |
| vayáis | ir |
| vayamos | ir |
| vayan | ir |
| váyanse | irse |
| vayas | ir |
| váyase | irse |
| ve | ir, ver |
| vea | ver |
| veáis | ver |
| veamos | ver |
| vean | ver |
| veas | ver |
| ved | ver |
| ven | venir |
| vendrá | venir |
| vendrán | venir |
| vendrás | venir |
| vendré | venir |
| vendréis | venir |
| vendremos | venir |
| vendría | venir |
| vendríais | venir |

| | |
|---|---|
| vendríamos | venir |
| vendrían | venir |
| vendrías | venir |
| vengamos | venir |
| vengo | venir |
| venzamos | vencer |
| venzo | vencer |
| veo | ver |
| ves | ver |
| vestíos | vestirse |
| vete | irse |
| vi | ver |
| viendo | ver |
| vienen | venir |
| viera | ver |
| viéramos | ver |
| vieron | ver |
| viese | ver |
| viésemos | ver |
| vimos | ver |
| vine | venir |
| viniendo | venir |
| viniéramos | venir |
| vinieron | venir |
| viniésemos | venir |
| vinimos | venir |
| viniste | venir |
| vinisteis | venir |
| vino | venir |
| vio | ver |
| vista | vestir |
| vistáis | vestir |
| vistámonos | vestirse |
| vistamos | vestir |
| vístanse | vestirse |
| vistas | vestir |
| vístase | vestirse |
| viste | ver, vestir |
| visteis | ver |
| visten | vestir |
| vistes | vestir |

vístete   vestirse
vistiéndose   vestirse
vistiéramos   vestir
vistieron   vestir
vistiésemos   vestir
vistió   vestir
visto   ver, vestir
volémonos   volarse
voy   ir
vuelan   volar
vuélate   volarse
vuele   volar
vuelen   volar

vuélense   volarse
vuélese   volarse
vuelo   volar
vuelto   volver
vuelvan   volver
vuelven   volver
vuelvo   volver

## Y

yendo   ir
yerren   errar
yerro   errar

# NOTES

*NOTES*

# NOTES

# NOTES

# NOTES

# NOTES

*NOTES*

*NOTES*

# NOTES

# NOTES

*NOTES*

*NOTES*

# NOTES

# NOTES